Study on Turpan Avalokiteśvara Paintings of Qočo Uighur Period

高昌回鹘时期
吐鲁番观音图像研究

◎ 陈爱峰 著

上海古籍出版社

国家社会科学基金重大项目"新疆石窟寺研究"（14ZDB054）阶段性成果

吐鲁番市人民政府科研成果出版经费资助
吐鲁番市人才发展专项资金资助

序　言

　　陈爱峰的博士论文《高昌回鹘时期吐鲁番观音图像研究》经过修改之后即将付梓，索序于我，但一般而言，导师作序最为合适，因为导师最了解研究情况，因此起初未予应允。但不久爱峰又说已与导师沟通云云，数辞不获已，只好勉力为之。不过细想起来，我跟这篇论文还是有些缘分的，在论文写作后期，爱峰曾与我交换过意见，毕业时又受邀参加他的论文答辩，这大概是因为爱峰和他的导师冻国栋先生觉得我对观音图像和高昌佛教都有些研究的缘故吧。正是上述缘分，我对这篇论文有了更多的了解。

　　如所周知，随着近世吐鲁番地区古代佛教经典写卷和佛教寺院、僧团关系文书的大量出土，高昌佛教的研究取得巨大进展，特别是在高昌佛教史和佛教社会史方面。但相形之下，高昌佛教艺术方面的研究成果并不十分突出，除少量专题研究（包括德、日、中、韩等国学者对柏孜克里克石窟"誓愿画"的探讨，日本学者对吐峪沟石窟禅观图像的研究等）外，以"概述"、"概论"性文字为主。究其原因，可能主要在以下三方面：一是由于石窟寺以外的图像资料相对较少，以往高昌佛教艺术的研究主要依托于以吐峪沟石窟和柏孜克里克千佛洞为中心的石窟寺遗存，但这些石窟均损毁严重，因而高昌佛教艺术的研究高度依赖于该地区石窟考古工作的进展，而该地区的石窟考古工作又进展缓慢；二是即使十分有限的石窟寺以外的图像资料也大多流散海外，长期难以获得；三是相对于西域地区石窟寺的代表龟兹石窟和声名遐迩的敦煌石窟而言，居于这两大石窟群之间的高昌石窟无论规模还是代表性、保存情况等都远不及这两大石窟群，因而地位有些尴尬，长期得不到应有的重视。一、二两点成为制约高昌佛教艺术研究的客观因素，第三点则是制约高昌佛教艺术研究的主观因素。

　　时至今日，是到了重新评估高昌佛教艺术的价值的时候了。依笔者管见，正是由于高昌地处敦煌与龟兹之间，从而成为龟兹艺术东渐和敦煌艺术西渐的中间站，从这个意义上说，无论是研究西域佛教艺术对内地的影响，还是研究内地佛教艺术的回传西域，都绕不开高昌故地。笔者近年曾考察过唐代千手千眼观音图像粉本回流西域的情况，对此深有体会。此外，高昌佛教艺术中的回鹘佛教艺术是现世所见回鹘佛教艺术最为集中的呈现，因而高昌是回鹘佛教艺术的集大成之地。仅以上二端，已足以说明高昌佛教艺术的独特价值了。可喜的是，近年来研究高昌佛教艺术的大环境有了明显的改善，一是当地的石窟考古工作有了明显的推进，二是流散海外的高昌佛教图像资料（特别是德藏吐鲁番艺术品）通过机构合作的方式逐渐开放。这为高昌佛教艺术的深入研究带来了新的契机。当然，我认为，现阶段对高昌佛教艺术进行综合研究的时机尚不成熟，应该以时下的考古工作和以往所获考古材料为依托，首先扎实展开专题研究。本书以高昌回鹘时期的观音图像为研究对象颇合这一理路，而上述大环境的改善则为该专题研究的顺利展开提供了前提性保障。

爱峰硕士阶段，师从杨富学先生习研回鹘史、西夏史，兼及回鹘、西夏佛教；博士阶段又因某种因缘，得入我国魏晋南北朝隋唐史重镇和敦煌吐鲁番学研究重镇武汉大学三至九世纪研究所，师从冻国栋先生学习隋唐五代史，在读期间又先后得到陈国灿、刘安志等先生的点拨指教，因而接受了更为严格的史学训练和吐鲁番学训练。这些学术训练背景为他从事该项专题研究提供了较好的个人素质保证。

依笔者所见，本书是目前所见高昌回鹘观音图像资料最全面的搜集与整理，也是学界首次对高昌佛教艺术中的观音图像进行专题研究。

本书将高昌回鹘时期的观音图像分为三期，第一期为9世纪中期至10世纪末，第二期为11世纪至12世纪，第三期为13世纪至14世纪，并详细提供了各期分期的图像风格依据和历史背景依据，因此分期的结论较为可信。其实这一分期结论可以进一步作为高昌回鹘佛教艺术分期的参考，因为这些观音图像资料完全可以作为观察高昌回鹘佛教艺术变迁的窗口。

由于以往高昌回鹘时期的观音图像缺乏基础研究，对题材的考证、对图像内容的辨识以及对造像性质的判定等应当是研究的首要选项，因此上述内容占据了论文相当的篇幅，而且创获甚多。如对柏孜克里克第14、41窟《千手千眼观音经变》中的"十五善生"和"不受十五种恶死"以及第40窟《如意轮观音经变》中的"十大明王"、"山林禅观"、"心月轮"、"释迦与弥陀组合"等内容的辨识；再如对《六字观音经变》和《佛说大乘庄严宝王经变》的辨识等。此外，作者还注意到石窟中的《观音经变》与其他图像之间的关系，从而指出了高昌回鹘时期《观音经变》的五种组合关系。这种做法具有方法论意义，因为石窟图像的研究必须作"整体观"。最后，作者将艺术史"以图证史"、"以图补史"的观念引入，并作了尝试性探讨。

　　总之，我认为，本书不仅对高昌回鹘时期的观音图像研究作出了应有的贡献，还为高昌佛教艺术的专题研究做了一个很好的示范。

　　当然，治学之道，除了勤奋善思外，对学理与方法的思考永远在路上。就此而言，我个人的经验体会是，佛教艺术虽然属于很专门、很小众的学问，但要想把它研究好，同样需要具有贯通意识和具备一定的贯通能力。"贯通"的内容大体包括两个方面：一是研究方法和研究内容的贯通，具体而言，内部应当打通佛教考古、佛教史及佛教思想史等，外部应当打通世俗社会历史及艺术史。这既包括对上述各领域研究方法的熟谙从而使自己的研究方法尽可能多元化，又包括对上述诸领域知识的必要储备；二是时间与空间的贯通，前者的贯通是指时间纵轴上的上串下联，是纵向的，后者的贯通是指要考虑研究对象可能存在的地域联系，是横向的。从上述个人经验看，本书无论在研究方法和研究内容的贯通方面，还是在时间与空间的贯通方面都还有一定的提升空间。也正因为如此，未来可期。

　　100年前，马克斯·韦伯在慕尼黑对青年学生分别作了《以学术为业》和《以政治为业》的著名演讲，这两篇演讲深刻影响了一代又一代学人，今天仍具现实意义，因为当今世界，学术与政治似乎仍然是最耀眼的两种职业。的确，学术通过创造新知和发现真理不断充实人类的"智识库"，政治通过权力来治理、改造整个社会，二者无疑体现了最具代表性的两种社会价值，因而都可以成为人生的志业，从而获得自己生命的意义。我与爱峰相识有年，深知他性格刚毅，但低调内敛，不善言辞，看来只能别无选择地以学术为志业了。不过，韦伯在《以学术为业》一篇中对学术从业者有这样的警示："学术不是灵视者与先知发配圣礼和天启的神恩之赐，也不是智者与哲学家对世界意义所作沉思的一个构成部分。"这是提示学术从业者不要扮演先知和救世主的角色。那我们就以这句话共勉，谨守为学者的本分吧。

姚崇新

庚子春正月于广州康乐园

目　录

图表目录

绪　论

一、本书缘起及意义

季羡林先生曾说过:"世界上历史悠久、地域广阔、自成体系、影响深远的文化体系只有四个: 中国、印度、希腊、伊斯兰,再没有第五个; 而这四个文化体系汇流的地方只有一个,就是中国的敦煌和新疆地区……目前研究这种汇流现象和汇流规律的地区,最好的、最有条件的恐怕就是敦煌和新疆。"[1]吐鲁番是新疆古代文化的一个缩影,汇聚了四大文化的精华。自古以来,吐鲁番不仅是多民族聚居的地区,也是多宗教汇集的地区,在丝绸之路沿线流行过的宗教,如萨满教、祆教、佛教、道教、摩尼教、景教、伊斯兰教,都曾在吐鲁番流行过。在这些宗教中,佛教在吐鲁番的历史上无疑是流行时间最长、影响最大的一种宗教。20世纪初,日本大谷探险队在吐峪沟石窟获得一件《诸佛要集经》残卷[2]。这部佛经抄写于西晋元康六年(296)三月,是有关佛教传入吐鲁番最早的一件物证。此后,历经高昌郡、高昌国、唐西州和高昌回鹘四个时期,佛教一直在吐鲁番盛行。直到15世纪中期,佛教才最终退出吐鲁番的历史舞台。如果把《诸佛要集经》作为佛教最早传入吐鲁番的时间的话,那么它的历史传承则有1100余年。

南朝梁僧祐《出三藏记集》载北凉王室安阳侯沮渠京声,在高昌获得"观世音、弥勒二观经各一卷"[3],这说明在北凉时期,吐鲁番观音信仰即已初现端倪。高昌国时期,观

---

[1]　季羡林:《敦煌学、吐鲁番学在中国文化史上的地位和作用》,《红旗》1986年第3期,第32页; 后收入氏著《佛教与中印文化交流》,江西人民出版社,1990年,第148页。

[2]　参见陈国灿:《吐鲁番出土的〈诸佛要集经〉残卷与敦煌高僧竺法护的译经考略》,《敦煌学辑刊》1983年第4期,第6—13页。

[3]　[梁] 僧祐著, 苏晋仁、萧錬子点校:《出三藏记集》卷一四《沮渠安阳侯传》,中华书局,1995年,第551页。

音信仰持续发展,如建昌五年(559)八月十五日,白衣弟子康得受请比丘义导抄写《妙法莲华经·观世音菩萨普门品》①。王素先生根据吐鲁番出土的功德疏,指出唐西州时期观音深受妇女的敬信,观音信仰和弥勒信仰、十方诸佛信仰并存②。到了高昌回鹘时期,胡汉诸本观音经典都很流行,石窟内观音造像(图像)往往占据主尊的地位,观音信仰胜于任何其他类信仰。因此,笔者认为以观音为个案展开研究,既具有典型性,又具有普遍性;通过对观音图像的研究,进而揭示高昌回鹘佛教之内涵及其发展演变之规律。此为本书之缘起。

吐鲁番是古代丝绸之路上的一颗明珠,是中西方贸易的汇聚地,同时也是多种文化的汇聚地。这种历史地位反映在佛教上,一个突出的特点就是:这里成为佛教东传西渐的节点。在吐峪沟石窟的早期洞窟中,我们可以看到龟兹佛教艺术的鲜明痕迹,北凉时期的洞窟又烙上了敦煌石窟烙印;在柏孜克里克石窟,我们既能看到汉传佛教的统治力,又能看到藏传佛教的身影。吐鲁番佛教艺术的多元化特点,体现在观音图像上亦是如此。高昌回鹘时期的观音图像既受到西面龟兹画风的影响,又受到东面敦煌画风、中原画风的影响,在此基础上,回鹘人发覆创新,最终形成了独具特色的回鹘画风。观音图像(经变)的绘画题材以汉传佛教为主,同时也融入了藏传佛教的内容。此外,观音图像还体现出本地的信仰习俗,如七观音信仰,以及信仰观音往生弥勒净土等。因此,对这些多元风格观音图像的分析,可以深入认识吐鲁番佛教与周边地区的关系。此为本书研究的意义之一。

19世纪末20世纪初,俄、德、日、英诸国的探险家,打着探险考察的名义,在古城遗址和石窟寺内盗取了大量的佛教文物,包括泥塑彩绘像、木雕、金铜像、壁画和纺织品绘画等,其中有不少观音造像。如德国柏林亚洲艺术博物馆所藏纺织品绘画中,观音绘画即有73件,数量可观。但除了个别学者做过著录外,学界特别是国内学界鲜少关注。再如柏孜克里克石窟,目前共有83个洞窟编号,其中就有14个洞窟塑绘了观音造像(图像),惜塑像部分今已不存。由于这些壁画非常残破,研究难度极大,且属于第一手材料,我们以此为方向展开探讨,可以填补观音信仰区域史研究的缺环;同时,也可以为学界提供进一步研究的素材。此为本书研究的意义之二。

---

① 柳洪亮:《新出吐鲁番文书及其研究》,新疆人民出版社,1997年,第128页。
② 王素:《吐鲁番出土〈功德疏〉所见西州庶民的净土信仰》,《唐研究》第一卷,北京大学出版社,1995年,第11—35页。

吐鲁番石窟由于自然和人为的原因,保存相对较差,壁画的分期和年代的断定一直是一个难题。以柏孜克里克石窟为例,贾应逸先生将其分为五期,柳洪亮先生则分为四期,但事实上目前可以明确的只有高昌国至唐西州、高昌回鹘前期、高昌回鹘后期(即归降蒙古后的畏兀儿亦都护时期)这三个时期。之前的分期,多是根据洞窟的形制、壁画的绘制风格以及回鹘供养人来区分的,而壁画内容的考证则鲜少纳入分期的依据,这样可能会造成一些判断上的失误。例如第17窟,其壁画的风格和高昌回鹘时期的风格确实迥然有别,因此学者将此窟定在唐西州时期。最近,我们释读出券顶的壁画有不少是根据北宋天宝年间印度来华僧人天息灾所译的《佛说大乘庄严宝王经》绘制的,而且有汉文题记,这说明之前的年代断定是有问题的。我们认为,可以以观音图像为突破口,根据石窟内壁画的题材组合,建立起相应的图像志系统,从而为石窟年代的断定提供可靠的依据。同时,我们也可以根据观音图像的题材组合,对一些十分残破的同类壁画进行定名。此为本书研究的意义之三。

二、国内外研究回顾

19世纪末20世纪初,国外探险家纷纷来到吐鲁番,在古墓葬、古城址和石窟寺盗掘大量文物,特别是在古城址和石窟寺内获得了大批佛教文物,包括壁画、纸质文书与绘画、纺织品绘画、青铜雕塑、木雕佛像和土质类擦擦等。

最早来到吐鲁番探险的是俄国人,他们的探险活动主要有两次。1898年,克莱门兹(Klementz A. D.)率领的探险队,在吐鲁番停留了一个多月,考察了交河故城遗址、雅尔湖石窟、雅尔湖附近峡谷中的墓葬洞窟、吐鲁番老城、高昌故城遗址、台藏塔、胜金口入口处的遗址、胜金口峡谷中的佛寺遗址、木头沟村附近的柏孜克里克石窟、吐峪沟峡谷中的佛寺遗址、色尔克甫村的佛塔、连木沁峡谷中的佛教遗址、阿萨城附近的佛寺遗址①。考察队所拍摄的照片、建筑测量草图、壁画线描图、考察旅行日记等,所有这些资料均登记入册,现绝大部分藏于艾米尔塔什博物馆,其中有少部分照片资料保存在俄罗

---

① Klementz A. D. *Nachrichten über die von der Kaiserlichen Akademie der Wissenschaften zu St. Petersburg im Jahre 1898*, Ausgerüstete Expedition nach Turfan, St. Pétersbourg, 1899.

斯科学院东方写本研究所[①]。1909年，奥登堡（Oldenburg S. F.）率领的探险队，在吐鲁番逗留了一个多月，考察了这里的大部分遗址，获得了大批文物。在高昌故城西南大佛寺，他们获得了一幅精美的千手千眼观音绢画，现藏艾尔米塔什博物馆，俄罗斯学者吉娅科诺娃对这幅绢画进行了细致的分析，她指出千手千眼观音像在许多方面都是很独特的，它具有很复杂的形象特质，具有中世纪新疆特别是吐鲁番11到12世纪的文化因素。其画风明显地体现了中国佛教与唐朝艺术传统的影响[②]。此外，奥登堡还从当地人手中购得两幅千手千眼观音绢画，在其所著《1909—1910年俄罗斯新疆探险考察初步简报》一书中有简短的介绍[③]。

德国吐鲁番探险队共实施了四次新疆考察活动，其中三次都来到了吐鲁番。1902—1903年，格伦威德尔（Albert Grünwedel）率领的探险队，主要考察了高昌故城及其附近的佛教遗址。在故城的 α 寺，探险队获得了一幅千手千眼观音绢画，上部残损，下部保存较好[④]。1906年，格伦威德尔再次来到吐鲁番，主要考察了柏孜克里克等佛教石窟，详细记录了所调查的石窟寺壁画，并做了简明的分析。据他调查，吐鲁番石窟有22个洞窟存在观音塑像和壁画，其中大部分集中在柏孜克里克石窟[⑤]。1904年，勒柯克（Albert von Lecoq）率领的探险队考察了高昌故城、柏孜克里克石窟、吐峪沟石窟等遗址，盗掘了大批精美文物。在高昌故城K寺，勒柯克发现了一幅千手千眼观音纸本绘画残片；在木头沟的一个佛塔中，他搜集到一幅色彩艳丽的千手千眼观音绢画残片；在交河故城，他又收集到一幅十一面观音绢画残片。除此之外，勒柯克还盗割了大量的壁画，他几乎将柏孜克里克第20窟的壁画全部盗割而走，中堂的大悲变相（即千手千眼观音经变）富丽华美，极具研究价值[⑥]。以上是格伦威德尔和勒柯克考察报告所披露的观音绘画，事实上他们在吐鲁番盗掘的观音绘画不止于此。印度学者查雅（Chhaya

① 参见张惠明：《1898至1909年俄国考察队在吐鲁番的两次考察概述》，《敦煌研究》2010年第1期，第89页。
② 吉娅科诺娃、鲁多娃著，张惠明译：《科洛特阔夫 H.H.收集的千手观音像绢画——兼谈公元9—11世纪吐鲁番高昌回鹘宗教的混杂问题》，《敦煌研究》1994年第4期，第64—69页。
③ С. Ф. Олденбург, *Русская Туркестанская Экспедиция 1909—1910*, САНКТПЕТЕРБУРГъ, 1914, p.80.
④ （德）格伦威德尔著，管平译：《高昌故城及其周边地区的考古工作报告（1902～1903年冬季）》，文物出版社，2015年，第65页，图版八。
⑤ （德）格伦威德尔著，赵崇民、巫新华译：《新疆古佛寺：1905—1907年考察成果》，中国人民大学出版社，2007年。
⑥ （德）勒柯克著，赵崇民译：《高昌——吐鲁番古代艺术珍品》，新疆人民出版社，1998年。

Bhattacharya-Haesner）全面调查了德国柏林亚洲艺术博物馆的纺织品绘画，在其著作《柏林亚洲艺术博物馆藏吐鲁番搜集品中的中亚寺院幡画》[①]中收录了佛教类幡（无圣像）及幡画残片321件、诸佛部幡画118件、声闻部幡画1件、菩萨部幡画185件、明王部幡画1件、诸天部幡画48件、世俗人物幡画51件。由此观之，菩萨部和诸佛部幡画较多，其次是诸天部；在菩萨部中，观音菩萨的幡画73件，是诸圣像中最多的一类。查雅对这些幡画进行拼合、定名与描述，对部分幡画还做了对比研究。德国学者艾伯特意识到其中的34件千手千眼观音幡画残片是可以拼接的，他考证了该绢画的出土地，并分析了观音图像的独特之处，如手中持物大象与狮子，以及手臂托举的两轮月牙儿和下端的两条龙相衔接，而抬起的右手臂有涓涓细流涌出，画中出现的柳枝，也让艾伯特觉得其与水月观音造型间的关系值得考虑[②]。

1900—1930年，英国人斯坦因共进行了三次中亚探险（第四次未能成行），其中第二次和第三次来到了吐鲁番。遗憾的是，目前斯坦因所获佛教文物公布的相对较少，我们仅在其《西域考古图记》中搜罗到三件千手千眼观音麻布画残片，出自小阿萨遗址[③]。1902—1912年，日本的大谷探险队三次来到吐鲁番考察，所获文物甚多，《西域考古图谱》中公布了两块涉及观音的壁画题记和四件千手千眼观音绢画残片[④]。此外，在韩国国立博物馆藏有一幅观音幡画，出自吐峪沟石窟，系大谷探险队搜集品[⑤]。

以上为19世纪末20世纪初，国外探险家在吐鲁番所获和所记载的观音图像的相关资料。日本学者松本荣一较早注意到这批资料，在其著作《敦煌画的研究》中，搜罗了格伦威德尔和勒柯克考察报告中公布的观音绘画，并与敦煌和其他地区的绘画进行比较研究[⑥]。在国内，也有个别学者关注于此。如姚崇新先生的《白衣观音与送子观音——观音信仰本土化演进的个案观察》一文，涉及了吐鲁番的四例送子观音像，认为它们反映的是中国内地的信仰传统，是现存最早的白衣观音和送子观音结合的实例，为

① Chhaya Bhattacharya-Haesner, *Central Asian Temple Banners in the Turfan Collection of the Museum für Indische Kunst*, Berlin, 2003.
② （德）艾伯特：《柏孜克里克的千手观音绢画（摘要）》，《敦煌研究》1988年第2期，第90—91页。
③ （英）斯坦因著，巫新华等译：《西域考古图记》（第三卷），广西师范大学出版社，1998年，第668页。
④ （日）香川默识编：《西域考古图谱》，学苑出版社，1999年，第21—22、48页。
⑤ 韩国国立博物馆编：《韩国国立博物馆藏中亚宗教壁画》（日帝强占期资料调查报告第7辑），首尔，2013年，第136—139页。
⑥ （日）松本荣一：《燉煌畫の研究》（圖像篇），第六章之第三、四、六、十、十二节，京都：株式會社，昭和十六年（1941）。

我们考察二者的结合提供了重要的时间坐标①。李翎先生的《试论新疆地区的密教信仰——以千手观音图像为例》一文,也涉及了吐鲁番地区的观音图像。她指出汉地的十一面观音像,其十一面的排列不同于印—藏的纵式图像系统,却与高昌出土的绢画像式一致,但二者的关系尚不明确,有待于更多的考古发现②。这一疑问对于我们进一步的研究有一定的参考价值。

在吐鲁番出土的文书中,有不少回鹘文观音类的佛典、赞美诗等,有少数写本尾部还有珍贵的发愿文,对我们研究写经背后的历史有重要参考价值。这些观音类的佛典与赞美诗主要收藏在国外的科研机构和博物馆中,国外学者如俄罗斯的拉德洛夫,德国的缪勒、皮特·茨默,匈牙利的卡拉,土耳其的特肯,日本的羽田亨、庄垣内正弘等,都对这些文书进行过深入的研究。关于他们的研究,杨富学先生在《西域敦煌回鹘佛教文献研究百年回顾》中做了详细的梳理,可资参考③,此不赘言。在国内,阿不都热西提·亚库甫先生《古代维吾尔语赞美诗和描写性韵文的语文学研究》一书中刊布了两首回鹘文观音赞美诗,一为《观音菩萨赞》,一为《千手千眼观音菩萨赞》,并将其译为汉文④。张铁山先生在对回鹘文《妙法莲华经·普门品》研究后指出,通过对这些佛经的研究,我们至少可以获得以下信息:1. 大乘佛教经典《妙法莲华经》曾流行于回鹘,并有几种不同的回鹘文抄本或版本。2. 从译文上看,五件回鹘文的译文不尽相同,其中四件的译文较接近,大同小异,第五件的译文与前四件有很大的差别。因此,可以认为《妙法莲华经·普门品》曾被不同的回鹘翻译者多次译为回鹘文。3. 回鹘文《妙法莲华经·普门品》也像其他许多回鹘文佛教文献一样,是译自汉文的。这说明回鹘佛教当时受到中原汉传佛教的巨大影响⑤。杨富学先生在《〈法华经〉胡汉诸本的传译》一文中,详细介绍了《法华经》梵文、汉文、回鹘文和西夏文的不同版本流传情况,其间也涉及吐鲁番出土

① 姚崇新:《白衣观音与送子观音——观音信仰本土化演进的个案观察》,《唐研究》第十八卷,北京大学出版社,2012年,第266—267页。
② 李翎:《试论新疆地区的密教信仰——以千手观音图像为例》,《新疆师范大学学报(哲学社会科学版)》2010年第1期,第98—104页。
③ 杨富学:《西域敦煌回鹘佛教文献研究百年回顾》,《敦煌研究》2001年第3期,第161—171页。
④ 阿不都热西提·亚库甫:《古代维吾尔语赞美诗和描写性韵文的语文学研究》,上海古籍出版社,2015年,第235—258页。
⑤ 张铁山:《回鹘文〈妙法莲华经·普门品〉校勘与研究》,《喀什师范学院学报》1990年第3期,第56—68页。

的回鹘文《观音菩萨普门品》①。此外，杨先生还撰写有《回鹘观音信仰考》一文，该文搜罗了国内外刊布的回鹘文观音经典、印经题跋、观音颂诗，进行统合分析，指出观音信仰在古代回鹘人中的传播是相当普及的，既有汉传佛教的影响，又有藏传佛教的影响，同时又不乏自己的民族特色②。近期，王红梅先生依据国外学者的研究成果转译了回鹘文藏密经典《观世音本尊修法》，该经由噶玛噶举派黑帽系第二世活佛噶玛拔希创作，元代回鹘高僧本雅识里根据藏文本翻译成回鹘文，对研究元代回鹘印刷术、噶玛噶举派的传播及其与回鹘的关系，具有极高的学术价值③。

总之，关于吐鲁番观音信仰的研究，多集中于回鹘文观音经典的语言学释读上，前贤已做了深入的研究，可资参考。但对这些经典的宗教学和历史学的探讨，还很不充分，仅有杨富学先生的《回鹘观音信仰考》一文，有进一步研究的空间。吐鲁番观音图像资料，特别是高昌回鹘时期的资料比较丰富，松本荣一先生可以说是这方面研究的开拓者，但他将所有观音图像的年代都定在唐代，是不对的。查雅先生披露了德国柏林亚洲艺术博物馆所藏观音纺织品绘画，对每件绘画作了极为详尽的图像学释读，美中不足的是，她将所有的纺织品绘画都列为幡画，是值得商榷的，个别观音图像的定名也有不当之处。姚崇新先生在探讨白衣观音和送子观音时，关注了吐鲁番的绘画资料，所论甚当，值得借鉴。可以说，有关吐鲁番观音图像的研究，成果相对较少，有很大的研究空间。

三、研究思路、内容、方法与材料

（一）研究思路

由于吐鲁番的大多数观音图像保存较差，特别是石窟内的图像更是"伤痕累累"，因此，本书将花费大量笔墨对其进行细致入微的描述，判别出绘画的具体内容，即首先

① 杨富学：《〈法华经〉胡汉诸本的传译》，《敦煌吐鲁番研究》第三卷，北京大学出版社，1998年，第23—44页。
② 杨富学：《回鹘观音信仰考》，载黄绎勋、William Magee主编：《观世音菩萨与现代社会：第五届中华国际佛学会议中文论文集》，台北：法鼓文化，2007年，第253—276页。
③ 王红梅：《回鹘文藏密经典〈观世音本尊修法〉残卷研究》，《河西学院学报》2016年第1期，第11页。

解决"是什么"的问题。在此基础上,再深入思考为什么会出现这样的绘画内容,探究其所体现的宗教内涵和所反映的信仰特质。与此同时,分析观音图像的构图要素、题材组合和绘画风格,通过与周边地区同类图像的对比,进而揭示其背后所蕴含的历史传承和互动关系。

(二)研究内容

顺此思路,本书的总体研究设计如下:

第一章:《汉风吹拂:高昌回鹘佛教与观音图像调查》。本章简要叙述高昌回鹘时期佛教的发展历程和特点,以及吐鲁番的回鹘佛教遗存。在此基础上,本章重点对散藏于国内外博物馆和科研机构的吐鲁番观音图像进行分类,分析其绘画风格,并作出大致的年代推定。此外,通过对吐鲁番石窟的实地调查,将观音图像和窟内其他绘画题材分为五种组合和两大信仰体系。

第二章:《救难与往生:西方净土信仰体系下的千手千眼观音经变》。本章首先以柏孜克里克第14与41窟为中心,考释了两窟内的千手千眼观音经变。首先,该经变与窟内的阿弥陀经变形成一种组合,在此组合下,佛教信徒的现世救难与来世往生的双重需求均得到了满足。其次,分析了两窟壁画的艺术风格和题材,它们除拥有自身特点之外,还与敦煌石窟壁画有着密切的联系,后者是前者创作的源泉。最后,结合吐鲁番出土的回鹘文佛经和发愿文,总结了高昌回鹘时期千手千眼观音信仰繁盛的境况。

第三章:《慈悲、妙慧与万行:华严信仰体系下的三大士图像》。高昌回鹘时期,以观音为主尊,文殊与普贤菩萨为胁侍的三大士图像组合非常流行,柏孜克里克石窟第39窟是一个典型的例证。该窟壁画内容十分丰富,除了三大士图像组合外,尚有华严三圣组合、十大菩萨与四大天王图像,蕴含了浓厚的华严思想,并与密教观音有机地融合在了一起。本章还通过新样文殊中出现的难陀童子,讨论了该时期吐鲁番与五台山之间的交流。从绘画风格入手,讨论了天部像(观音眷属)、于阗王像(新样文殊之驭狮者)与敦煌及黑水城绘画的关联。

第四章:《山林、猕猴与月轮:禅观意境下的如意轮观音经变》。柏孜克里克第40窟右侧壁如意轮观音经变主要是根据如意轮观音诸经绘制而成,较之敦煌石窟的如意轮观音经变,内容更加丰富,有许多题材是敦煌所未有,如十大明王、释迦与弥陀组合像等。这些新增的题材彰显了宋代中原与高昌回鹘的佛教文化交流之密切,中原的佛经翻译和佛教实践为高昌回鹘佛教的发展提供了源源不断的新鲜血液,是高昌回鹘佛教繁盛的源泉。该经变中山林禅定和月轮像,体现了修行者通过观想猴子等动物来收摄心猿,念诵如意轮陀罗尼咒,以心月轮观想入手,观想本尊如意轮观音及诸像,从而生发菩提心,证入初地菩萨终至成佛的美好愿望。从绘画风格来看,该经变融合了中原和龟兹画风,体现了高昌回鹘时期吐鲁番佛教艺术的多元化风格。

　　第五章:《威德神力:观音与佛说大乘庄严宝王经变》。本章考释了柏孜克里克石窟第17窟券顶的壁画,确定其中6幅壁画出自《佛说大乘庄严宝王经》,同时推测其余壁画大部分也是出自该经,结合两侧壁壁画认识到该窟是一个以观音为主尊的内涵丰富的洞窟。佛说大乘庄严宝王经变的发现,揭示了北宋时期中原与西域的文化交流,同时纠正了以往学界对第17窟年代的推定,即并非唐西州时期,结合窟内供养人族属的认定,我们初步将该窟壁画的绘制年代定在北宋初(11世纪初)至回鹘归顺蒙古之前(13世纪初)。

　　第六章:《净土的选择:汉藏混合风格的六字观音经变》。柏孜克里克石窟第29窟是一座汉藏合璧的洞窟,正壁塑绘弥勒净土变,左右两侧壁①分别绘六字观音经变和阿弥陀经变。左侧壁的六字观音经变,主尊六字观音与两侧的六身观音共同构成了七观音组合。这样的组合,在吐鲁番石窟壁画和纺织品绘画中屡见不鲜,反映了高昌回鹘时期七观音信仰的繁盛。从观音信仰的角度分析,出资修建洞窟的功德主有意将弥勒菩萨置于正壁,而将阿弥陀佛"偏居"侧壁,反映了回鹘人在选择往生何种净土时,对弥勒净土的偏爱。

（三）研究方法及材料

　　本书的研究方法主要有三种:即图像学、宗教学和历史学。在图像学的运用上,我们首先对观音图像进行客观的描述,包括图像的构图要素、构图布局、色彩运用以及人物的体态与服饰等,进而辨明其绘画风格与特色。在此基础上,探讨不同绘画风格与周边地区的关联。其次,利用宗教学的原理,结合佛典记载,深入分析观音图像及其组合背后所蕴含的宗教内涵,包括信徒的礼拜供养、修习方式和信仰体系等。最后,利用历

---

　　① 本书对石窟左右侧壁及具体某一幅壁画的描述,是以正壁主尊与画中人物的方向为基准,非观者的角度。下不一一注明。

史学的方法分析观音图像在吐鲁番出现、发展和兴盛的原因,将图像本身放置到当时大的历史背景之下,从而达到以史证图和以图补史的目的。本书的研究对象为高昌回鹘时期吐鲁番的观音图像,研究材料主要有:德国、英国、日本、韩国和俄罗斯收藏的观音绘画,此外还有柏孜克里克石窟第14、17、29、39、40、41窟的观音经变画。同时,辅助以吐鲁番出土的观音类佛经和功德疏、发愿文等文本材料。

四、研究重点与难点

本书研究的重点有二:(1)分析观音图像的多元绘画风格。吐鲁番的观音图像既受到西面龟兹画风的影响,又受到东面敦煌和中原画风的影响,蒙元时期又吸收了藏传佛教的绘画传统。在学习周边地区绘画传统的基础上,逐渐形成了本土绘画风格。(2)探讨观音图像所蕴含的宗教思想。吐鲁番的观音图像在题材上更多展现的是汉传佛教的内容,且与中原是同步的。宋元时期,高昌回鹘与中原的交往并没有因分裂割据和战争而中断,因此中原新的观音信仰思潮能够迅速传播到高昌。当然,与绘画风格一样,回鹘人在学习的过程中,也形成了自己的信仰习俗,如七观音信仰以及信仰观音而往生弥勒净土等,这些均在观音图像上得以充分反映。

由于吐鲁番观音图像特别是石窟内壁画保存较差,大多数壁画模糊几不可辨,这为我们的考释、定名造成极大的障碍。其次,观音图像特别是纺织品绘画大多收藏在国外,搜集起来不易,很可能因资料的搜集不全导致研究上的差误。另外,对观音图像的研究,势必要牵涉观音文本的探讨,吐鲁番出土的观音文本有很大部分为回鹘文,此外还有古藏文,对这些文本的探讨有助于深入认识观音图像的宗教内涵,利用这些文本只能靠语言学家的解读。

第一章　汉风吹拂：高昌回鹘佛教与观音图像调查

高昌回鹘时期，多种宗教并行不悖，其中尤以佛教最为盛行。统治者在继承唐西州佛教的基础上，积极与周边地区展开佛事交流。在向北宋朝贡的使臣中，常常有僧人参与，经过不懈的努力，最终得到梦寐以求的《开宝藏》[①]。从吐鲁番出土的佛经来看，不但有《开宝藏》，更有《契丹藏》[②]和《赵城藏》[③]，说明回鹘人在与辽、金、元交往的过程中，也得到了他们所刻印的《大藏经》。回鹘人以这些汉文佛经为底本，翻译出大量的回鹘文佛经，有力促进了汉传佛教的普及与发展。元代，许多回鹘政治家和僧人供职于朝廷，他们大多皈依了藏传佛教，并将藏文佛经翻译为回鹘文，回传至故乡——高昌。藏传佛教的传入，为高昌佛教注入了新鲜的血液。

高昌回鹘佛教的兴盛还体现在修寺造塔、开窟绘画层面，吐鲁番出土的碑刻、文书和木杵铭文对此多有记载。如今，吐鲁番的高昌故城和交河故城，还残存众多回鹘时期的佛教寺院；吐鲁番十余处石窟内的壁画也大多为回鹘时期的遗存。此外，这些寺院和石窟内还出土有大量的佛经典籍、雕塑以及绘画等艺术品，为我们了解回鹘时期的佛教提供了不可多得的第一手资料。

高昌回鹘壁画最集中的地方是柏孜克里克石窟，笔者实地调查后发现这些壁画以

---

① 参见王丁：《初论〈开宝藏〉向西域的流传》，载束迪生、李肖、娜仁高娃主编：《高昌社会变迁及宗教演变》，新疆人民出版社，2010年，第181页。

② 李际宁：《关于旅顺博物馆藏吐鲁番出土木刻本佛经残片的考察》，载旅顺博物馆、龙谷大学编：《旅顺博物馆藏新疆出土汉文佛经研究论文集》（旅順博物館藏トルフアソ出土漢文仏典研究論文集），京都：言行堂，2006年，第236页。

③ 吐鲁番地区文管所：《柏孜克里克千佛洞遗址清理简记》，《文物》1986年第8期，第56页。党宝海：《吐鲁番出土金藏考——兼论一组吐鲁番出土佛经残片的年代》，《敦煌吐鲁番研究》第四卷，北京大学出版社，1999年，第103—125页。

经变画居多,如涅槃经变、西方净土经变、佛本行经变、金光明经变、观音经变等,其中尤以观音经变最为丰富。此外,笔者还亲赴德国柏林亚洲艺术博物馆调查吐鲁番的佛教艺术品,这些艺术品中以观音为题材的居多。下面,我们分两节以概述的形式介绍高昌回鹘时期的佛教及吐鲁番所发现的观音图像。

第一节　高昌回鹘佛教及其艺术遗存

840年,漠北回鹘汗国被黠嘎斯所灭,大批回鹘人被迫西迁,其中的一支于唐咸通七年(866)在首领仆固俊的率领下,建立了高昌回鹘王国。13世纪中叶,由于蒙古西北藩王的不断侵扰,亦都护纽林的斤于至元十七年(1280)奉元朝旨意率领王室东迁甘肃永昌,这标志着高昌回鹘政权的终结。元朝政府开始直接接手对高昌回鹘地区的统治,直到元末,畏兀儿亦都护虽世袭王爵,遥领高昌,但其统治已是名存实亡。

高昌回鹘初期,摩尼教继续保持着漠北回鹘汗国时期的国教地位,获得了空前的发展。在摩尼教兴盛的时期,回鹘统治者并未抑制其他宗教,而是采取诸教并蓄的政策,多种宗教并行不悖,且相互交融。能够反映这段时期佛教继续发展的史实有如下数例:

(1)930年前后,瓜沙地区一汉僧巡礼求法途径高昌时,为方便给当地僧众宣讲佛法写了一篇讲经文(英藏敦煌遗书S.6551"佛说阿弥陀经讲经文"),记述了高昌回鹘多种宗教并存的现状,还详细罗列了都僧统以下的各级僧职[1]。

(2)后唐长兴二年(931),西州僧人出使沙州,净土寺交纳油、面给归义军官府供僧人食用[2]。

(3)后唐清泰二年(935?)正月一日,沙州灵图寺僧善友出使西州[3]。

---

[1] 详见张广达、荣新江:《有关西州回鹘的一篇敦煌汉文文献——S6551讲经文的历史学研究》,《北京大学学报》(哲学社科版)1989年第2期,第24—36页;李正宇:《S6551讲经文作于西州回鹘国辨正》,《新疆社会科学》1989年第4期,第88—97页。

[2] P.2049背《后唐长兴二年(931)正月沙州净土寺直岁愿达手下诸色入破历算会牒》,唐耕耦、陆宏基主编:《敦煌社会经济文献真迹释录》(三),全国图书馆文献缩微复制中心,1990年,第385页。

[3] S.4504背《乙未年(935?)灵图寺僧善友贷绢契》,沙知:《敦煌契约文书辑校》,江苏古籍出版社,1998年,第196页。

（4）后晋天福五年（940？）四月六日，沙州索僧正出使西州[1]。与索僧正出使西州相近的某年十一月十三日，西州僧来沙州，于某佛寺食宿[2]。

（5）947年，回鹘王室成员于高昌故城修建佛寺[3]。

（6）948年，回鹘公主与沙州将军在高昌故城修建佛寺（X遗址）[4]。

（7）后周显德三年（956）三月二十三日，沙州三界寺僧法宝出使西州[5]。

从上列数条史料可以看出，自10世纪30年代至50年代，回鹘王室、贵族及一般信众开始热衷修建佛寺，更为重要的是统治者设立了一套较为完善的僧职体系。此外，高昌回鹘与沙州归义军往来密切，双方互派僧使频繁交流。

北宋建立后，高昌回鹘继续保持着与沙州归义军的友好关系，与此同时，积极向中原朝贡。乾德三年（965）十一月，高昌回鹘可汗"遣僧法渊献佛牙、琉璃器、琥珀盏"[6]。对比后周广顺元年（951）朝贡中原的事例，我们会发现后周时有摩尼僧充当使者[7]，到了北宋则是佛教僧人出使。此种现象，似乎意味着摩尼教和佛教的地位在悄然发生着变化，佛教正一步步取得回鹘统治者的信任与支持，而摩尼教却一步步在丧失着作为国教的优势地位。981年，王延德来到西州时，看到佛教、摩尼教和景教并存，但显然佛教更为兴盛，佛寺有五十多处，寺中存有《大藏经》，且"居民春月多群聚遨乐其间"[8]。有证于此，学界一般认为10世纪晚期，高昌回鹘的摩尼教逐渐衰落，失去了往昔的特权和地位，佛教进入了全面发展和繁盛时期。此种繁盛景象，表现在多种层面。

其一，修寺造塔之风盛行。首先，一批摩尼教寺院被重新改建为佛教寺院。如柏孜克里克第38窟先后经过两次改建，从佛教洞窟到摩尼教洞窟，再到佛教洞窟，见证了摩

---

[1]　S.5937《庚子年（940？）十二月廿二日都师愿通沿常住破历》，唐耕耦、陆宏基主编：《敦煌社会经济文献真迹释录》（三），第207页。

[2]　P.2642《年代不明（10世纪）诸色斛斗破用历》，唐耕耦、陆宏基主编：《敦煌社会经济文献真迹释录》（三），第209页。

[3]　此据德国探险家在高昌故城得到的一根造寺木杵上的铭文而获知，其年代据杨富学先生考证应为947年。详见杨富学：《高昌回鹘王国的西部疆域问题》，《甘肃民族研究》1990年第3—4期，第73—74页。

[4]　此据德国探险家在高昌故城得到的另一根造寺木杵上的铭文而获知，其年代据杨富学先生考证应为948年。详见杨富学：《回鹘之佛教》，新疆人民出版社，1998年，第176—197页。

[5]　P.3051背《丙辰年（956）三界寺僧法宝贷绢契》，沙知：《敦煌契约文书辑校》，第217页。

[6]　［元］脱脱等撰：《宋史》卷四九〇《高昌传》，第14110页。

[7]　事见［宋］薛居正等撰：《旧五代史》卷一三八《外国传》，中华书局，1976年，第1843页。

[8]　［元］脱脱等撰：《宋史》卷四九〇《高昌传》，第14112页。

尼教由盛转衰,最终被佛教取而代之的历史过程。高昌故城 a 寺出土的一件摩尼教文书(M112),其背面的回鹘文写于10世纪晚期至11世纪初,记载了摩尼教之前的繁盛以及回鹘王子拆除摩尼寺的建筑材料去装饰佛寺的事实①。其次,旧的佛教寺院被重新修缮,新的佛教寺院和佛塔也不断修建。1912年左右,吐峪沟出土了一块回鹘文残碑,该碑记载了一安姓僧人和回鹘人土都木萨里出资重新修缮了一座年久破败的寺院,重修的年代在10—12世纪②。20世纪初,德国探险家勒柯克在胜金口一带发现了一根木杵,其上汉文铭文记载了983年回鹘王室成员在新兴谷内施建伽蓝的功德记③。20世纪80年代,吐峪沟石窟出土了一件汉文文书,记述了一批西州回鹘官员和焉耆地方的官员,于11世纪中叶,在文书的出土地为圆寂的汉僧法奖敬造舍利佛塔④。

其二,与中原佛教联系更加密切。王延德出使西州,为高昌回鹘和北宋的交往打下了一个良好的基础,当他于太平兴国八年(983)春返回时,高昌回鹘派出谢恩使凡百余人与其同道来到中原。翌年,高昌回鹘与婆罗门及波斯外道同来朝贡,宋廷赏赐甚厚。相比高昌回鹘,龟兹回鹘(属于高昌回鹘)与中原的往来更加频繁,与佛事有关者有数例:

(1)咸平六年(1003)六月六日,龟兹国僧人义修赴宋献梵夹、菩提印叶、念珠、舍利⑤。

(2)景德元年(1004)十月,应龟兹国石报进请求,宋廷度其为僧⑥。

(3)大中祥符三年(1010)闰二月,龟兹国僧人智圆赴宋贡琥珀四十五斤、鍮石四十六斤⑦。

(4)乾兴元年(1022)五月,龟兹国僧人华严自印度至宋,献佛骨舍利、梵夹⑧。

(5)从天圣元年到景祐四年(1023—1038),龟兹"入贡者五,最后赐佛经一藏"⑨。

① 耿世民:《一件吐鲁番出土的摩尼教寺院被毁文书的研究》,载氏著:《维吾尔古代文献研究》,中央民族大学出版社,2003年,第446—451页。
② 耿世民:《回鹘文〈土都木萨里修寺碑〉考释》,《世界宗教研究》1981年第1期,第77—83页。
③ 岑仲勉:《吐鲁番木柱刻文略释》,载氏著:《金石论丛》,中华书局,2004年,第453—456页。
④ 陈国灿、伊斯拉菲尔·玉苏甫:《西州回鹘时期汉文〈造佛塔记〉初探》,《历史研究》2009年第1期,第174—182页。
⑤ [清]徐松辑,刘琳等校点:《宋会要辑稿》第16册,《蕃夷四》"龟兹"条,上海古籍出版社,2014年,第9774页。
⑥ [清]徐松辑,刘琳等校点:《宋会要辑稿》第16册,《蕃夷四》"龟兹"条,第9774页。
⑦ [清]徐松辑,刘琳等校点:《宋会要辑稿》第16册,《蕃夷四》"龟兹"条,第9774页。
⑧ [清]徐松辑,刘琳等校点:《宋会要辑稿》第16册,《蕃夷四》"龟兹"条,第9775页。
⑨ [元]脱脱等撰:《宋史》卷四九〇《龟兹传》,第14123页。

（6）绍圣三年（1096），龟兹"使大首领阿连撒罗等三人以表章及玉佛至洮西"[①]。

其三，对辽、西夏佛教产生积极影响。辽朝建立后，高昌回鹘成为辽的属国，双方交往甚密。在辽建国后的第二年，即907年，高昌回鹘即遣使赴辽朝贡，之后贡使不断，一直持续到辽后期的天庆二年（1112），是年六月甲午"和州回鹘来贡"[②]。同为游牧民族，回鹘在文化上要比辽发达的多，回鹘人自然成为契丹人的"老师"。首先，造字方面，契丹小字就是根据回鹘文创制而成。其次，佛教方面，辽之帝后多为敬奉佛教的回鹘述律／萧氏，在后族的推崇影响下，崇佛之风渐盛。辽太祖时与皇后述律氏于弘福寺共施观音画像，辽太宗又在此寺为皇后萧氏饭僧。回鹘人不但为契丹人之师，亦为党项人之师。北宋《开宝藏》传入西夏后，元昊于天授礼法延祚十年（1047）"建高台寺……贮中国所赐《大藏经》，广延回鹘僧居之，演绎经文，易为蕃字"[③]。北京图书馆藏西夏文《过去庄严劫千佛名经》卷末发愿文载："夏国风帝（笔者注：元昊）新起兴礼式德。戊寅年中，国师白法信及后禀德岁臣智光等，先后三十二人为头，令依蕃译。"[④]该馆又藏西夏文《现在贤劫千佛名经》，前有一副木刻版译经图，在主译人之上用西夏文标出"都译勾管作者安全国师白智光"[⑤]。上述主持译经的国师白法信、白智光很可能就是来自龟兹的回鹘高僧。回鹘文化发达，由他们为西夏演经、译经，无疑会对西夏译经事业产生促进作用，同时也显示了回鹘僧人在西夏佛教初兴时期的重要地位。当然，文化的交流是双向的，辽与西夏的佛教也曾或多或少地影响到了回鹘，此为19世纪末以来吐鲁番出土的《契丹藏》和西夏文佛经残片所证实。

13世纪20年代，丘处机西行朝见成吉思汗时，在鳖思马大城（今新疆吉木萨尔县北庭古城）受到当地王官、士庶、僧、道的热烈欢迎，其中的僧人皆穿赭衣。在龙兴西寺，丘处机还看到"佛书一藏"[⑥]。当他来到昌八剌城（今新疆昌吉市）时，"其王畏午儿……率众部族及回纥僧，皆远迎"[⑦]。这是史籍中蒙元时期高昌回鹘佛教的最早记录。1253年，法兰西国王遣使鲁布鲁克东行前往朝见蒙哥汗时，曾拜访高昌回鹘地区的寺庙。在寺

---

① ［元］脱脱等撰：《宋史》卷四九〇《龟兹传》，第14123页。
② ［元］脱脱等撰：《辽史》卷二七《天祚皇帝纪一》，中华书局，1974年，第326页。
③ ［清］吴广成著，龚世俊等校注：《西夏书事》卷一八，甘肃文化出版社，1995年，第212页。
④ 史金波：《西夏佛教史略》，宁夏人民出版社，1988年，第66页。
⑤ 史金波：《〈西夏译经图〉解》，《文献》1979年第1期，第215页。
⑥ 《长春真人西游记》卷上，载杨建新主编：《古西行记选注》，宁夏人民出版社，1987年，第202页。
⑦ 《长春真人西游记》卷上，第202页。

庙里,鲁布鲁克看到拜佛的僧人,他们身穿"紧身的橘黄色上衣"①,其外又穿一件袈裟。从僧人的服饰来看,可能为藏传佛教信徒。吾人固知,蒙元时期,由于蒙古统治者崇信藏传佛教,回鹘人多因循之,有许多高僧出入汉地和蒙古高原,或充当皇帝与藏族帝师之间的翻译,或弘扬佛教,深为蒙古统治者器重。

元世祖至元二十二年(1285)春至二十四年(1287),朝廷组织了一次大规模的以藏文勘对汉文佛典的译经活动,译经总1440部,5586卷,定名为《至元法宝勘同总录》。在这次译经活动中,有汉、藏、回鹘和印度等多种民族的佛教僧人参加,其中领衔的有五位回鹘人,他们在译经过程中的分工为:迦鲁纳答思奉诏译西番语(藏语),脱因奉诏译畏兀儿语,安藏奉诏译语证义,合台萨理(《元史》作"乞台萨理")奉诏译语证义,斋牙答思奉诏证西天语(梵语)。

以上五位回鹘僧人均来自高昌,其中有三人在历史上比较出名。迦鲁纳答思,元世祖忽必烈时,他跟从八思巴学习密法,充当八思巴和忽必烈之间的译使。此外,他还是一个著名的佛教翻译家,极富有语言天赋,"通天竺教及诸国语"②,曾"以畏吾字译西天、西番经论"③,印制成册,传诵于朝廷。安藏,世居别失八里,自幼跟随父兄学习佛法,15岁时已精通儒学典籍,19岁时被征召入朝,任翰林学士承旨、正奉大夫,"世祖即位,进《宝藏论玄演集》一十卷,嘉叹不已"。④合台萨理,承袭了先祖遗业(其父阿台萨理精佛氏学),通经、律、论三藏。在他学业完成时,老师给他取名叫万全,可见他对佛学的精通。至元十二年(1275),合台萨理被朝廷任命为释教都总统,并"拜正议大夫、同知总制院事"⑤。

除了上述五位回鹘僧人外,以信仰和弘传藏传佛教而闻名者尚有阿鲁浑萨里、必兰纳识里、舍蓝蓝等。阿鲁浑萨里,出自回鹘王族,元世祖忽必烈时官至尚书右丞、中书平章政事,位高权重,死后被追封为赵国公;不惟如此,由于家族的佛教信仰传统(其父就是前面提到的合台萨里),他本人"幼聪慧,受业于国师八哈思巴,即通其学,且解诸国语"⑥。必兰纳识里,原名只剌瓦的理,大德六年(1302)奉旨跟从帝师八思巴在广寒殿受戒,代皇帝出家为僧,改名必兰纳识里。朝廷很器重他,封开府仪同三司,兼领功德使

---

① (英)道森编,吕浦译,周良霄注:《出使蒙古记》,中国社会科学出版社,1983年,第157页。
② [明]宋濂等撰:《元史》卷一三四《迦鲁纳答思传》,中华书局,1976年,第3260页。
③ [明]宋濂等撰:《元史》卷一三四《迦鲁纳答思传》,第3260页。
④ [元]程钜夫:《程雪楼文集》(上)卷九《秦国文靖公神道碑》,台北图书馆编印,1970年,第364页。
⑤ [明]宋濂等撰:《元史》卷一三〇《阿鲁浑萨理传》,第3174页。
⑥ [明]宋濂等撰:《元史》卷一三〇《阿鲁浑萨理传》,第3175页。

司事,担任诸国引进使等。他通晓藏语、梵语、回鹘语等多种语言,翻译多种梵文、汉文、藏文等佛典为回鹘文[1]。舍蓝蓝,因海都之叛,跟随家人自故乡高昌来到京师大都,后拜帝师迦罗斯巴斡即儿为师,出家为尼。王公嫔妃都称她为巴哈石(老师),历四代皇帝,侍奉过三位皇后,出入宫廷数十年,为后妃们讲经说法,崇荣备至。她曾以金粉缮写藏文《般若八千颂》《五护陀罗尼》等十余部,以及汉文《华严经》《楞严经》,回鹘文《法华经》《金光明经》等。她在大都创建了妙善寺,修盖了五台山普明寺,重修了西山的龙泉寺。此外,她又"于吐蕃五大寺、高昌国旃檀佛寺、京师万安等,皆贮钞币,以给燃灯续明之费"[2]。这些信仰藏传佛教的回鹘人多来自高昌,任职于元廷,或出将入相,或为皇帝的近臣,或侍奉于后宫,地位十分显赫;同时,他们又精通多种语言,佛学素养深厚,将藏文、汉文佛经翻译为回鹘文。这些回鹘文佛经,除了流通于中原回鹘人之间,还辗转回传至他们的故乡——高昌,此为19世纪末以来吐鲁番出土的大量回鹘文佛教文书所证实。

到13世纪后期,已经皈依了伊斯兰教的蒙古西北宗王发动了持续、剧烈的对抗元朝的叛乱活动,吐鲁番地区成为战争的重灾区。元至元十二年(1275),察合台宗王都哇率12万蒙古军围攻回鹘都城哈喇火州达6个月之久。城破之后,蒙古军大肆劫掠,对该地区经济造成严重破坏,回鹘王室则被迫迁至甘肃永昌遥领其国。西域蒙古统治者信奉伊斯兰教,虽对其他宗教也采取有限的宽容态度,但战争和掠夺造成的经济破坏,对依赖于农业经济的佛教是个沉重的打击,所以,13世纪末以后,高昌回鹘佛教已从繁荣走向了衰落。泰定年间(1324—1328),畏兀儿地区被逐步伊斯兰化的察合台汗国所蚕食。1347年,秃黑鲁帖木儿登基,占领高昌,并强行在高昌、别失八里诸地推行伊斯兰教。1383年,秃黑鲁帖木儿之子黑的儿火者任别失八里的察合台汗。他在位期间对高昌地区进行了宗教战争,强迫当地居民信奉伊斯兰教,将高昌地区更名为"达尔·阿勒·伊斯兰(Dar al Islam)"[3],高昌回鹘佛教由此而再受重挫。

高昌回鹘佛教尽管连遭重创,但其势力却并未因此而退出历史舞台。永乐六年(1408)五月,明王朝任命吐鲁番高僧清来为"灌顶慈慧圆智普通国师"[4],法泉等七人为

---

[1] 〔明〕宋濂等撰:《元史》卷二〇二《释老传》,第4519—4520页。
[2] 〔元〕念常:《佛祖历代通载》卷二二,《大正新修大藏经》第四十九册史传部一,第734页c栏。
[3] 米儿咱·马黑麻·海答儿:《中亚蒙兀儿史——拉失德史》第一编(汉译本),新疆人民出版社,1983年,第225页。
[4] 〔清〕张廷玉等撰:《明史》卷三二九《西域传》,中华书局,1974年,第8529页。

"僧纲司官"①。宣德四年（1429）五月，又任命桑果大师为吐鲁番僧纲司都纲②。吐鲁番佛教徒也很注意发展与中原王朝的关系，直到正统二年（1437），吐鲁番国师巴剌麻答失还继续派遣僧人赴中原"贡马及方物"③，以求得到中原王朝的支持。自1437年以降，在明代史料中再未出现关于吐鲁番地区佛教僧侣的记载，这可视作吐鲁番地区佛教最终失势的佐证。

高昌回鹘时期的佛教遗存分布在今阿克苏、焉耆、吉木萨尔、哈密和吐鲁番地区。阿克苏即古代的龟兹，是西域北道的佛教中心之一，佛教遗迹甚多，延续时间很长。其中属于高昌回鹘时期的佛教遗迹，据阎文儒先生研究，主要有拜城克孜尔石窟寺第四期、森木塞姆石窟寺第四期、克孜尔尕哈石窟寺第四期。库车的库木吐喇石窟寺（残存72窟），阎文儒先生认为"在盛唐以前，并不繁荣，因而一、二期的窟较少，到安西都护府移龟兹以后，直到回鹘高昌时代，是最繁荣的时期"④。此外，近年在库木吐喇又新发现有回鹘时期的洞窟。焉耆最有名的佛教遗迹，是位于库尔勒与焉耆之间的七格星佛寺遗址。该遗址分南北二大寺和石窟三部分，开凿修建的时间较早，但一直沿用到高昌回鹘时期。这里的供养画等壁画题材，对高昌回鹘佛教艺术有一定的影响⑤。吉木萨尔为唐代的北庭所在地，回鹘时期称为别失八里。近年来经实地调查，发现有三四处回鹘时期的佛教遗址。其中有的寺院遗址规模很大，如西大寺，其壁画和塑像精美的程度可与柏孜克里克石窟寺相媲美⑥。哈密是高昌回鹘东通内地的门户，19世纪末20世纪初，国外探险家在此地曾发现并窃取了一些回鹘时期的佛教遗物。1959年4月，在哈密县天山人民公社脱米尔底大队（今哈密市天山区板房沟乡）一个废弃的佛寺遗址内，当地农民发现了一大批回鹘文佛经，经语言学家考证为《弥勒会见记》⑦。

吐鲁番是高昌回鹘佛教遗存分布最丰富的地区。从古城到石窟，佛教建筑密布，佛

① ［清］张廷玉等撰：《明史》卷三二九《西域传》，第8529页。
② 《明宣宗实录》卷五四，宣德四年五月己未条，中研院历史语言研究所，1962年，第1295页。
③ 《明英宗实录》卷三二，正统二年七月丁巳条，第638页。
④ 阎文儒：《新疆天山以南的石窟》，《文物》1962年第7—8期合刊，第53页。
⑤ 孟凡人：《略论高昌回鹘的佛教》，《新疆社会科学》1982年第1期，第62页。
⑥ 参见中国社会科学院考古研究所编著：《北庭高昌回鹘佛寺壁画》，辽宁美术出版社，1990年；《北庭高昌回鹘佛寺遗址》，辽宁美术出版社，1991年。
⑦ 冯家昇：《1959年哈密新发现的回鹘文佛经》，《文物》1962年第2期，第90—97页。回鹘文《弥勒会见记》的发现，引起了国内外学者关注，其中耿世民先生用功最勤，相继发表了10余篇论文，后来又出版了专著《回鹘文哈密本〈弥勒会见记〉研究》（中央民族大学出版社，2008年）。

教艺术绚丽多彩。高昌故城是回鹘的都城,19世纪末20世纪初,国外探险家调查时,尚存佛寺遗址50余处,出土了大量回鹘时期的壁画、纺织品和纸质品绘画以及回鹘文佛教文书。交河故城是回鹘时期的一座重要城市,虽然佛教遗迹很多,但为资料所限,尚不能确指哪些是回鹘时期的遗迹。仅知20世纪初以来,在故城内发现过回鹘时期的佛教壁画和回鹘文佛经残卷等。此外,位于鄯善县境内的大、小阿萨古城也有回鹘时期的佛教遗迹,如小阿萨古城内的两座佛塔,有明显的藏传佛教风格,是回鹘后期的建筑遗存。吐鲁番现存10余处石窟寺遗址,其中雅尔湖石窟、大桃儿沟石窟、小桃儿沟石窟、胜金口石窟、伯西哈尔石窟、吐峪沟石窟和柏孜克里克石窟均绘制有回鹘时期的壁画。

雅尔湖石窟位于交河故城沟西台地的崖壁上,现存15个洞窟①。第4、7窟尚残存壁画,其中第4窟表层壁画是高昌回鹘时期所绘,该窟为长方形纵券顶窟,前室左右侧壁绘说法图,券顶绘千佛;后室门道左右两侧绘龙女,前壁绘回鹘供养人,左右两侧壁残存观音眷属,券顶绘千佛。

大、小桃儿沟石窟位于吐鲁番市区以北火焰山中的桃儿沟沟谷内,现存16个洞窟(大桃儿沟石窟10个、小桃儿沟石窟6个)。残存壁画可辨识者:五方佛并四波罗蜜、八十四大成就者、观无量寿经变、上师、八塔与学僧图。此外,俄罗斯艾尔米塔什博物馆还收藏有佛本生故事壁画残块。绘画风格为汉藏混合风格,藏传佛教风格表现得尤为突出。仅就壁画的绘制层面考虑,这两处石窟的年代应该在元朝统治下的高昌回鹘时期②。

胜金口石窟位于吐鲁番市二堡乡巴达木村北约2公里木头沟出山口处,北距柏孜克里克石窟约5公里。该石窟现存寺院两组(南寺院和北寺院共13个洞窟)、生活区一组,石窟周边另有地面佛寺9座。从洞窟形制初步判断石窟始建年代约为5世纪,现存壁画多为回鹘时期的风格(坍塌下来的部分壁画有唐代风格),墙壁上多有回鹘文题记,出土文书中也有大量回鹘文文书。由此来看,该石窟的流行年代在唐西州至高昌回鹘时期,废弃年代当在回鹘王国末期③。

伯西哈尔石窟位于柏孜克里克石窟以西2公里的火焰山沟谷内。沟东有6个洞窟,

---

① 该石窟学者此前均定为7个洞窟,经笔者多次调查统计,实际数目应为15个。详见吐鲁番地区文物局、吐鲁番学研究院《雅尔湖石窟调查简报》,《吐鲁番学研究》2015年第1期,第1—13页。
② 详见吐鲁番地区文物局、吐鲁番学研究院:《大桃儿沟石窟调查简报》,《吐鲁番学研究》2012年第1期,第1—17页;《小桃儿沟石窟调查简报》,《吐鲁番学研究》2012年第1期,第18—29页。
③ 详见新疆文物考古研究所:《新疆吐鲁番胜金口石窟发掘报告》,《考古》2016年第3期,第385—415页。

其中第1—5窟组成一个完整的寺院，第5窟外侧另有一个面积较大的洞窟；沟西有4个僧房窟和一座地面佛寺。壁画内容以经变画居多，有药师经变、观无量寿经变、维摩诘经变、观音经变，此外还有大日如来并八大菩萨图像。第3窟为中心柱窟，位居1—5窟的中央，中心柱四壁龛内塑置佛像（现已不存），窟顶描绘胎藏界曼陀罗，还有灌顶图、燃烧的火盆等，表明该窟是为佛教弟子举行灌顶等宗教仪式的场所。两侧的4个洞窟可能代表的是胎藏界曼陀罗的四重外院。该石窟壁画的人物造型明显地表现出回鹘特色，残留题记均为回鹘文，其修建时代约在10世纪的高昌回鹘时期[①]。

吐峪沟石窟位于鄯善县吐峪沟乡，西距高昌故城10公里。现有编号的洞窟46个，其中第1—25窟在沟西，第26—46窟在沟东。自2010年至2017年，中国社科院考古所、吐鲁番学研究院和龟兹研究院联合对吐峪沟石窟进行考古发掘，先后发掘清理了沟东区北部窟群、沟东区南部地面佛寺、沟西区北部窟群，以及沟西区中部窟群等处。其中，沟东区南部地面佛寺、沟西区北部窟群均为新发现。在沟东区北部窟群、沟西区中部窟群也新发现了一些洞窟[②]。吐峪沟石窟始建年代4至5世纪左右，7世纪后，吐峪沟石窟的地位有所下降，但此后仍然兴建或者改建一部分窟寺，并一直沿用至14世纪左右。吐峪沟石窟早期壁画受龟兹佛教影响较深，5世纪初，北凉沮渠无讳和沮渠安周进入高昌后，又受到敦煌乃至中原佛教的影响。高昌回鹘时期，回鹘人对部分洞窟进行了改建，并重新绘制壁画。第22窟在回鹘时期进行了重绘，主室绘有骑狮文殊和千手千眼观音，在前壁还发现有回鹘供养人像。第38窟主室的因缘佛传图，与龟兹同类壁画相似，为6世纪麹氏王国早期遗存；9世纪后半叶，回鹘人又维修彩绘了左甬道。沟西区中部最下层新发现的一个小型长方形纵券顶洞窟，中间有一方形台基，门壁绘护法天神、前壁和侧壁绘供养菩萨，具有典型的回鹘风格，正壁残存回鹘供养人。沟西区南部有几个洞窟也是回鹘时期改建的，其中第5窟回鹘供养人多达50余身。高昌回鹘时期，除了对原来洞窟进行改建外，回鹘人还重新修建了新的寺院。2010年，考古工作者在沟东区发掘了一座地面佛寺，沿山坡呈阶梯状分布，上下共计五层，面积约700平方米。最上层佛殿壁画表明，该寺建于回鹘时期。

---

① 详见贾应逸：《伯西哈尔石窟研究》，《吐鲁番学研究》2004年第2期，第88—96页。
② 详见中国社会科学院考古研究所、吐鲁番学研究院、龟兹研究院：《新疆鄯善县吐峪沟东区北侧石窟发掘简报》，《考古》2012年第1期，第7—16页；《新疆鄯善县吐峪沟西区北侧石窟发掘简报》，《考古》2012年第1期，第17—22页。以上两个简报是2010年至2011年的发掘成果，2012年至2017年的发掘成果尚未公布。

以上诸石窟虽然都有高昌回鹘时期的佛教遗存，但残存壁画不多，难以窥其大貌。这一时期，回鹘人改建、重建洞窟和绘制壁画最集中的是柏孜克里克石窟。该石窟位于吐鲁番市胜金乡木日吐克村西南，火焰山木头沟西岸约1公里范围的崖壁上，西距吐鲁番市37公里。现有编号的洞窟83个，除少数洞窟坍塌毁坏严重不可辨识其形制外，大部分保存尚可。现依据洞窟平面、窟内设施和窟顶形状，将该石窟的形制分为五类[①]：

（1）中心柱窟。窟室平面为长方形，在窟中间部位凿出从地面直通窟顶的方形中心柱，中心柱前为主室，两侧及后部开甬道，以供礼拜绕行。此类洞窟有第9、18和45窟，其中第9窟中心柱四壁开龛，后甬道后壁也凿出两个佛龛；第18、45窟中心柱正壁开龛。

（2）中心殿堂窟。窟室平面呈方形，洞窟中心是方形殿堂，殿堂顶部为穹隆形，靠近正壁处的地面残留长方形佛像台座。殿堂前部为主室，左右两侧及后部开甬道。此类洞窟有第15、20窟。

（3）穹隆顶窟。窟室平面呈方形，窟顶为穹隆形。此类洞窟有第5、14和76窟，其中第14窟正壁和两侧壁前设长方形佛像台座。

（4）纵券顶窟。窟室平面为长方形或方形，顶部为纵券形。此类洞窟有60个左右，可细分为四式。Ⅰ式：如第16、31、33和34窟，正壁前凿涅槃台，中心设长方形佛像台座，代替中心柱，供信徒礼拜绕行。第42窟与前同，只是没有涅槃台，涅槃像绘在正壁上。Ⅱ式：如第39窟，中心设长方形佛像台座，正壁塑佛像和须弥山。Ⅲ式：如第1、2、3、4、6、7、22、23、24、25、28、29、35、36、37、38、40、41、43、69、71窟等，窟室面积较小，仅在正壁前修佛像台座。Ⅳ式：如第17、27窟，两侧壁各修三个佛像台座，第17窟正壁塑佛像和须弥山，第27窟正壁损毁。Ⅴ式：如第8、10窟，窟内没有佛像台座。其中，第8窟为僧房，左壁开明窗；第10窟为禅窟，正壁开一禅室，两侧壁各开三个禅室。

（5）横券顶窟。窟室平面为横长方形，此类洞窟有第32、82和83窟。其中，第32窟由于窟顶坍塌，推测可能为券顶，四壁前设佛像台座；第82、83窟为影窟，窟内近正壁的地面有二级阶梯可达地下室，其内置陶质舍利盒。

柏孜克里克石窟历经多次修建、改建，加之坍塌毁坏严重，对于其年代的探讨始终

---

① 洞窟形制的分类，参考了贾应逸先生的《柏孜克里克石窟初探》（氏著《新疆佛教壁画的历史学研究》，中国人民大学出版社，2010年，第405—407页）和王玉冬先生的《柏孜克里克佛教洞窟分期试论》（北京大学考古系硕士学位论文，1994年），载《中国佛教学术论典》，佛光山文教基金会印行，2003年，第389—390页。

是一个难题。学者从不同角度入手对现存洞窟进行了分期,综合诸家所言,笔者将该石窟现存壁画的洞窟大致分为三期。第一期为高昌回鹘建国之前的6世纪初至9世纪中叶。所涉洞窟有第18、69窟,其中第18窟右甬道和后甬道券顶壁画为麴氏高昌时期所绘,第69窟壁画为唐西州时期所绘。第二期为高昌回鹘归顺蒙古之前的9世纪中叶至12世纪末。所涉洞窟有第9、15—18、20—28、31—40、42—51、71、72、75—83窟。其中第18窟除右甬道和后甬道券顶壁画外,其余均为这一时期所绘;第38窟最外层的壁画为这一时期所绘,前壁还残留回鹘供养人。第三期为高昌回鹘归顺蒙古以后的13世纪初至15世纪中叶。所涉洞窟有第14、29、41窟。这一时期壁画中的供养人身穿蒙古服饰,这是判断年代的主要标准。此外,该时期壁画融入了藏传佛教的绘画风格和内容,第29窟表现得比较明显,两侧壁外端有藏式白塔,左侧壁的主尊观音为藏式六字观音。

柏孜克里克石窟有近40个洞窟残存壁画,除第18窟甬道外侧壁、券顶及第69窟外,其余壁画皆属高昌回鹘时期。下面从正壁、侧壁和窟顶三个部位分而叙之。

正壁所绘壁画多与塑像结合,其题材有如下七类[①]:

(1) 佛陀说法,包括佛陀在鹿野苑说法和佛陀向帝释天说法。前者存在于第9、18、22、24、36、37、38、40、43、45、47、49、50窟,后者存在于第48窟。此外,有些鹿野苑说法图位于窟中间的佛像台座前壁。

(2) 涅槃经变。正壁为涅槃佛像,上部绘两棵娑罗树,表示佛涅槃的地点,树下天龙八部和十六国王子举哀,两侧壁里端绘摩耶夫人和举哀弟子等。此类变相存在于第16、31、33、42窟。

(3) 释迦与多宝佛并坐。台座之上塑二身并坐佛像,佛像上绘有汉式楼阁,两侧天人、龙王侍立。此类题材存在于第23、51窟。

(4) 西方净土变。正壁中间塑阿弥陀佛,两边塑观音和大势至菩萨。壁画内容有水池、游廊、童子、孔雀和栏台等。此变相存在于第14、41窟。

(5) 弥勒佛(菩萨)说法。佛像台座上塑弥勒,后绘背光,背光之上有不鼓自鸣乐器。两侧壁里端绘闻法菩萨。此类洞窟只有第29窟。

(6) 观音经变。千手千眼观音位居中央,两侧有眷属围绕,有些洞窟的眷属延伸至两侧壁里端。此类洞窟有第15、17、20、34、35和39窟。

---

① 正壁塑绘像题材,参考了格伦威德尔教授的报告《新疆古佛寺》(第411—412页)和王玉冬先生的《柏孜克里克佛教洞窟分期试论》(第391—392页)。

（7）摩诃伽罗（大黑天）。台座之上塑骑兽的摩诃伽罗，并塑火焰纹背光。此类洞窟只有第21窟。

侧壁壁画内容丰富，有说法图、千佛、经变图、赴会听法的菩萨和天王、荼吉尼天等。其中经变图居多，如佛本行经变（或称之为誓愿画）、法华经变、西方净土变（包括阿弥陀经变和观无量寿经变）、金光明经变、观音经变、文殊变、普贤变等。在这些经变中，又以佛本行经变最为常见，分布在第15、18、20、22、24、31、33、34、37、38、42、47、48和50窟，共70多铺。窟顶壁画有说法图、千佛、经变图、曼陀罗和装饰性图案等。其中，千佛最多，其次是装饰性的平棋、宝相花、团花和莲花图案。体现佛经内容的仅有第14窟的金刚界曼陀罗、第16窟的说法图以及第17窟的观无量寿经变、法华经变和观音类经变。

第二节　观音图像的调查、分类与年代

19世纪末20世纪初，国外探险家纷纷来到吐鲁番进行考察，大肆掠取古代文物。关于他们的探险活动，大部分都有相应的考察报告出版，可资参考。相比而言，出土文献的刊布与研究成果丰硕，而艺术品则稍显滞后。为此，笔者于2016年7—9月份专门赴德国柏林亚洲艺术博物馆访学，调查了该馆收藏的吐鲁番出土文物，并对其中的观音图像做了详细的编目。至于俄罗斯、英国、日本三国在吐鲁番所获观音图像，笔者没有机会亲自调查，只能根据已有的出版物作粗略的统计。此外，有关现存于吐鲁番石窟中的观音图像与经变画，笔者一一做了实地调查。下面，我们针对目前所掌握的观音图像，挑选其中保存相对较好者进行分类，分析其绘画风格，对比周边同时期该类图像，做出初步的年代推定。

根据手面数目的不同，可以将观音图像分为两类：一为正观音，特征为一面二臂；一为密相观音，特征为多面或多臂。

一、正　观　音

（一）单尊观音幡画

此类观音像共9件，根据绘画风格的不同，细分为5类。它们的出土地点、质地、收藏机构、馆藏编号等基本信息如下：

表1-1　吐鲁番出土单尊观音幡画基本信息

序号	编　号	尺　寸	质地	出土地点	收藏机构
1	III521＋III6963	纵44、横23.3＋纵18.5、横32厘米	棉	胜金口	德国柏林亚洲艺术博物馆
2	III6304	纵55、横24厘米	棉	交河故城	同上
3	III6306	纵45、横21.5厘米	棉	交河故城	同上
4	III6458	纵40、横29厘米	棉	交河故城	同上
5	III7301	纵61、横36.5厘米	麻	交河故城	同上
6	III9171	纵49.5、横19.3厘米	棉	吐峪沟石窟	同上
7	III9366	纵33、横19.5厘米	棉	吐峪沟石窟	同上
8	III6601	纵31、横18.2厘米	麻	高昌故城	同上
9	III4806	纵41、横20.3厘米	麻	高昌故城	同上

　　A类：4件，即上表所列第1—4件。此类观音幡画造型大致相同，且同一幡画的两面也大体相同（图1-1，第1件）。幡头阿弥陀佛具尖桃形头光和圆形背光，结跏趺坐于莲花之上。观音具圆形头光，头戴镶嵌红宝石的冠，束高髻，用于扎结头发的白绢向后飘扬，余发披肩、绕耳，并有几缕卷发垂至前肩处（另一面的观音无卷发）。面型丰圆，呈女相，神态舒雅娴静。两手于胸前作合十状。上身赤裸，项饰三颗宝珠的大项圈，披帛绕肩顺两臂逶迤垂下。白色腰衣自肚脐下方打结并下垂至脚部，配以红色裙子。此外，观音腰衣上和身体两侧的空白处点缀小巧精致的散花。

　　B类：1件，即上表所列第5件（图1-2）。幡画的两面均绘观音像，造型与A类基本相同，所不同者为观音脸型与眼睛的描绘以及腰衣和裙子的式样。此外，幡画的空白部分没有散花点缀。

　　C类：2件，即上表所列第6、7件。两件幡画造型相同，第6件保存较为完整（图1-3），幡头阿弥陀佛绘于圆环内，周身放射光芒，底部有长茎叶衬托。观音具圆形头光，头戴花冠，束高髻，余发披肩、绕耳，并有几缕卷发垂至前肩处。上身赤裸，项饰为连珠项链和缀有三颗宝珠的大项圈，披帛绕肩顺两臂逶迤垂下。右手上举执莲（蕾），左手下垂握披帛。下身穿双层长裙，其上一层有菱格圆点装饰纹样。赤脚站立于覆莲之上。

　　D类：1件，即上表所列第8件（图1-4）。该幡画保存较差，两面有所差别。a面：幡头阿弥陀佛具圆形头光与背光，结跏趺而坐。观音具圆形头光与背光，正身结跏趺而

图1-1　胜金口出土单尊观音幡画(a、b两面)^①

————————

①　凡编号带有Ⅲ的图片,如无特别注明,皆由赵莉先生提供,并得到德国柏林亚洲艺术博物馆授权。

图1-2　交河故城出土单尊观音幡画（a、b两面）

图1-3　吐峪沟石窟出土单尊观音幡画（a、b两面）

坐。头戴花冠，束高髻，余发披肩、绕耳，并有几缕卷发垂至前肩处。b面：幡头与上同。观音具圆形头光，侧身而坐（？）。头戴花冠，束高髻，右手上举执莲花（？）。披帛绕肩。

　　E类：1件，即上表所列第9件（图1-5）。幡头残缺。幡身观音头戴宝珠冠，束高髻，白绢扎结，余发绕耳，然后沿肩垂至肘部。项戴镶三颗宝珠的大项圈。红色披帛绕肩顺两臂透迤下垂。上身赤裸，下身穿红裙，白色腰带自肚脐下方打结后垂至地面。幡画的另一面大体相同，所不同者为：前额的头发绕耳、披肩，并有几缕卷曲的头发垂至前肩。此外，观音的左下方有一戴黑色尖顶帽的回鹘供养人。

　　以上9件幡画，承袭了唐、五代及宋初的绘画风格，可以与敦煌石窟壁画和藏经洞发现绢画中的观音像比勘。首先，唐代盛行在幡头绘坐佛、飞鸟和各种花卉，五代宋初不见飞鸟图案，常见的是素雅的缠枝花卉，幡头的这种装饰性花卉图案被吐鲁番幡画继

图1-4　高昌故城出土单尊观音幡画之一（a、b两面）

承。其次，9件幡画中观音的发式有两种造型：一为束高髻，余发绕耳，顺肩垂至肘部，并在肩部作璎珞状打结；另一种为束高髻，余发绕耳、披肩，有几缕卷曲的头发垂至前肩。这两种发式，单就具体细节而言，与唐代观音像有不少相同之处；就其整体而言，却属罕见。特别是第二种发式，曲发披肩的造型在唐代时有发现，绕耳两圈呈环状发式却未见。现藏日本清凉寺的一幅弥勒菩萨像，其发型为绕耳并曲发披肩式样。该菩萨像为版画，制作年代为北宋雍熙元年（984）[①]。由此可见，至迟在宋初，绕耳并曲发披肩的发式已经成为一种定型化了的菩萨发式。我们现在看到的高昌回鹘时期的菩萨大多为此种发式。复次，9件幡画中，观音多佩戴嵌三颗宝珠的大项圈，有些观音项部还佩戴小珠

---

① 原海外藏中国历代名画编辑委员会编：《海外遗珍·中国佛教绘画》，湖南美术出版社，2001年，第75页。

图1-5　高昌故城出土单尊观音幡画之二（a、b两面）

项链。这样的项饰出现在唐末，五代至北宋甚为流行。

　　有鉴于此，笔者倾向将以上三类观音幡画年代推定在唐末、五代至宋初，即9世纪末至10世纪。D、E类幡画中的观音在发式和项饰方面与前三类相同，但观音敦实而健壮的身躯与柏孜克里克石窟壁画中的回鹘男供养人颇有几分神似。同时，幡画的绘制是在白底之上使用红色来表现观音的披帛和裙子，使用黑色表现头发和腰衣，此种绘画的用色在高昌回鹘时期十分流行。可以说，D、E类幡画逐渐摆脱了敦煌和中原画风的影响，形成了独特的、辨识度很高的回鹘风格。缘此，我们认为这两类幡画年代比前三类幡画要晚一些，在10至11世纪间。

（二）观音曼陀罗幡画

此类观音像共4件，分为两类。它们的出土地点、质地、收藏机构、馆藏编号等基本信息如下：

表1-2　吐鲁番出土观音曼陀罗幡画基本信息

序号	编　号	尺　寸	质地	出土地点	收藏机构
1	III7267a,b	纵13.8、横17.8厘米	丝、纸	大桃儿沟石窟	德国柏林亚洲艺术博物馆
2	III7303	纵74.5、横26.5厘米	棉	柏孜克里克石窟	同上
3	III8559	纵95、横59厘米	棉	木头沟	同上
4	Bon4012-1	纵53.5、横40厘米	麻	吐峪沟石窟	韩国国立博物馆

A类：2件，即上表所列第1、2件。这两件幡画保存较差，其中第1件幡画（图1-6）观音残存胸部以上部分，具圆形头光与背光。头戴花冠，两侧有璎珞垂下，束高髻。头顶绘金身阿弥陀佛，具尖桃形头光与圆形背光，周身放射光芒。脸的轮廓上部为方形，眉间白毫为火焰形，两耳佩戴花形耳坠，唇边留髭。观音头光上方为莲花华盖，左右两侧有向上放射的数道光芒，光芒上方应为残缺的十方佛。观音右侧残存两身菩萨，束高髻，戴花冠，双手合十，披帛绕肩环臂；左侧上部仅残留一身菩萨的右臂和披帛。第2件幡画（图1-7）观音残存头部的右半部分，具圆形头光与背光。戴宝珠花冠，头顶阿弥陀佛结跏趺而坐。面相庄严，唇边留髭。观音的头光上方为卷云纹华盖，内有汉式建筑。华盖右侧残存四个圆环，内绘结跏趺坐佛。观音右侧一身菩萨，从残存的一只手持绳索来看，可能为不空羂索观音。

B类，2件，即上表所列第3、4件。这两件幡画保存相对较好，其中第3件幡画（图1-8）幡为长方形，四周有连续的小圆环组成的连珠纹。正中的观音具圆形头光与背光，边缘绘连珠纹。头戴花冠（？），两侧有璎珞垂下。头顶绘结跏趺而坐的阿弥陀佛，具圆形头光与背光。脸型如图1-6中的观音，但稍显瘦小，低眉顺目，唇边留髭，神态安详。红色披帛绕身，右手上举至胸前结印，左手于腹部前托一净瓶。下身穿红黄二色裙子，结跏趺而坐。观音的上方为十方佛，一身残缺；两侧各有三身菩萨，其中右侧中间一身为送子观音。观音的下方有一身回鹘女供养人，举双手承托观音。该供养人两侧各有一身白衣侍者，下方正中为回鹘文题记。题记的右侧有三身回鹘女供养人，左侧三身男供养人。第4件幡画（图1-9）上方的十方佛和下方的供养人残缺，正中观音和两侧菩萨

图1-6　大桃儿沟石窟出土观音曼陀罗幡画

造型与A类大致相同。

　　以上4件幡画，均为高昌回鹘时期作品，主尊观音有三处突出的相似点。其一，华盖为卷云纹（图1-6例外）。其二，脸部边缘与头发交际处，用红色线勾勒，脸的上部轮廓呈方形。其三，眉间的白毫呈火焰形，图1-9表现最为明显。相比而言，前两件幡画无论在观音的脸型或者色彩的运用上，保存有唐风遗韵，其年代大致在9世纪末至10世纪。后两件幡画造型工整，遵循了一定的造像法度，达到了较高的艺术水准，其年代大致在11至12世纪。

图1-7 柏孜克里克石窟出土观音曼陀罗幡画

图1-8　木头沟出土观音曼陀罗幡画

图1-9 吐峪沟石窟出土观音曼陀罗幡画^①

————————

① 采自韩国国立博物馆编：《韩国国立博物馆藏中亚宗教壁画》(日帝强占期资料调查报告第7辑)，
   首尔，2013年，第136页。

（三）水月观音

此类观音像共3件。它们的出土地点、质地、收藏机构、馆藏编号等基本信息如下：

表1-3　吐鲁番出土水月观音像基本信息

序号	编　号	尺　寸	质地	出土地点	收藏机构
1	III529+ III4541，III4536b	纵47.3、横39厘米+纵23.3、横28.8厘米、纵12.9、横18.9厘米	丝	高昌故城	德国柏林亚洲艺术博物馆
2	III6709	纵18、横11厘米	纸	吐鲁番(具体地点不详)	同上
3	III6833	纵102、横51厘米	棉	高昌故城K遗址	同上

A类，1件，即上表所列第1件（图1-10），保存较差。画面左侧边缘残留水月观音的右臂，手臂搭于右膝处自然下垂，橘黄色披帛沿手臂外侧飘扬。观音右前方不规则的几何形台子上放置一净瓶。观音、净瓶与台座被浅绿色的水所环绕，水上绘有水鸟、童子等。观音的右上方有一佛（或菩萨）[①]，胸部以上残缺，双手合十，结跏趺坐于盛开的莲花之上，下方有一胡跪的供养人托举，供养人之下有一向左行进的狮子。水月观音的右下方是八臂观音，手中持莲花、绳索等。

B类，1件，即上表所列第2件（图1-11），为版刻书页插画。画面中央观音仰面向斜上方而望，两手攀附右腿，披帛环身，呈游戏坐姿坐于方台之上。方台里侧更有一小台，之上放置一净瓶。观音的身后绘圆光和竹子，四周是无边的水域，两只飞鸟在天空自由飞翔。观音下方的水域绘有朵朵莲花，两只水鸟徜徉其间，岸边绘一鹿和两位信徒。信徒双手上举，仰望观音。

C类，1件，即上表所列第3件（图1-12），为棉织品绘画。画面上方中间部位有一圆光，底色为红色。圆光内水月观音头戴宝珠花冠，用于束发的白色缯带向后飘扬，发式是常见的绕耳曲发披肩式样。脸型丰满圆润，神态安详。观音呈游戏坐姿，身体稍向后倾斜，右臂搭于右腿上，手自然下垂。圆光的右侧有三身菩萨，左侧两身菩萨。圆光的下方有两排比丘，每排五身。比丘的下方正中为回鹘文题记，题记两侧各有三身回鹘供养人。

[①]　查雅先生认为是文殊菩萨，盖因下方有一狮子之故。详见Chhaya Bhattacharya-Haesner, *Central Asian Temple Banners in the Turfan Collection of the Museum für Indische Kunst, Berlin*, 2003, p.197。

图1-10　高昌故城出土水月观音像

图1-11 吐鲁番出土水月观音像

图1-12　高昌故城出土水月观音像①

———————————

① 请国豪先生线描，并得其承允使用。下文请诸位先生临摹、线描之作品，均得到他们许可使用，不
　　一一注明。

中唐画家周昉"妙创水月之体"后，意境优美、画面生动的水月观音很快风靡起来，可惜的是，唐代的水月观音像并没有留存下来。五代时期，敦煌石窟中开始出现水月观音像，据王惠民先生统计，五代、宋与西夏共有27幅水月观音壁画，另有纸、绢画5幅[①]。此外，黑水城也出土有2幅属于西夏时期的水月观音绢画。五代、宋初的水月观音画像，观音一般一手执杨枝，另一手托或提净瓶，圆光与竹或绘或不绘。西夏时期，水月观音像出现了变化，观音手中的杨枝与净瓶被放置到一个台子上，被"解放"出的手，或一手搭于膝盖上，一手支撑于台面；或双手攀附膝盖。第1件和第2件水月观音像符合西夏时期的标准，特别是第2件观音像，放置净瓶的台子与俄藏黑水城出土的观音像（X-2439）中的台子极其相似。由此可见，上述两件水月观音像的年代当与西夏同期，可以定在11—12世纪间。从观音身姿和回鹘供养人判断，第3件观音像与上述两件的年代大体相同。尽管都属于中原画风，但该幅画与前两件相比却有着明显的不同，显然是加入了其他地区的绘画元素。如底色的运用，圆光内热烈的红色，圆光外却是清幽的石青色，冷暖两色形成鲜明的对比，这与西夏榆林窟的水月观音像喜用绿色有明显的区别。此外，观音两侧尊像的配置和下方两排比丘又显示出本地特色。

（四）送子观音

吐鲁番发现的送子观音没有作为单尊像和主尊像存在的实例，均出现于观音经变或曼陀罗中，位居主尊观音的旁侧，常以七观音之一的身份示现。送子观音像保存较好的有以下5例。它们的出土地点、质地、收藏机构、馆藏编号（窟号）等基本信息如下：

表1-4　吐鲁番发现送子观音像基本信息

序号	编号（窟号）	质地	出 土 地 点	收 藏 机 构
1	无	丝	高昌故城 α 遗址	德国柏林亚洲艺术博物馆，现遗失。
2	Ty-777	丝	高昌故城	俄罗斯艾尔米塔什博物馆
3	Bon4012-1	麻	吐峪沟石窟	韩国国立博物馆
4	III8559	棉	木头沟	德国柏林亚洲艺术博物馆
5	29窟	壁画	柏孜克里克石窟	

A类，1件，即上表所列第1件（图1-13）。观音呈男相，头戴宝珠花冠，用于束发的

---

① 王惠民：《敦煌水月观音像》，《敦煌学辑刊》1987年第1期，第32页。

缯带向后飘扬,佩大耳环,周身满饰璎珞,右手上举,屈食指,左手亦上举,托一未开莲花,莲花内有一双手合十的小儿。

B类,1件,即上表所列第2件(图1-14)。观音呈男相,头戴宝冠,冠后用于束结头发的白色头巾从头顶向后披搭,上身穿白色偏衫袈裟,右手上举托一盛开莲花,莲花上有一小儿,左手伸食指指向小儿。

图1-13　高昌故城出土送子观音像之一①　　　图1-14　高昌故城出土送子观音像之二②

C类,2件,即上表所列第3件(图1-15)与第4件(图1-16)。观音形象大体相同,呈女相,头戴高宝冠,冠上搭白色披风,上身穿窄袖白衣。左手上举托一莲花,莲花上有一小儿,右手伸食指指向小儿。

---

① 采自格伦威德尔著,管平译:《高昌故城及其周边地区的考古工作报告(1902～1903年冬季)》,文物出版社,2015年,第65页。

② 采自Государственнй Эрмитаж, *Пещеры Тысячи Будд*, Санкт-Петербург, 2008, p.225。

D类,1件,即上表所列第5件
(图1-17)。观音呈女相,头戴宝冠,
冠上搭白色披风,上身穿宽袖白衣,
披风与白衣浑然成为一体。左手上
举托一莲花,莲花上有一小儿,右手
手势不清。

根据姚崇新先生的研究,送子
观音像可分为初创、过渡到定型三
个阶段。北朝是初创阶段,其构图
模式是普通观音形象加化生童子,
并与中国传统的"莲(连)生贵子"
的观念巧妙地结合起来,所以此时
童子被置于莲蕾上。五代宋初是过
渡阶段,其造型开始与白衣观音结
合起来,已具备定型阶段的基本特
征。宋代是定型阶段,体现了送子
观音与白衣观音的完美结合,观音
头覆白巾,有时额际上方嵌花蔓头
饰,身穿白袍,典型的慈母面容,胸
前有少量璎珞装饰,多呈腿弯曲的
舒相坐姿,左臂(偶尔右臂)搂抱一

图1-15　吐峪沟石窟出土送子观音像[1]

孩童,孩童偶尔立于观音身侧[2]。姚先生的观点极具启发意义,但亦有值得商榷之处。
比如,他将观音搂抱孩童,或孩童立于观音身侧作为宋代送子观音定型阶段的特征之
一,是基于明代送子观音的实例而得出的结论。但从吐鲁番的送子观音像可以看出,观
音手托莲花,莲花之上绘童子的形象从宋代一直持续到元代未发生变化。此外,笔者于

①　采自韩国国立博物馆编:《韩国国立博物馆藏中亚宗教壁画》(日帝强占期资料调查报告第7辑),
　　首尔,2013年,第136页。
②　姚崇新:《白衣观音与送子观音——观音信仰本土化演进的个案观察》,《唐研究》第十八卷,北京
　　大学出版社,2012年,第266—268页。

图1-16　木头沟出土送子观音像　　　图1-17　柏孜克里克第29窟送子观音像①

2017年8月开始在敦煌研究院做访问学者期间,曾全面调查了敦煌石窟中的沙州回鹘洞窟。在调查过程中发现多例白衣观音像,如莫高窟306、308、399、418窟均有成对的白衣观音出现,且未与送子观音结合,这四个沙州回鹘窟的年代,据刘玉权先生研究在1019至1070年间②。由此,我们认为送子观音与白衣观音的结合至少应该在1070年之后。

　　基于上述认识,我们试对以上五例送子观音像作大致的年代推测。第1件图像,观音呈男相,周身有繁复的璎珞装饰,但未穿白衣,仍然保持着前期送子观音的特征。又,该例图像所属的观音变相中有回鹘供养人的出现。因此,该例观音像年代当在9世纪中

①　笔者拍摄。
②　刘玉权:《关于沙州回鹘洞窟的划分》,载敦煌研究院编:《1987年敦煌石窟研究国际讨论会文集(石窟考古编)》,辽宁美术出版社,1990年,第24页。

叶至11世纪70年代前。第2件送子观音像，观音亦呈男相，白色头巾并不十分显眼，身穿白色偏衫袈裟，而非后期常见的白色袍服，这说明该观音像处于前后两期的过渡阶段，其年代当在11世纪70年代至12世纪初。第3、4件，观音呈女相，白色头巾与白衣搭配得比较完美，其年代可能在12世纪。第5幅，观音呈女相，白色头巾与白衣浑然一体。又，该例送子观音像所处的第29窟有穿蒙古服饰的供养人。因此，其年代应为13至14世纪。

（五）藏式圣观音

该类观音像仅存一例，为版刻书页插画（图1-18），现藏德国吐鲁番学研究所，编号为Tu38（原始编号T II S）。观音为藏传佛教风格，具圆形头光与背光，头戴三叶冠，项佩串珠，披帛绕身，右手于胸前作说法印，左手前伸作施无畏印，下身穿长裙，结跏趺而坐。此外，观音右侧还有一长茎莲花。观音的下方残存一穿蒙古服饰的供养人，右侧有藏文和汉文六字真言。该观音像的年代为13至14世纪。

图1-18 吐鲁番出土藏式圣观音像①

二、密相观音

（一）十一面观音

十一面观音像保存较好的有以下4例。它们的出土地点、质地、收藏机构、馆藏编号（窟号）等基本信息如下：

---

① 采自Manfred Taube, *Die Tibetica der Berliner Turfansammlung (Berliner Turfantuxte X)*, Berlin, 1980, Tafel XLI, Text 53。

表1-5　吐鲁番发现十一面观音像基本信息

序号	编号	尺　寸	质地	出　土　地　点	收　藏　机　构
1	III8001	纵17、横15.7厘米	丝	交河故城	德国柏林亚洲艺术博物馆
2	46窟	不详	壁画	柏孜克里克石窟（原画已毁）	
3	III8559	纵5.5、横8.8厘米	丝	高昌故城	德国柏林亚洲艺术博物馆
4	29窟	不详	壁画	柏孜克里克石窟	

A类，3件，即上表所列第1—3件。第1件十一面观音像（图1-19），观音残存胸部以上部分，具圆形头光，头面自下而上呈三、五、三排列，其中最上一层残存一面。主面呈男相，唇边有胡须，耳佩大耳环，项佩三珠大项圈，几缕卷发披散于前肩，左手作说法印，右手残缺。第2件（图1-20）和第3件（图1-21）造型与第1件大体相同，不同的是前者为正面像，后者为侧面像。

B类，1件，即上表所列第4件（图1-22）。观音仅绘出胸部以上部分，具圆形头光，

图1-19　交河故城出土十一面观音像

图1-20　柏孜克里克第46窟十一面观音像[①]

---

① 采自（德）格伦威德尔著，赵崇民、巫新华译：《新疆古佛寺：1905—1907年考察成果》，第525页。

图1-21　高昌故城出土十一面观音像

图1-22　柏孜克里克第29窟
十一面观音像①

头面自下而上呈五、三、二、一排列；五官模糊不清，仅可辨识面部轮廓；绿色披帛绕肩；有四臂：二臂上举，手托日月，另二手于胸前作合十状。

　　以上4件十一面观音像，A类绘画风格的特点是色彩运用简明而热烈，造型端庄且谨严，显然是遵循了特定的造像法度，具有明显的回鹘风格。其年代当在11至12世纪。B类绘画风格的特点是大胆地运用了冷暖二色，浓烈而又不失清雅。依据该画像所属洞窟中出现穿蒙古服饰的供养人来判断，其年代当在13至14世纪。

（二）如意轮观音

　　如意轮观音像仅存一例，为柏孜克里克第40窟右侧壁之主尊（图1-23）。观音具圆形头光与背光，头戴莲花宝冠，莲花上有一坐佛。头向右偏，眼睛微闭，神态安详。具六臂，手中持如意宝珠、莲蕾等法器。披帛绕身，半跏趺坐于莲花之上。该观音像绘制的年代为11至12世纪。

---

①　请徐东良先生临摹。

图1-23　柏孜克里克第40窟如意轮观音像①

（三）六字观音

六字观音像仅存一例，为柏孜克里克第29窟左侧壁之主尊（图1-24）。观音具覆钵形头光与背光，束高髻，中间二手合十于胸前，外侧二手上举，拇指与中指相捻，结跏趺坐于莲花宝座上。结合29窟中穿蒙古服饰的供养人判断，该观音像绘制的年代为13

---

① 请徐东良先生临摹，并请王征先生根据其底稿线描。

图1-24　柏孜克里克第29窟六字观音像 [①]

① 请徐东良先生临摹。

至14世纪。

（四）千手千眼观音

千手千眼观音像保存相对较好的有5例。它们的出土地点、质地、收藏机构、馆藏编号（窟号）等基本信息如下：

表1-6　吐鲁番发现千手千眼观音像基本信息

序号	编号	尺　寸	质地	出　土　地　点	收　藏　机　构
1	III4640	纵49.2、横48.2厘米	丝	胜金口	德国柏林亚洲艺术博物馆
2	Ty-777	纵215、横125厘米	丝	高昌故城	俄罗斯艾尔米塔什博物馆
3	41窟	不详	壁画	柏孜克里克石窟	
4	III7307	纵49.2、横32厘米	棉	吐峪沟石窟	德国柏林亚洲艺术博物馆
5	III7308	纵58.5、横36厘米	棉	吐峪沟石窟	同上

A类，1件，即上表所列第1件（图1-25）。观音被绘制于一个大圆环内，残存20余只手，手中有不同的法器，如日（或月）、锡杖、如意珠、宝剑、钵、莲花等。根据画像的构图布局，该观音应为结跏趺坐姿。观音的右侧残存三身菩萨，其中最上面的一身为六臂观音。

B类，2件，即上表所列第2、3件。第2件为千手千眼观音变相（图1-26），观音头顶绘结跏趺而坐的阿弥陀佛，头发用黄色绢帛束扎，面相庄严，耳佩大耳环，项佩项圈，肩披披肩，披帛顺肩下垂至小腿处，腰系腰带，下身穿长裙，站立于莲花之上。观音的千手千眼被绘制在一个桃形的环内，胸前有六臂，下二手托钵，中二手合十，上二手分别执莲花；两侧及上方30余只手各执法器。执法器的主手外围，又绘制了几百只手，手中分别有眼睛。第3件千手千眼观音像（图1-27）的构图与造型与第2例大体相同，所不同者有二：其一，该例只绘出执法器的主手，手中的法器也不尽相同。其二，该例观音像被一个莲瓣形图案所环绕，第二例观音像则被一个尖桃形图案环绕。

C类，2件，即上表所列第4、5件。第4件幡画（图1-28）的幡头绘制20余只眼睛，代表千手千眼观音，幡身为回鹘文发愿文，幡的另一面亦绘有同样内容。第5件千眼幡画幡头与幡身均满绘眼睛（图1-29）。

以上5件千手千眼观音像，根据它们的构图、风格和内容，可以分为三类。A类，观音被一大圆环所环绕，其余图像分列于圆环四周，这种构图布局的观音像在敦煌藏经

图1-25　胜金口出土千手千眼观音像

图1-26　高昌故城出土千手千眼观音像 [①]

① 采自 Государственнй Эрмитаж, *Пещеры Тысячи Будд*, Санкт-Петербург, 2008, p.225。

图1-27　柏孜克里克第41窟千手千眼观音像^①

---

① 请徐东良先生临摹,并请王征先生根据其底稿线描。

图1-28　吐峪沟石窟出土千手千眼观音像之一　　**图1-29　吐峪沟石窟出土千手千眼观音像之二**

洞出土的唐代绢画中多有发现。此外，观音右侧菩萨的披帛呈"8"字形环绕，这种造型在敦煌晚唐、五代绢画中亦屡见不鲜。与此同时，该例幡画观音两侧诸尊像的配置（详见后文）与敦煌又有明显的区别。显然，该例幡画的绘制一方面吸收了唐、五代敦煌的绘画传统，另一方面则积极创新。有鉴于此，我们将此画的年代定在9世纪中叶至10世纪。B类，第2件观音像不同于敦煌唐、五代绘画风格，体现出较高的艺术水准，描绘精细，色彩搭配合理，图像内容丰富，特别是观音主手所执法器的绘制严格遵循了佛经的记载。从画面下方的回鹘供养人所穿服饰来看，应为回鹘王室成员出资所绘，年代在11至12世纪。第3件观音像沿袭了第2件的构图布局，图像内容有所删减。但从其所属洞窟中的穿蒙古服饰的供养人判断，其年代当在13至14世纪。C类，幡画上仅绘出数十只眼睛，以此表现千手千眼观音，这样的幡画在吐鲁番以外的其他地方还没有发现。幡画中的回鹘文发愿文为草体，一般来讲，草体的回鹘文多书写于元代，森安孝夫和茨默先生认为其年代在13至14世纪间[1]。

上面我们主要讨论了散藏世界各地的纺织类和纸质类的观音像,兼及石窟壁画中的观音像。对于前者,其功用相对单一一些,主要是功德主出资请人制作,放置于家中,或者供养给寺院,以此祈求观音佑助,或将此功德回向给已故的亲人,希望他们能够来世摆脱轮回之苦,往生佛国净土。对于后者,其功用相对复杂一些,内容也更加丰富,观音像往往以经变画的形式表现出来,这些经变画与洞窟内的其他壁画题材相结合(表1-7),呈现出甚深的宗教意涵,因此有必要进行深入的分析探讨。

表1-7 吐鲁番石窟观音经变画与其他壁画题材信息[2]

石窟及窟号	正壁	左侧壁	右侧壁	窟顶
柏孜克里克第5窟	观音塑像(已毁)	观音眷属(已毁)	观音眷属(已毁)	塌毁
柏孜克里克第14窟	阿弥陀经变	弥勒经变(?)	千手千眼观音经变	金刚界曼陀罗
柏孜克里克第15窟	中堂:正壁绘千手千眼观音(?)经变(主尊像已毁),左右侧壁绘观音眷属,窟顶塌毁。前室与甬道绘佛本行经变,窟顶绘宝相花图案。			
柏孜克里克第17窟	观音塑像(已毁)	三身观音塑像(已毁)、观音眷属	三身观音塑像(已毁)、观音眷属	大乘庄严宝王经变、观无量寿经变、法华经变
柏孜克里克第18窟	中心柱正壁绘鹿野苑说法图(释迦塑像已毁),前壁绘佛本行经变,左右后甬道绘炽盛光佛、观音、阿弥陀佛(?)等,窟顶绘平棋图案。			
柏孜克里克第20窟	中堂:正壁绘千手千眼观音(?)经变(主尊像已毁),左右侧壁绘观音眷属,窟顶塌毁。前室与甬道绘佛本行经变。			
柏孜克里克第29窟	弥勒净土(弥勒塑像已毁)	六字观音经变	阿弥陀经变	千佛
柏孜克里克第34窟	观音塑像(已毁)	观音眷属、普贤变(被盗割,不知去处)。	观音眷属、文殊变(被盗割,现藏俄罗斯艾尔米塔什博物馆)。	千佛
柏孜克里克第35窟	观音像(已毁)	观音眷属(已毁)	观音眷属(已毁)	千佛

---

[1] Takao Moriyasu & Peter Zieme, *Uighur Inscriptions on the Banners from Turfan Housed in the Museum für Indische Kunst, Berlin*, Chhaya Bhattacharya-Haesner, *Central Asian Temple Bannners in the Turfan Collection of the Museum für Indische Kunst, Berlin*, 2003, Berlin, p.466.

[2] 表中标注"格氏编号"的洞窟为格伦威德尔调查时还存在的洞窟,现已完全塌毁。

（续表）

石窟及窟号	正壁	左侧壁	右侧壁	窟顶
柏孜克里克第39窟	观音塑像（已毁）	观音眷属（被盗割）、普贤变、菩萨、天王	观音眷属（被盗割）、文殊变、菩萨、天王	千佛
柏孜克里克第40窟	鹿野苑说法图（已毁）	弥勒经变	如意轮观音经变	千佛
柏孜克里克第41窟	阿弥陀经变（阿弥陀佛塑像已毁）	观无量寿经变	千手千眼观音经变	千佛
柏孜克里克第44窟	观音塑像（已毁，仅剩台座和两侧的功德天、婆娑仙）。	观音眷属（已毁）	观音眷属（已毁）	千佛（已毁）
柏孜克里克第32窟（格氏编号，已塌毁）	观音像（可能是如意轮观音）	观音眷属	观音眷属	千佛
柏孜克里克第33窟（格氏编号，已塌毁）	西方净土经变	西方净土经变	观音经变	壁画脱落
柏孜克里克第46窟	观音塑像（已毁）	不知名经变、普贤菩萨（已毁）	观音经变、文殊菩萨（已毁）	千佛（已毁）
雅尔湖石窟第4窟后室	观音塑像（已毁）	观音眷属	观音眷属	千佛
吐峪沟石窟第22窟	前室坍塌下来的壁画中有千手千眼观音像和骑狮文殊像。			
伯西哈尔第3窟	中心柱四面开龛，其中正壁为佛陀塑像（已毁），甬道两侧壁画多脱落，窟顶为莲花纹图案。前室绘佛说法图（前壁）、药师经变（前壁）、观音经变（左侧壁）、维摩诘经变（右侧壁），窟顶绘曼陀罗像。			
伯西哈尔第4窟	观音像（已毁）	弥勒净土（？）	药师经变	装饰性花纹图案
伯西哈尔第5窟	壁画脱落（可能为西方净土经变）	法华经变（？）	千手千眼观音经变	装饰性花纹图案
乌江布拉克石窟（无编号，已塌毁）	有阶梯相连的上下排列的两个小窟，从窟内堆积的壁画残块看有阿弥陀佛像和观音及其眷属像。			
乌江布拉克石窟E窟（格氏编号，已塌毁）	观音塑像（已毁）	三身观音塑像、观音眷属（已毁）	三身观音塑像、观音眷属（已毁）	塌毁
大桃儿沟石窟第5窟	主尊为观音像，已毁。			

由上表可以看出，吐鲁番石窟中共有24个洞窟残存观音（塑）绘像。除了大桃儿沟

石窟第5窟、柏孜克里克第18窟和伯西哈尔石窟第3窟外^①，其余21个洞窟的观音像和窟内其他壁画题材构成以下五种组合。

第一种组合的洞窟正壁为观音像，两侧壁绘观音的眷属，窟顶绘千佛或其他图案。这样的洞窟面积较小，窟形为方形穹隆顶窟和长方形纵券顶窟，其中穹隆顶窟有柏孜克里克第5窟，长方形纵券顶窟有柏孜克里克第35窟、第44窟、格氏编号第32窟、雅尔湖第4窟后室、乌江布拉克石窟E窟。

第二种组合的洞窟有柏孜克里克第15和20窟，窟形为中心殿堂窟。中心殿堂内正壁绘观音像，两侧壁绘观音眷属，殿堂外的前室和左、右、后甬道绘大型佛本行经变，窟顶绘装饰性的图案。

第三种组合的洞窟唯有柏孜克里克第40窟，正壁塑绘佛陀鹿野苑说法，两侧壁绘如意轮观音经变和弥勒经变，窟顶为千佛。

第四种组合的洞窟比较多，共有8个：柏孜克里克第14窟、第17窟、第29窟、第41窟、格氏编号第33窟，伯西哈尔石窟第4窟、第5窟，乌江布拉克石窟未编号双窟。洞窟内的观音像（或观音经变）与西方净土变、弥勒净土变、药师经变、法华经变形成多样的组合。

第五种组合的洞窟有柏孜克里克第34窟、第39窟、第46窟，正壁塑绘观音像，两侧壁绘观音眷属、文殊菩萨、普贤菩萨及其他内容的壁画。吐峪沟第22窟前室坍塌下来的壁画中有千手千眼观音像和骑狮文殊像，推测原来也应该有骑象普贤像，因此亦可归入此组合。

以上五种组合大体上归属两大信仰体系。具体来讲，前四种组合为净土信仰体系，体现的佛教思想为现世救难和来世往生。观音的本师为阿弥陀佛，信仰观音者的终极归宿是往生西方净土，由于高昌回鹘时期弥勒信仰的繁盛，信奉观音的信徒有时也选择往生弥勒净土。第五种组合为华严信仰体系，观音与文殊、普贤菩萨构成华严三大士，体现了现世救难和大乘菩萨行的佛教思想。

本 章 小 结

高昌回鹘时期，多种宗教并行，其中尤以佛教信仰最为兴盛。统治者施行灵活的

---

① 大桃儿沟石窟第5窟壁画脱落殆尽，只能判断出正壁主尊像为观音，无法探讨窟内壁画的组合关系。柏孜克里克第18窟和伯西哈尔石窟第3窟为中心柱窟，壁画题材较为庞杂，观音像又不占主要地位，故而也不予讨论。

对外政策,在向北宋朝贡的使臣中,常常有僧人参与,经过不懈的努力,最终得到梦寐以求的《开宝藏》。从吐鲁番出土的佛经来看,不但有《开宝藏》,更有《契丹藏》和《赵城藏》,说明回鹘人在与辽、金交往的过程中,也得到了两国所刻印的《大藏经》。回鹘人以这些汉文佛经为底本,翻译出大量的回鹘文佛经,有力促进了汉传佛教的普及与发展。元代,许多回鹘政治家和僧人供职于朝廷,他们大多皈依了藏传佛教,并将藏文佛经翻译为回鹘文,回传至故乡——高昌,藏传佛教的传入,为高昌佛教注入了新鲜的血液。

高昌回鹘佛教的兴盛还体现在修寺造塔、开窟绘画上,吐鲁番出土文献对此多有记载。如今,吐鲁番的高昌故城和交河故城,还残存众多回鹘时期的佛教寺院;吐鲁番十余处石窟内的壁画也大多为回鹘时期的遗存。从石窟壁画内容和出土的回鹘文佛经来看,高昌回鹘时期主要流行阿弥陀信仰、弥勒信仰、华严信仰、法华信仰和观音信仰,其中观音信仰尤为繁盛。因此,笔者着意调查了散藏世界各地和吐鲁番石窟中的观音图像,通过分析,得出如下结论:

第一,观音图像的绘画风格多元化,以中原绘画风格为主,元代时出现了藏传佛教绘画风格的观音像。在中原绘画风格的基础上,回鹘画师锐意创新,绘制出辨识度很高、具有本土画风的观音像。

第二,观音图像的年代大致分为三期。第一期为9世纪中叶至10世纪,这一时期的观音像无论在构图布局上,还是在色彩运用上,都与敦煌的观音像非常相似,模仿痕迹较为明显。第二期为11至12世纪,这一时期的观音像造型庄严,遵循一定的造像法度,本土绘画风格已然成形,具有较高的艺术水准。第三期为13至14世纪,这一时期的观音像,虽也有部分精品,但已呈现衰落趋势。

第三,石窟内的观音像以观音经变的形式呈现,与窟内其他壁画题材构成五种组合,分别为:(1)单一的观音经变;(2)观音经变与佛本行经变的组合;(3)观音经变与鹿野苑说法组合;(4)观音经变与净土经变的组合;(5)观音与文殊、普贤构成的华严三大士组合。五种组合归属净土信仰和华严信仰两大体系。

第二章 救难与往生：西方净土信仰
体系下的千手千眼观音经变

对于一般佛教信徒来说，信仰观音最直接的目的是现世救难，千手千眼观音因具足千手千眼，其救拔苦难的神通较诸其他观音，更广更深。以此之故，图绘千手千眼观音形象，成为信徒的一种无上功德。除了现世救难外，信仰观音的另一个目的，即终极归宿是往生西方净土。然而，在千手千眼观音经变中，观音是主尊，阿弥陀佛不可能成为经变的主体，在此种条件限制下，画师很难表现出往生净土世界的场景。柏孜克里克第14和41窟，以正壁阿弥陀佛为主尊，塑绘结合形成了阿弥陀经变，在描绘西方净土世界种种美好的同时，又突出了阿弥陀佛来迎的情节。正壁的阿弥陀经变与侧壁的千手千眼观音经变结合，从而完整地呈现了西方净土信仰体系下的现世救难与来世往生。

第一节 图像内容考析

一、第14窟千手千眼观音经变

第14窟右侧壁（图2-1）残留一莲瓣形的背光，主尊为塑像，现已不存。背光左右两侧绘有壁画，可以辨识的有婆娑仙、功德天等形象。在靠近正壁的一边，残存宽约15—30厘米、高约20—40厘米不等的画面12幅，其余3幅被割；靠近前壁的一侧，布局与上同，可惜全被割走。这些被割走的壁画是德国探险家格伦威德尔于1906年第三次吐鲁番探险时所为。格氏在其报告中指出：此壁的塑像原为观音[1]，这无疑是正确的，可惜的

---

① （德）格伦威德尔著，赵崇民、巫新华译：《新疆古佛寺：1905—1907年考察成果》，第425页。

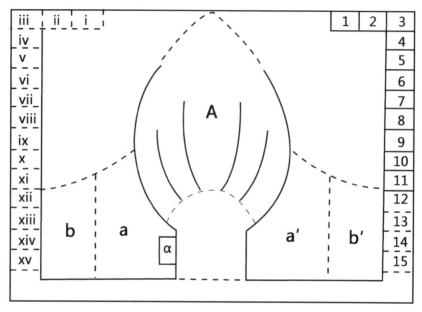

图2-1 柏孜克里克第14窟千手千眼观音经变示意[①]

是他不晓汉文,画面中残留的汉文题记对壁画内容的解读起着至关重要的作用,笔者据此判定右侧壁应为塑绘结合的千手千眼观音经变。

(一)十五善生

如图2-1,1左侧汉文题记为"常生善国",2左侧汉文题记为"所生处常逢善王",题记内容与唐西天竺沙门伽梵达摩译《千手千眼观世音菩萨广大圆满无碍大悲心陀罗尼经》及唐天竺三藏不空译《千手千眼观世音菩萨大悲心陀罗尼》相符,内容讲的是诵持大悲陀罗尼咒者,可得十五种善生:

一者,所生之处,常逢善王。二者,常生善国。三者,常值好时。四者,常逢善友。五者,身根常得具足。六者,道心纯熟。七者,不犯禁戒。八者,所有眷属,恩义和顺。九者,资具财食,常得丰足。十者,恒得他人,恭敬扶接。十一者,所有财

---

① 图由笔者制作。其中编号1—15为"十五善生"情节,i—xv为"不受十五恶死"情节,A为塑绘结合的观音像,a为功德天,b为六臂金刚,a'为婆婆仙,b'为六臂金刚,α为比丘画师。下文描绘均直称画面编号。

宝，无他劫夺。十二者，意欲所求，皆悉称遂。十三者，龙天善神，恒常拥卫。十四者，所生之处，见佛闻法。十五者，所闻正法，悟甚深义。^①

由此推知，1—15描绘的是"十五善生"情节。我们再回过头仔细看画面1（图2-2），右侧描绘了一世俗人物端坐于高的方形台座上，头戴圆顶帽，脸型丰圆，穿交领窄袖上衣，上身向前倾，左臂弯曲，手掌向外。画面的左下侧有两身世俗人物，仰面向台座的人物望去，两人上方绘三朵盛开的莲花。结合题记，可作如下推测：坐于台座上的是"善国"之国王，左下方人物为诵持大悲陀罗尼经咒者，莲花代表"善国"之清净美好。

图2-2　柏孜克里克第14窟"十五善生"画面1^②

---

① ［唐］伽梵达摩译：《千手千眼观世音菩萨广大圆满无碍大悲心陀罗尼经》，《大正新修大藏经》第二十册密教部三，第107页b栏。

② 请王征先生线描。

2描绘了一中原式的人字披屋顶，屋檐下有垂帐，垂帐打结后垂于两侧，中间一世俗人物端坐于高台座上，头上所戴冠模糊不可辨识，穿交领长袍，此人应为"善王"。其下有一身世俗人物，戴尖顶帽，穿交领衣交脚而坐，仰面望向"善王"（图2-3）。

图2-3　柏孜克里克第14窟"十五善生"画面2①

---

① 请王征先生线描。

3的上方中部描绘了一团祥云，祥云的右下方有两个世俗人物，穿交领衣服，盘腿而坐，神态安详，左下方绘有一块长方形的田地，虽然画面的左侧榜题已经模糊不可辨识，但根据画面所表现的内容，可以判断为"十五善生"的"常值好时"情节。4左侧画面脱落，右侧上方有两朵盛开的莲花，下方一男子穿交领束袖上衣，双手合十，面向右侧。榜题不存。5左上方绘六朵盛开的莲花，莲花下方有世俗人物，穿交领衣服。画面右侧人字披的屋檐下坐一男子，穿交领长衣。榜题脱落（图2-4）。

图2-4　柏孜克里克第14窟"十五善生"画面5①

6画面破损太甚，仅见右侧一比丘结跏趺而坐。7右上方有八朵盛开的莲花，其下壁画脱落。左下方一世俗人物，穿交领衣服，坐于方形台座之上。8左下方一世俗人物，穿交领齐膝长衣，面向右，双膝跪于方毯之上。右侧画面残损太甚，隐约可见一佛结跏趺

---

① 请王征先生线描。

而坐,面向左侧世俗人物(图2-5)。

9画面残破,变色严重,内容不可辨识。10上方十余朵盛开的莲花,莲花下方一正面而坐的佛,穿红色镶黄边祖右袈裟,结跏趺坐于方形台座之上。佛的左侧站立一位世俗女性,穿红色镶黄边外衣,下身穿蓝色曳地长裙;右侧站立一世俗女性,穿蓝色镶黄边外衣,下身穿红色曳地长裙(图2-6)。

11的右侧绘一人字披的寺院大门,门前有阶梯。阶梯前方即画面的中间部位有一穿红色镶黄边袈裟的比丘(?),比丘身后跟随一穿交领束袖蓝色长衣的世俗人物。12的右侧是一世俗男子,坐在一间房子内,穿交领长衣,盘腿而坐。男子对面是一世俗女性,穿交领长衣,盘腿而坐,面前摆放着展开的经卷。二人之间是一个童子(图2-7)。

以上是"十五善生"中的十二类善生(13、14、15被德国探险家盗割)。可以与经文对应的有1与2,所描绘的分别是"常逢善国"和"常逢善王"之情节。此外,3根据画面内容,推测为经文中的"常值好时"。8与10的画面中间都绘有一佛,旁边分别有一世俗人物听法,这与"十五善生"第十四条"所生之处,见佛闻法"和第十五条"所闻正法,悟甚深义"相合,可惜具体对应关系不明了。12描绘了一家三口人的生活场景,这与"十五善生"第八条"所生眷属,恩义和顺"相合。其余壁画,与经文对应关系,暂不可考。

(二)不受十五恶死

据格伦威德尔记述,靠近前壁一侧的长条画,共保存有9幅,其中第6至9幅画面难以辨识。其余均被格氏盗割而去,现收藏在柏林亚洲艺术博物馆的有两幅,俄罗斯艾尔米塔什博物馆也收藏有3幅,系二战时从德国掠去。

收藏于柏林亚洲艺术博物馆的一幅壁画(图2-8),分为两个画面,从下往上对应xiv与xiii。xiv描绘了三个人物,上方一人头发后束,穿圆领束袖长袍,双手合十,盘腿而坐。下方两人围坐在一长条形桌子前,桌身漆以红色,桌面漆以黑色,其上放一酒瓶。右侧一人束丫髻,穿圆领窄袖长袍,手捧一酒器;左侧一人头发后束,穿戴与前人相同,手中似握一酒杯。画面的左侧有榜题,内容为:毒药所害不死。xiii描绘了两个人物,左侧为女性,脸型丰圆,头发后梳,余发披肩而下,身穿圆领窄袖长裙,双手合十,双膝跪地。右侧为男性,头戴展脚幞头,身穿圆领束袖长袍,被一蛇缠绕而倒地。画面的左侧有榜题,内容为:毒蛇所中不死。唐西天竺沙门伽梵达摩译《千手千眼观世音菩萨广大圆满无碍大悲心陀罗尼经》及唐天竺三藏不空译《千手千眼观世音菩萨大悲心陀罗尼》记载诵持大悲陀罗尼咒者,不受"十五种恶死":

图2-5　柏孜克里克第14窟"十五善生"画面8[1]

图2-6　柏孜克里克第14窟"十五善生"画面10[2]

① 请王征先生线描。
② 请王征先生线描。

图2-7 柏孜克里克第14窟"十五善生"画面12[1]

一切(者),不令其人饥饿困苦死。二者,不为枷禁杖楚死。三者,不为怨家雠对死。四者,不为军阵相杀死。五者,不为虎狼恶兽残害死。六者,不为毒蛇蚖蝎所中死。七者,不为水火焚漂死。八者,不为毒药所中死。九者,不为虫毒所害死。十者,不为狂乱失念死。十一者,不为山树崖岸坠落死。十二者,不为恶人厌魅死。十三者,不为邪神恶鬼得便死。十四者,不为恶病缠身死。十五者,不为非分自害死。[2]

由此观之,xiv与xiii榜题及画面内容分别与"不受十五种恶死"之第六条和第八条相符合。

收藏于俄罗斯艾尔米塔什博物馆的一幅壁画(图2-9),分为三个画面,从下往上分别对应图xii、xi与x。xii描绘了一主一仆二人远行的场景。画面右侧是前行的男主人,头发后束,身穿红色圆领窄袖长袍,双手拢于袖内,腰系带。身后仆人紧随,头发后束,上身穿绿色交领束袖齐膝袍子,下身穿红色裤子,肩挑行李。榜题为:"远道行不死"。图xi描绘了行走在崎岖小道上的两位男子,前面的一位男子头发后束,身穿红色镶蓝边

---

① 请王征先生线描。

② ［唐］伽梵达摩译:《千手千眼观世音菩萨广大圆满无碍大悲心陀罗尼经》,第107页b栏。

图2-8 柏孜克里克第14窟"不受十五恶死"之一

图2-9　柏孜克里克第14窟"不受十五恶死"之二

交领齐膝袍子，脚穿长靴，肩挑行李。后面一位男子，头发后束，并裹以白绢，身穿土黄色交领束袖上衣，腰围红色腰衣，下身穿红色裤子，肩挑行李。画面右侧榜题为："广野道行不死"。图 x 描绘了一人被绑在树上，惊恐地回头望向身后的男子，该男子身穿黄色圆领束袖长袍，腿缠裹蓝色绑腿，右手举一把剑，凶神恶煞地向绑在树上的人砍去。该画面右侧榜题脱落，但其内容可与"十五恶死"之第三条"不为怨家雠对死"相契合。而 xii、xi 的榜题及画面内容与"十五恶死"不相符，所依佛经，暂不可考。

（三）观音眷属

格伦威德尔根据壁画中出现的神祇，敏锐地判断出主尊为观音。但是，他对观音周围的神祇的判断，即观音的眷属，有些是错误的。

由上文所讨论的壁画中出现"十五善生"与"不受十五恶死"可知，A 为塑绘结合的千手千眼观音，惜现已不存。a′描绘了一老者形象，右手上举，仰面向主尊观音方向望去，左手执一拐杖，身披彩衣，璎珞绕身，赤脚站立于莲花上；老者的左下有一仰面童子（图 2-10）。a 为一女性神祇，现已模糊不清，格伦威德尔描述其手捧一碗如意宝珠，有一侍女陪同。格氏认为此女性神祇为坚牢地神，而手执拐杖的老者为婆罗门[1]，这样的判断显然是不确切的。在敦煌石窟的千手千眼观音经变中，观音下方左右两侧往往绘制婆薮仙和功德天。婆薮仙为裸上身的老者形象，一般为二臂，一手拄杖，一手横于额际作眺望状，其榜题写作"婆曳仙""婆秀仙""婆瘦仙"等。功德天为中年女性形象，常手捧花盘，其榜题写作"功德天"，有时也作"功德天女"。日本《秘藏记》载："次千手千眼观自在菩萨……左侍婆苏大仙，取仙杖；右侍功德天，取花。"[2] a′中老者形象与敦煌石窟壁画及《秘藏记》记载是相吻合的；a 中女性形象手捧如意宝珠，则与敦煌石窟壁画和《秘藏记》记载的功德天手捧花盘稍有区别。但总体来说，a′与 a 为婆薮仙和功德天殆无异议。

b 和 b′壁画脱落太甚，现已模糊不可辨识。据格伦威德尔记述，各为一尊被烈焰围绕的六臂金刚，每个金刚的脚下踩着一个猪嘴面孔的小鬼。b 处的六臂金刚三只右手分别拿着宝剑、法绳与法轮，两只左手分别拿着板斧和 Paraśu，第三只左手未拿东西。b′处的六臂金刚手中法器已经缺失[3]。

除此之外，格伦威德尔还记述了观音塑像左右两侧绘有两身大型坐姿菩萨，坐姿菩

---

① （德）格伦威德尔著，赵崇民、巫新华译：《新疆古佛寺：1905—1907 年考察成果》，第 425—426 页。

② 《秘藏记》（京都高山寺藏本），《大正新修大藏经》图像部第一册，第 13 页 c 栏。

③ 详见（德）格伦威德尔著，赵崇民、巫新华译：《新疆古佛寺：1905—1907 年考察成果》，第 425 页。

图2-10　柏孜克里克第14窟婆娑仙像①

萨的上方还有两至三个人物形象,现仅残存右侧一身和左侧两身菩萨的轮廓。观音塑像上方的图像,格氏认为是几身飞天②,据笔者仔细查看,实为乘祥云的十方佛。

在观音塑像与功德天之间,即 α 处壁画被盗割,格伦威德尔记述:在女神(即功德天)的前面,画着很小的跪姿画师形象,手持颜料小碟和毛笔,旁边有一行回鹘文题记。格氏还说,他已经把这个人像割走,并放到了博物馆内③。幸运的是,我们在柏林亚洲艺术博物馆找到了此块壁画(图2-11),虽然原始档案并未记录出自哪一个洞窟,但对照画

① 采自(德)格伦威德尔著,赵崇民、巫新华译:《新疆古佛寺:1905—1907年考察成果》,第425页。
② 详见(德)格伦威德尔著,赵崇民、巫新华译:《新疆古佛寺:1905—1907年考察成果》,第425页。
③ 详见(德)格伦威德尔著,赵崇民、巫新华译:《新疆古佛寺:1905—1907年考察成果》,第426页。

图2-11　柏孜克里克石窟第14窟回鹘比丘画师像

面,可以肯定此块壁画就是 α 处被盗割的壁画。

二、第41窟千手千眼观音经变

第41窟是一个形制较小的洞窟,其右侧壁的千手千眼观音经变(图2-12、图2-13)之主尊,不可能像第14窟那样成为塑像。正因为如此,观音的形象才能相对完整的保存下来。

iii	ii	i	d		1	2	3
vi	v	iv			4	5	6
viii	vii					7	8
ix							9
x	c			c′			10
xi			A				11
xii							12
xiii	b	a		a′	b′		13
xiv							14
xv			e				15

图2-12　柏孜克里克第41窟千手千眼观音经变示意

如上图,A为千手千眼观音,赤脚站立于莲花之上,具莲瓣形背光,三十八只手多持有法器。画面a为功德天,双手托一盘,盘内盛放宝珠;a′为婆娑仙,右手上举,目视前方。b和b′为忿怒金刚,被烈焰包围,b脚下还残存猪头的毗那夜迦。c和c′分别描绘了三身菩萨,可以辨认其身份者唯有c下方的送子观音。d为前来助会的十方佛;e为六身供养人,右侧为三个引导比丘,左侧为三个回鹘女供养人。画面1—15,描绘的是"十五善生";i-xv,描绘的是"不受十五恶死"。相较第14窟,第41窟千手千眼观音经变的"十五善生"和"不受十五恶死"画面破损严重,而其主尊观音及其两侧的菩萨、上方的十方佛保存却相对较好。同时,两窟的经变画在图像要素、题材和布局诸方面皆雷同,可资参比,进而补原其所缺画面。如第14窟主尊观音右侧下方的菩萨,现仅残存模糊的轮廓,但从其所处位置和前倾的身姿,与第41窟比对可知应为送子观音;右侧上方现仅存一圆轮,与第41窟同位置的菩萨比对可知,此圆轮应为菩萨上举的日轮或月轮。再

图 2-13　柏孜克里克第 41 窟千手千眼观音经变^①

如，第 14 窟主尊观音左侧上方两身菩萨的模糊轮廓，亦与第 41 窟同位置的菩萨相同。至此，我们完全有理由推知，第 14 窟观音左右两侧原来有六身菩萨。此六身菩萨加上主尊观音，共同构成了高昌回鹘时期吐鲁番颇为流行的七观音图像。

此外，第 14 窟主尊观音上方的图像，脱落殆尽，模糊不可辨识。格伦威德尔认为是飞天，对比第 41 窟同位置图像，显然应为十方佛。

---

① 请徐东良先生临摹，并请王征先生根据其底稿线描。

第二节　绘画传统与艺术风格

柏孜克里克第14与41窟的千手千眼观音经变的构图要素有三：一为主尊千手千眼观音，二为观音之眷属，三为"十五善生"与"不受十五恶死"。其中，最能体现其绘画传统的是构图要素二，即观音眷属的配置。由于第14窟的壁画破损严重，下面我们以第41窟的千手千眼观音经变为例展开探讨。在此之前，有必要对敦煌石窟中的千手千眼观音经变的眷属做一简要考察。

敦煌石窟中千手千眼观音经变的眷属，王惠民先生做过全面的统计①，可惜的是他没有标示出眷属的具体位置。缘此，笔者对《敦煌石窟全集》第10册《密教画卷》（商务印书馆，2003年）中千手千眼观音经变的眷属进行统计，列表如下：

表2-1　敦煌石窟中的观音眷属

	观音上方	观音下方	观音两侧
莫高窟148窟东壁门上（盛唐）		功德天、婆薮仙、二龙王、宝池、二忿怒金刚、毗那夜迦、毗那勒迦	内四供养菩萨、外四供养菩萨、火天、水天等
莫高窟144窟东壁门南（中唐）	日光菩萨、月光菩萨	功德天、婆薮仙、二龙王、宝池、二忿怒金刚、毗那夜迦、毗那勒迦、火神、水神、二供养菩萨	金翅鸟王、孔雀王、音声菩萨、莲花菩萨、金刚缦菩萨、金刚香菩萨、地神天王、风神天王
莫高窟361窟东壁门北	日光菩萨、月光菩萨	功德天、婆薮仙、二忿怒金刚	内四供养菩萨、四大天王
莫高窟176窟东壁门上（中唐）	日光菩萨、月光菩萨	二忿怒金刚、二龙王、宝池	无
莫高窟14窟南壁（晚唐）	日光菩萨、月光菩萨、飞天	功德天、婆薮仙、二龙王、宝池、二忿怒金刚	四天王、十二身菩萨（其中有内四供养菩萨、外四供养菩萨）
莫高窟156窟西壁龛顶中央（晚唐）	日光菩萨、月光菩萨	功德天、婆薮仙、宝池、二忿怒金刚	内四供养菩萨、外四供养菩萨、二天王、火天神、水天神

---

① 王惠民：《敦煌千手千眼观音像》，《敦煌学辑刊》1994年第1期，第75—76页。

	观音上方	观音下方	观音两侧
莫高窟161窟顶部中央(晚唐)	四角绘二飞天和二菩萨(或称之为内四供养菩萨)		
榆林窟36窟南壁(五代)	二飞天	功德天、婆娑仙、二龙王、宝池、二忿怒金刚、毗那夜迦、毗那勒迦、二天神	慈氏菩萨、延寿命菩萨等八身菩萨,梵天、帝释天等护法神十三身
莫高窟76窟北壁(宋)	飞天	壁画脱落	无眷属,不受十五恶死
莫高窟76窟南壁(宋)	飞天	壁画脱落	无眷属,十五善生
莫高窟30窟东壁门北(西夏)	日光菩萨、月光菩萨、二童子、二供养菩萨	六身供养菩萨、二龙王、宝池	无
莫高窟3窟北壁(元)	二飞天	二忿怒金刚、毗那夜迦、毗那勒迦	功德天、婆娑仙
莫高窟3窟南壁(元)	二飞天	功德天、婆娑仙	帝释天、梵天

上表所列13幅千手千眼观音经变中,观音的眷属多寡不等,多者30余身,少者仅4身。观音上方主要绘制日光菩萨、月光菩萨和飞天,为了塑造观音庄严的身份与地位,其头顶往往绘华丽的华盖。观音下方主要绘功德天、婆娑仙、龙王、忿怒金刚、毗那夜迦、毗那勒迦,龙王多站立于宝池中。此外,根据王惠民先生的统计,观音的上方还常绘十方佛,下方绘恶鬼和贫儿。观音两侧主要绘菩萨和天部像,其中,菩萨多为供养菩萨,有时也会出现慈氏菩萨、延寿命菩萨等阶位比较高的菩萨;天部神像有梵天、帝释天、孔雀王、金翅鸟王、四天王、地神、水神、火神、风神等,他们属于护法神。

柏孜克里克第41窟的千手千眼观音经变,主尊千手千眼观音位居画面中央,观音上方绘十方佛,下方绘功德天、婆娑仙、二忿怒金刚、毗那夜迦、毗那勒迦,左右两侧对称各绘三身菩萨。这些眷属的配置,与敦煌的千手千眼观音经变既有相同的地方,又有区别。观音上方的十方佛以及下方的功德天、婆娑仙等神像,都与敦煌相同,显然有一定的承袭关系。不同的是,观音头顶没有绘装饰性的华盖,上方没有日光菩萨、月光菩萨,下方也没有绘龙王与宝池,以及恶鬼和贫儿。不同之处最明显的是观音两侧的眷属,第41窟只绘菩萨,而敦煌既有菩萨,又有天部像。此外,虽然都绘有菩萨,但菩萨的身份却迥然有别。敦煌的菩萨大多是供养菩萨,如内四供养菩萨(金刚嬉、金刚鬘、金刚歌、金刚舞)和外四供养菩萨(金刚香、金刚华、金刚灯、金刚涂香),他们的作用是以香、花、歌、舞等供养主尊千手千眼观音。第41窟的菩萨有六身,其中一身可以明确判定为送子观音,其余五身虽都是普通菩萨形象,实际上也是观音,他们与主尊千手千眼观音地位是相同的,一起构成了七观音组合。这种组合不惟第41窟如此,吐鲁番存世不多的其他千手千眼观音经变亦如是;不惟千手千眼观音经变如此,其他类型的观音经变多亦如是。由此,我们推测:高昌回鹘时期七观音组合是当时画师所要遵循的一种绘画传统。

在第一章第二节中,我们曾经讨论过高昌回鹘流行的三种千手千眼观音像式。其中第一种像式主尊千手千眼观音呈坐姿,被绘制在一个大圆环内,眷属则被安置在圆环外。第二种像式以第41窟为代表,主尊千手千眼观音呈站姿,其千手千眼被一个莲瓣形的图案所环绕,眷属被安置在莲瓣形图案的外围。唐、五代敦煌的千手千眼观音像式,观音无论是坐姿(图2-14),还是立姿(图2-15),围绕他的都是圆形的环。很显然,第一种像式是对敦煌的模仿与学习,其流行年代在高昌回鹘早期(9世纪中叶至10世纪),它之所以被回鹘人采纳,肯定有其存在的合理性。

古希腊时期,毕达哥拉斯学派认为:"一切立体图形中最美的是球形,一切平面图形中最美的是圆形。"[①]因此,在中西方美术中,圆经常以可见的、直观的或隐性的、暗示的方式出现在诸多艺术品中。史忠平先生认为:"密教观音以多首多臂为特点,而这一特点就决定了其以圆为主的造像结构。因为密教观音的多首多臂多足共生于一体之上,但却要互不相碍的展现出来,这样一来,观音的诸多手臂不管如何运动,其臂长在半径上总会有较高的重复率,而这一重复的半径连接的结果就是一个圆。"[②]史先生所论甚当,他将这种以观音的臂长为半径形成的圆归属为显性圆,并称除了显性圆外,还存在有以眷属环绕观音而形成的隐性圆。圆在敦煌密教观音画像中的运用是十分普遍的现象,这不仅是它本身具有美的特性,更重要的是它对宗教气氛的营造。回鹘人在绘制壁画时,也特别喜爱用圆来表现,最典型的例子就是柏孜克里克第39窟的文殊变与普贤变。画师在绘制这两个经变画时,用云纹图案勾勒出巨大的圆环,将主尊与眷属安置在圆环内,给人以华美、大气、饱满、浮动的视觉冲击。

吾人固知,回鹘佛教以汉传佛教为主导,佛教艺术也多为中原绘画风格,这种风格

① 北京大学哲学系美学教研室编:《西方美学家论美和美感》,商务印书馆,1980年,第15页。
② 史忠平:《莫高窟唐代观音画像研究》,中国社会科学出版社,2016年,第220—221页。

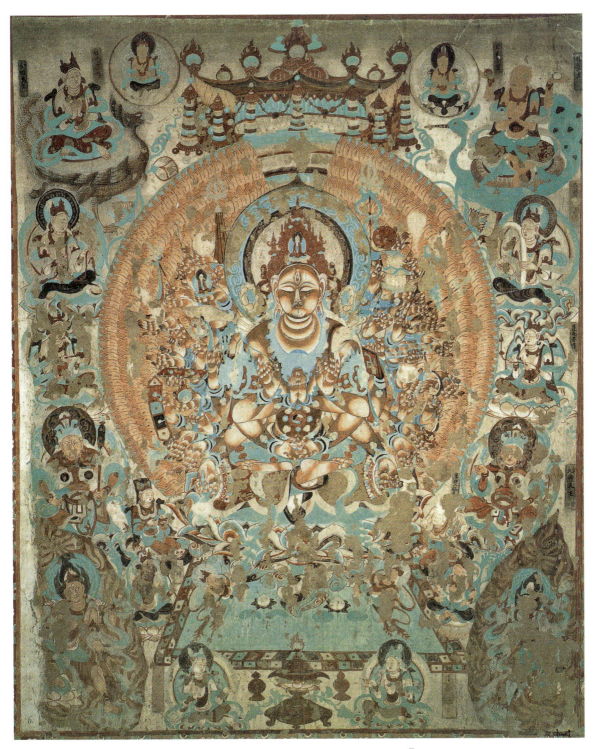

图 2-14　莫高窟第 144 窟千手千眼观音经变 [①]

---

① 敦煌研究院主编:《敦煌石窟全集·密教画卷》,(香港)商务印书馆,2003 年,第 68 页。

图 2-15　敦煌藏经洞所出千手千眼观音经变绢画[①]

① 敦煌研究院主编:《敦煌石窟全集·密教画卷》,第15页。

多承袭自敦煌。敦煌的绘画对高昌回鹘的影响无处不在，如柏孜克里克第14窟窟顶金刚界曼陀罗中阿弥陀佛圆形头光内水波纹纹饰（图2-16），回环往复，极富韵律感。此种纹饰在敦煌石窟非常流行[1]，最早出现于盛唐，五代、北宋、西夏遂沿用。佛与菩萨的头光多采用之，有时背光的纹饰也采用此水波纹表现。如，莫高窟第231窟龛顶东坡的

图2-16 柏孜克里克第14窟的阿弥陀佛[2]

---

① 笔者拣敦煌研究院编《敦煌石窟全集》之《密教画卷》《弥勒经画卷》《弥陀经画卷》三册，即发现有80余例。
② 请王征先生线描。

一铺弥勒像,时代为中唐,榜题为"天竺白银弥勒瑞像",由此可知,这是印度传来的一种图像。所谓印度所传,是指弥勒身穿白色袈裟,倚坐说法,但其头光采用红绿蓝黑四色绘制的水波纹式样(图2-17),则是敦煌本地风格。

宋初,敦煌开始出现一种新的千手千眼观音造像式样,千手观音被椭圆形所环绕。如榆林窟第35窟,表层壁画绘制于宋初曹氏归义军时期,据陈菊霞先生的最新研究在端拱元年(988)至咸平五年(1002)之间[1]。前室顶部中央绘制千手千眼观音一铺,北侧不

图2-17 莫高窟第231窟的弥勒佛[2]

① 陈菊霞:《榆林窟第35窟营建年代与功德主辨析》,《敦煌研究》2016年第3期,第46—51页。
② 请王征先生线描。

空羂索观音一铺，南侧如意轮观音一铺，其中千手千眼观音头部残缺，身体躯干外绘一椭圆形图案，诸眷属被绘制在椭圆形图案的外围。再如榆林窟第39窟，表层壁画绘制于沙州回鹘时期（1036—1060年代末），甬道南、北壁各画千手千眼观音一铺，具圆形头光和椭圆形背光。由此来看，柏孜克里克第41窟的千手千眼观音像式当源自宋初榆林窟，其传播中介可能是沙州回鹘。但高昌回鹘对佛教艺术的追求并没有墨守敦煌的成规，而是有所扬弃，将椭圆形图案改造成莲瓣形图案，与千手千眼观音结合显得更加圆融。

第三节　西方净土信仰体系下的救难与往生思想

柏孜克里克第14、41窟的千手千眼观音经变均位于洞窟的右侧壁，观音不是窟室的主尊。那么，正壁的主尊是何？左侧壁是何？窟顶是何？以下略作考析。

第14窟为方形穹隆顶洞窟，入口坍塌，据格伦威德尔记载，两侧门壁各绘有一个身穿长衣的、真人大小的天神。前壁原来有男女回鹘供养人，均被格伦威德尔切割运回德国[1]。地面绘制有地画，因没有进行清理发掘，内容不详。正壁前有一长方形台座，其上塑像今已不存，仅留桃形背光痕迹，两侧绘有莲花、童子、栏杆和孔雀等图像，据此可推测此壁为塑绘结合的阿弥陀经变，主尊为阿弥陀佛。左侧壁中间的塑像已毁，残存背光痕迹，格伦威德尔推测可能是弥勒佛[2]；两侧绘供养菩萨，残破太甚，不能辨识。穹顶绘制五个同心圆，同心圆内绘制佛、菩萨、天神、宝瓶等，根据同心圆边框内出现的汉文题记推测，穹顶壁画应为金刚界曼陀罗，主尊为大日如来。此外，穹顶下方、正壁塑像的上方，还绘有一六臂观音及其胁侍。

第41窟为长方形纵券顶洞窟，后世经过改建，在窟内中间稍靠后之处重新砌了一堵墙，作为现在的正壁。正壁中央有一台座，其上原有一佛陀塑像，现已不存；佛陀两侧各站立一胁侍菩萨，由于正壁空间所限，菩萨被塑于靠近正壁的两侧壁处，现仅存背光。佛陀塑像后面有覆钵形背光，背光的纹饰为高昌回鹘时期典型的编织纹。背光两侧上方各有一飞天，左侧下方绘一佛二菩萨；在其下绘有栏杆，四周有水，水中生出莲花。至此，我们推测：正壁已毁的一佛二菩萨塑像为阿弥陀佛及其胁侍观音与大势至菩萨；背

---

① （德）格伦威德尔著，赵崇民、巫新华译：《新疆古佛寺：1905—1907年考察成果》，第422—423页。

② （德）格伦威德尔著，赵崇民、巫新华译：《新疆古佛寺：1905—1907年考察成果》，第426页。

光左侧下方的一佛二菩萨为阿弥陀佛来迎图,右侧下方原来有同样的题材,惜模糊几不可辨。整个正壁所表现的是西方净土圣境,即阿弥陀经变。窟顶为千佛,每身佛两侧均有两身胁侍菩萨。左侧壁为观无量寿经变,未生怨与十六观绘制于两侧。前壁左侧残存四行回鹘供养人,右侧壁画已毁。门壁壁画脱落。

为了更直观地明了两个洞窟在壁画题材上的组合,特列表如下:

表2-2　柏孜克里克第14、41窟壁画题材

窟号	正壁	左侧壁	右侧壁	窟顶	前壁	门壁
14	阿弥陀经变	弥勒经变?	千手千眼观音经变	金刚界曼陀罗、六臂观音	回鹘供养人	天神
41	阿弥陀经变	观无量寿经变	千手千眼观音经变	千佛	回鹘供养人	不存

第14窟左侧壁的主尊格伦威德尔推测为弥勒佛,可以信从。那么该窟的组合则是阿弥陀经变、千手千眼观音经变、弥勒经变、金刚界曼陀罗及六臂观音。这里需要注意的是,金刚界曼陀罗的主尊是大日如来,与正壁的主尊阿弥陀佛相等而立,彼此没有从属关系。第41窟是由阿弥陀经变、观无量寿经变、千手千眼观音经变和千佛组合而成。两窟的相同组合是西方净土变和千手千眼观音经变,此组合渊源有自,在敦煌石窟中,唐代开始出现。

唐代是阿弥陀佛信仰的鼎盛时期,在敦煌石窟中有大量西方净土变的壁画,仅莫高窟就有115铺,尤以观无量寿经变最多,达78铺。唐代莫高窟观无量寿经变78铺,无量寿经变和阿弥陀经变37铺[1];五代北宋时期,观无量寿经变锐减,莫高窟和榆林窟共有观无量寿经变10铺;西夏时期莫高窟观无量寿经变付之阙如,仅榆林窟保存1铺[2];元代观无量寿经变绝迹。相比西方净土变,千手千眼观音经变在敦煌石窟中出现较晚,始于盛唐。据王惠民先生统计,盛唐至元代的千手千眼观音经变有51铺[3]。其中,唐代有19铺,五代有14铺,北宋有9铺,回鹘与西夏有8铺,元代1铺。由此可见,仅就敦煌石窟中的壁画而言,西方净土变在唐代达到鼎盛,五代之后渐次式微;千手千眼观音经变盛唐出现以后,

① 敦煌研究院编:《敦煌石窟全集》第5卷《阿弥陀经画卷》,(香港)商务印书馆,2002年,第15页。
② 敦煌研究院编:《敦煌石窟全集》第5卷《阿弥陀经画卷》,第88页。
③ 王惠民:《敦煌千手千眼观音像》,《敦煌学辑刊》1994年第1期,第63页。

持续发展,历五代至西夏,方兴未艾,然而到了元代仅存1铺。作为一种题材组合,在敦煌莫高窟,西方净土变与千手千眼观音变同处一个窟者,笔者粗略统计如下:

表2-3 莫高窟西方净土变与千手千眼观音变组合 [①]

窟 号	内 容	时 代	位 置
329	阿弥陀经变	初唐	主室南壁
	千手千眼观音经变	五代	前室顶部西坡
335	阿弥陀佛一铺	初唐	主室东壁门上
	千手千眼观音经变	北宋	前室顶部
45	观无量寿经变	盛唐	主室北壁
	千手千眼观音经变	五代	前室顶部
113	观无量寿经变	盛唐	主室南壁
	千手千眼观音经变	盛唐	主室东壁门南
120	观无量寿经变	盛唐	主室南壁
	千手千眼观音经变	五代	甬道南壁
148	观无量寿经变	盛唐	主室东壁门南
	千手千眼观音经变	盛唐	主室东壁门上
172	观无量寿经变(二铺)	盛唐	主室南壁、北壁
	千手千眼观音经变	北宋	前室南壁
379	观无量寿经变	盛唐	主室南壁
	千手千眼观音经变	五代	前室顶部西坡
144	观无量寿经变	中唐?	主室南壁
	千手千眼观音经变	晚唐	主室东壁门南
176	观无量寿经变	中唐	主室南壁
	千手千眼观音经变	中唐	主室南壁
231	观无量寿经变	中唐	主室南壁
	千手千眼观音经变	中唐	甬道顶部
	千手千眼观音经变	宋代	前室顶部
238	观无量寿经变	中唐	主室南壁
	千手千眼观音经变	中唐	前室南壁

---

① 根据敦煌文物研究所整理:《敦煌莫高窟内容总录》(文物出版社,1982年)一书统计而来。

（续表）

窟 号	内 容	时 代	位 置
258	观无量寿经变	中唐	主室北壁
	千手千眼观音经变	中唐	主室东壁门南
361	阿弥陀经变	中唐	主室南壁
	十一面千手千眼观音经变	中唐	主室东壁门北
386	阿弥陀经变	中唐	主室南壁
	千手千眼观音经变	中唐	主室东壁门上
141	观无量寿经变	晚唐	主室南壁
	千手千眼观音经变	北宋	甬道顶部
156	阿弥陀经变	晚唐	主室南壁
	千手千眼观音经变	晚唐	主室西壁龛顶

　　上表所列两种经变计有17组。此种题材组合绘制于同一时期者，集中在唐代，另有不少千手千眼观音经变是在五代至北宋时期补绘。前文所记莫高窟的元代洞窟中，西方净土变与千手千眼观音经变寥寥无几，相比而言，吐鲁番石窟中无论是西方净土变，还是千手千眼观音经变，在元代均呈现繁盛的景象。莫高窟的这两种经变，就其在同一洞窟所处位置而言，并没有规律可言，且与其他佛传、本生、经变并列存在，体现了敦煌石窟宗教内涵的丰富性。然而，在吐鲁番石窟中，两种经变的组合则具有单一性，一般来说，正壁主尊为阿弥陀佛，描绘阿弥陀经变，两侧壁分别为观音经变与观无量寿经变，这样的组合具有可以显见的宗教意涵。

　　从宏观的角度来讲，柏孜克里克第14窟和41窟均以正壁主尊为阿弥陀佛的阿弥陀经变展开，侧壁的千手千眼观音经变，统摄于西方净土信仰体系之下。但我们也必须清醒地认识到：自《法华经》中的《普门品》独立出来后，观音信仰逐渐兴盛，专门称颂观音的经典陆续也开始出现，在佛教造像中，作为独立尊格的观音像也开始渐多。从唐代开始，随着千手千眼观音图像流入中土和经典的传译，千手千眼观音信仰大盛，从而形成与阿弥陀佛信仰并立的格局。那么，在吐鲁番石窟中，为何频繁出现上文所述之组合，千手千眼观音经变又是如何被统摄入阿弥陀佛为主尊的洞窟中的呢？

　　由唐以来，有关千手千眼观音经典的传译，如雨后春笋般地出现。如不空的《金刚顶瑜伽千手千眼观自在菩萨修行仪轨经》《千手千眼观世音菩萨大悲心陀罗尼》《大悲心陀罗尼修行念诵略仪》《摄无碍大悲心大陀罗尼经仪轨》《大慈大悲救苦观世音自在王菩萨广大圆满无碍自在青颈大悲心陀罗尼》，智通的《千眼千臂观世音菩萨陀罗尼神咒经》，菩提流支的《千手千眼观世音菩萨姥陀罗尼身经》，伽梵达摩的《千手千眼观世音菩萨广大圆满无碍大悲心陀罗尼经》《千手千眼观世音菩萨治病合药经》，金刚智的《千手千眼观自在菩萨广大圆满无碍大悲心陀罗尼咒》《千手千眼观世音菩萨大身咒》，苏嚩罗的《千光眼观自在菩萨秘密法经》，善无畏的《千手观音造次第法仪轨》等等。这些经典皆为修行仪轨和陀罗尼神咒，特别是后者，集中体现了修行者念诵陀罗尼，将会受到千手千眼观音的庇佑，获诸般利益。下面，我们以伽梵达摩的《千手千眼观世音菩萨广大圆满无碍大悲心陀罗尼经》为例，对千手千眼观音利益众生的神通略述之。

　　是经讲述了释迦牟尼佛在补陀落迦山观世音宫殿的宝庄严道场中，和观世音菩萨交替为与会大众演说大悲心陀罗尼。首先，观世音菩萨述说了得此陀罗尼的因缘：在过去世时，他在千光王静住如来处初闻，即从初地超第八地，并生千手、千眼。其次，观世音菩萨与释迦牟尼佛述说了诵持此陀罗尼的诸般益处：如可得"十五善生"、不受"十五恶死"，可治百病，可使夫妻和睦，可挣脱枷锁，可灭虫害，可使枯树开花，可使百姓五谷丰登、万姓安乐，可降伏和役使鬼神等等。最后，佛还告诉大众，诵持此陀罗尼者，观世音当以千眼照见、千手护持。千手各持法器，具有不同的功用：

　　　若为富饶种种珍宝资具者，当于如意珠手。若为种种不安求安隐者，当于羂索手。若为腹中诸病，当于宝钵手。若为降伏一切魍魉鬼神者，当于宝剑手。若为降伏一切天魔神者，当于跋折罗手。若为摧伏一切怨敌者，当于金刚杵手。若为一切处怖畏不安者，当于施无畏手。若为眼闇无光明者，当于日精摩尼手。若为热毒病求清凉者，当于月精摩尼手。若为荣官益职者，当于宝弓手。若为诸善朋友早相逢者，当于宝箭手。若为身上种种病者，当于杨枝手。若为除身上恶障难者，当于白拂手。若为一切善和眷属者，当于胡瓶手。若为辟除一切虎狼犲豹诸恶兽者，当于旁牌手。若为一切时处好离官难者，当于斧钺手。若为男女仆使者，当于玉环手。若为种种功德者，当于白莲华手。若为欲得往生十方净土者，当于青莲华手。若为大智慧者，当于宝镜手。若为面见十方一切诸佛者，当于紫莲华手。若为地中伏藏者，当于宝箧手。若为仙道者，当于五色云手。若为生梵天者，当于军迟手。若为往生诸天宫者，当于红莲华手。若为辟除他方逆贼者，当于宝戟手。若为召呼一切诸天善神者，当于宝螺手。若为使令一切鬼神者，当于髑髅杖手。若为十方诸佛速来授手者,当于数珠手。若为成就一切上妙梵音声者,当于宝铎手。若为口业辞辩巧妙者,当于宝印手。若为善神龙王常来拥护者,当于俱尸铁钩手。若为慈悲覆护一切众生者,当于锡杖手。若为一切众生常相恭敬爱念者,当于合掌手。若为生生之众不离诸佛边者,当于化佛手。若为生生世世常在佛宫殿中,不处胎藏中受身者,当于化宫殿手。若为多闻广学者,当于宝经手。若为从今身至佛身菩提心常不退转者,当于不退金轮手。若为十方诸佛速来摩顶授记者,当于顶上化佛手。若为果蓏诸谷稼者,当于蒲萄手。[①]

以上,我们获知观音的不可思议威神之力,可以满足众生一切善的愿望,归纳起来分现世和来世。现世主要是救难,此处之"难",非单指苦难、困难,泛指一切需要救助的希求。来世主要是往生,可以往生十方净土,即可以往生任何一方净土。虽然千手千眼观音可以作为单独的崇奉的对象,但他仍常称念本师阿弥陀佛。如,他告诉欲诵持大悲心陀罗尼者,先"至心称念,我之名字;亦应专念,我本师阿弥陀如来"[②]。因此,众生信仰观音的最终归宿,常常是西方净土,而非其他净土世界。释迦牟尼佛即告诫众生要常供养观音,专称其名号,可"得无量福,灭无量罪,命终往生阿弥陀佛国"[③]。观音的救难功能,反映在图像上,可以由其千手千眼及手中所持器物来表现,也可由其眷属来体现,最直观的由"十五善生"和"不受十五恶死"之情节来体现。但是,观音的往生功能,却在图像上很难表达;阿弥陀经变描绘了西方净土世界的种种美好场景,正好弥补了千手千眼观音经变之缺憾。第14和41窟两种经变的组合,完整呈现了观音现世救难与来世往生的宗教功能。

有关西方净土世界所展现的来世往生思想,第41窟正壁的阿弥陀佛来迎图颇值得注意。阿弥陀佛来迎图最早出现于敦煌莫高窟第171和431窟的西方净土变中,时代为唐代。据张元林先生统计,西夏以前的莫高窟和榆林窟100多幅西方净土变中,佛国净土宏大严整的宫殿建筑、华丽的舞乐场面等种种妙相始终是画面的主体,在画面下部也必定有宝池中或开或合的莲花,表现莲花化生,而表现阿弥陀佛来迎画面的仅以上两

---

① 〔唐〕伽梵达摩译:《千手千眼观世音菩萨广大圆满无碍大悲心陀罗尼经》,《大正新修大藏经》第二十册密教部三,第111页a—b栏。
② 〔唐〕伽梵达摩译:《千手千眼观世音菩萨广大圆满无碍大悲心陀罗尼经》,第107页a栏。
③ 〔唐〕伽梵达摩译:《千手千眼观世音菩萨广大圆满无碍大悲心陀罗尼经》,第110页a栏。

例①。到了西夏时期，阿弥陀佛来迎图开始丰富起来。如榆林窟第10窟窟顶出现了九品曼陀罗，画面以同心圆中的九身阿弥陀佛像来分别现示九品来迎。东千佛洞第7窟左、右壁前部各绘有一铺阿弥陀来迎图②。此外，在俄罗斯艾尔米塔什博物馆收藏了来自黑水城的7幅阿弥陀佛来迎的纺织品绘画。

　　唐代敦煌石窟的阿弥陀来迎图附属于西方净土变，是净土变九品往生中不可分割的内容，且只有两例，为该题材的萌芽时期。这说明阿弥陀佛现前来迎的他力往生易行道，还没有成为佛教信徒往生西方净土的流行法门，当时的信徒还是主要依靠内因，即通过自身的不断实践修行来达到往生西方净土的愿望。相比唐代，西夏的阿弥陀佛来迎图逐渐脱离西方净土变，成为一种独立的绘画题材。发生此种变化，张元林先生认为：一方面标志着表现阿弥陀来迎主题的艺术形式的完全成熟，另一方面也反映了人们比以往更加重视阿弥陀现前来迎。同时，张先生还推测独立的阿弥陀来迎图，在当时整个宋朝统治的中原地区是很普遍的③。

　　第41窟的阿弥陀佛来迎图绘于正壁的阿弥陀经变中，表面上看属于阿弥陀经变的一部分，但却具有相对的独立性，是宋代中原和河西地区流行的新的净土往生思想在高昌传播的一个例证。

第四节　高昌回鹘时期的千手千眼观音信仰

　　吐鲁番石窟内高昌回鹘时期的千手千眼观音像，除了存在于以上讨论的柏孜克里克第14、41窟外，格伦威德尔在其报告中提到伯西哈尔石窟第3窟右侧壁也绘有千手千眼观音像（现已模糊不可辨）。2015年，考古工作者在吐峪沟发掘清理时，于第22窟前室坍塌的废墟内也发现了千手千眼观音的壁画残块。由于石窟壁画残破太甚，塑像更是几无遗留，实际的千手千眼观音像绝非以上四例。如柏孜克里克第15、17、20三窟，根据窟内残存的壁画来看，正壁原来很可能是千手千眼观音塑像。

---

① 张元林：《从阿弥陀来迎图看西夏的往生信仰》，《敦煌研究》1996年第3期，第78页。
② 张小刚、郭俊叶：《黑水城与东千佛洞石窟同类佛教造像题材浅析》，《西藏研究》2013年第5期，第62页。
③ 张元林：《从阿弥陀来迎图看西夏的往生信仰》，《敦煌研究》1996年第3期，第79页。

　　高昌回鹘时期的千手千眼观音纺织品绘画也比较多。如德国柏林亚洲艺术博物馆即收藏有41件残片,在这些绘画残片中,有三件幡画比较特别,幡头和幡身满绘眼睛,以此代表千手千眼观音,其中有一件幡画还写有回鹘文发愿文。日本学者森安孝夫和德国学者皮特·茨默先生对其进行了释读,翻译如下:

　　　　向神圣的观音祈祷并称诵他的名号,可以免于危难,因而我将(此幡画)悬挂于(这个寺庙)的中心。以此善行的力量,使我迅速从轮回[之苦]中解脱出来,让我的儿子们获得佛果。我,Udmïš,已经制作了(此幡)。[①]

此发愿文记述了回鹘人Udmïš制作了一幅幡画,希望通过这样的善行免于现世的危难,脱离轮回之苦,往生佛国净土,同时也希望他的儿子们也能够获得佛果,即死后能够成佛。从这幅幡画制作的简易程度来看,Udmïš可能是一位家庭经济条件一般的平民。三件幡画的发现,反映了高昌回鹘时期下层民众对千手千眼观音信仰的事实。

　　除了德国收藏品外,俄罗斯艾尔米塔什博物馆收藏了一件比较完整的千手千眼观音像,主尊观音位居画面中央,上方绘五方佛、文殊菩萨与普贤菩萨,五方佛之间及四周绘千佛,下方绘诸眷属,再之下则是回鹘供养人。从绘画的精美程度和供养人服饰来看,这件观音像应该是回鹘王室成员或者贵族出资供养的。

　　高昌回鹘时期,回鹘人热衷于将汉文佛经翻译为回鹘文。在这些被翻译为回鹘文的佛经中,有不少是关于千手千眼观音的,如《千眼千臂观世音菩萨陀罗尼神咒经》《千手千眼观世音菩萨广大圆满无碍大悲心陀罗尼经》等[②]。后一部佛经所保留的题跋如实地记录了该经由汉文翻译为回鹘文的详细情况:

　　　　时幸福的、伟大的桃花石国中有名叫……寺中的洞彻三藏的名叫……的大法师从印度语译为桃花石语。又受赞颂的十姓回鹘后学别失八里人圣光法师再由桃

---

①　Takao Moriyasu & Peter Zieme, *Uighur Inscriptions on the Banners from Turfan Housed in the Museum für Indische Kunst, Berlin*,　Chhaya Bhattacharya-Haesner, *Central Asian Temple Bannners in the Turfan Collection of the Museum für Indische Kunst, Berlin*, 2003, Berlin, p.466.

②　相关收藏及编号信息,详见文后附录二。

花石语译为回鹘语,名之曰《千手千眼观世音菩萨……［经］》第三品终。[①]

题跋中的桃花石语即汉语,该经先由梵文翻译为汉文,后来又由著名的回鹘佛经翻译家圣光法师翻译为回鹘文。

为了表达对千手千眼观音的敬仰和崇信,回鹘人还创作诗歌来抒发他们心中的赞美之情。这样的赞美诗名为《千手千眼观世音菩萨赞歌》,目前共发现5叶残片(编号为U5103、U5803、U5950、U6048、U6277),出土于吐鲁番山前坡地,现藏德国吐鲁番学研究所。1985年,皮特·茨默先生率先对其进行了缀合释读[②],近期,阿不都热西提·亚库甫先生对后4叶进行了重新释读,共23段,每段4行,节引前5段如下:

01 ［　　　　　　　］
　　［　　　　　　　］
　　你［十分简单地］渡过了
　　［六度］这一条大河。

02 在生死将［许多］事情
　　你未全看作是真的。
　　你富有成就,具足
　　成了叫善法光明的佛。

03 理应被诸佛所做的
　　士夫功业你完成了,
　　正要入无体涅槃时
　　你便这么想到了:

04 "照着先前诸佛之做法,
　　如我要入受爱的涅槃,
　　昏迷迷失的这些众生,
　　将会非常绝望",你这样想。

---

① 杨富学:《回鹘之佛教》,新疆人民出版社,1998年,第128页。

② Peter Zieme, Lobpreis des Tausendarmigen und-äugigen Avalokiteśvara, Buddhistische Stabreimdichtungen der Uiguren (Berliner Turfantexte XIII), Berlin, 1985, pp.126-130.

05 从令人憎恨的糟糕的涅槃

　　你安全摆脱[……　　　　　]

　　你发起慈悲之心，

　　你从佛陀之[乐]返回了。①

　　作者用第二人称的口吻描写了观音通过修六度，最终成为善法光明佛后的内心活动，想到"昏迷迷失"的众生，观音发起慈悲之心，从涅槃的佛陀之乐返回娑婆世界，重新以菩萨的身份救度世间有情。寥寥数语，就将作者对观音无限留恋之情渲染得淋漓尽致，面对观音的离去，表现出"绝望"的心境，当观音从佛国返回后，将人人向往的涅槃形容为"令人憎恨的"和"糟糕的"。这篇极具文学色彩的赞美诗采用押头韵形式书写，每4行换韵，富有韵律感，读来朗朗上口，较之枯燥的佛经，更易于普通信众接受。

　　综上所述，高昌回鹘时期的千手千眼观音受到了上自王室贵族、下至平民百姓的普遍信仰。他们或出资开凿石窟、绘制壁画，以便观礼；或订制幡像，供养于寺院，表达内心的虔诚。那些拥有佛教理论知识，熟悉汉语与回鹘语的高僧，则积极将汉文千手千眼观音类经典翻译为回鹘文，尤有进者，他们还创作了极富文学色彩的赞美诗，从而推动了千手千眼观音信仰的普及与流播。

本 章 小 结

　　本章首先考察分析了柏孜克里克第14、41窟的两铺千手千眼观音经变画的内容，进而探讨了千手千眼观音的像式。其次，结合两个洞窟内的另一类壁画题材——西方净土变相，研究了它们所蕴含的宗教思想。最后，联系吐鲁番出土的千手千眼观音纺织品绘画、回鹘文佛经和赞美诗，勾勒了高昌回鹘时期的千手千眼观音信仰之概貌。通过分析与研究，得出如下结论：

　　第一，第14、41窟的两铺千手千眼观音经变画具足主尊观音、眷属及"十五善生"与"不受十五恶死"，内容完整。其中，主尊观音饰以莲瓣形装饰图案，与敦煌的圆形装饰

---

① 阿不都热西提·亚库甫：《古代维吾尔语赞美诗和描写性韵文的语文学研究》，第253—254页。

图案不同,观音两侧配置六身菩萨,与主尊一起构成七观音组合,这与敦煌亦不相同,体现了回鹘人的独特的审美情趣与信仰传统。

第二,第14、41窟正壁塑绘阿弥陀经变,侧壁塑绘千手千眼观音经变。两种经变画相结合,完整地呈现了西方净土信仰体系下的现世救难与来世往生思想。此外,第41窟正壁阿弥陀经变中的阿弥陀佛来迎图,体现了宋代中原和河西地区流行的新的净土往生思想在高昌的传播。

第三,高昌回鹘时期,上至王室贵族,下至普通民众,投入极大的热情出资开凿石窟、绘制壁画、供养幡像,以表达对千手千眼观音虔诚信仰之心。那些拥有佛教理论知识,熟悉汉语与回鹘语的高僧,则积极将汉文千手千眼观音类经典翻译为回鹘文,从而推动了千手千眼观音信仰的普及与流播。

第三章　慈悲、妙慧与万行：华严信仰体系下的三大士图像

高昌回鹘时期，吐鲁番曾流行以观音为主尊、文殊与普贤为胁侍的图像题材。因与《大方广佛华严经》有着密切的关系，学界一般把这种题材称之为"华严三大士"。华严三大士图像存在于柏孜克里克第34、39、46窟，以及吐峪沟第22窟内，此外，俄罗斯藏有出自吐鲁番的一幅千手千眼观音绢画，表现的主题也是三大士。下面，我们以第39窟为中心，结合其他四例三大士图像，试论述之。

第一节　图像内容考析

柏孜克里克第39窟是一座大型的长方形纵券顶洞窟，靠近正壁处有一个土坯垒砌的长方形佛坛。窟内满绘壁画，但可惜的是因损毁严重，斑驳不清，幸而德国探险家格伦威德尔的报告，为我们提供了较为翔实的百年前壁画的状况。下面我们将借助格氏的报告，结合实地探察，对窟内壁画做较为详细的描述、考析。

一、正　　壁

正壁原有塑像一身，现已不存。该像环绕在一座用黏土塑成的椭圆形山中，山的两侧和上方残存模糊的壁画，其中右侧壁画已毁。上方描绘出十条放射状的光芒，光芒内有十个圆形图案，其内有结跏趺坐佛，是为十方佛。据格伦威德尔记述，左右两侧各有四身图像，他推测为坚牢地神和侍女、婆罗门和弟子，以及四身供养人[1]。格氏的记述

---

[1]　（德）格伦威德尔著，赵崇民、巫新华译：《新疆古佛寺：1905—1907年考察成果》，第504—505页。

为我们提供了复原壁画内容的重要信息，但他的记述是不完整的，其推测值得商榷。首先，格氏记述的仅是两侧最下方的部分画面，从左侧遗留画面来看，上方至少还有三身图像。其次，格氏所推测的坚牢地神和婆罗门是错误的，左侧下方靠近山边的图像为婆娑仙，现在还依稀可辨，而非婆罗门，右侧现已不存的坚牢地神应为功德天。至此，我们可以断定正壁的主尊应为观音，格氏亦如是判断。观音两侧的壁画，我们可以复原为：左侧上方为三身菩萨，下方有婆娑仙及其侍者、六臂金刚、两身供养人；右侧上方亦为三身菩萨，下方有功德天及其侍者、六臂金刚、两身供养人。

二、左右侧壁

（一）左侧壁

左侧壁共有四组图像（图3-1），从里向外分别为：观音眷属（1—15、A—D）、普贤变（16）、五身菩萨（17—21）、两身天王（22、23）。

1 2 3 4 5 6 7 8 9 10 11 12 13 14 15 A D B C	16	17	18	19	20	21	22	23

图3-1　柏孜克里克第39窟左侧壁壁画分布示意[①]

1—5为祥云环绕的五身结跏趺坐佛。6—9为身穿中原汉人服饰的世俗人物。10为四天王。11—15、A—D，除15尚存外，其余多被英国探险家斯坦因盗割，现藏印度新德里博物馆。11为骑在孔雀上的孔雀王，发式为北方游牧民族的髡发，披帛绕身，游戏坐姿，两手举日月，另两手持弓箭（图3-2）。12为摩醯首罗天，骑在牛身上，高举一张大象皮，右手拿三叉戟（图3-3）。13为摩诃迦罗（图3-4）。14为一女神。15为站立的神，身旁有一条龙，该神两手举日月，另两手持剑（？）、执斧（？）。A为大型立姿披甲武士，手执大棒，周围有许多侍者。B为追捕两只金翅鸟王的画面残部。C与A相同，只是他

---

① 1—15、A—D为观音眷属，为便于读者查阅，我们沿袭了格伦威德尔教授报告中的编号。详见氏著：《新疆古佛寺：1905—1907年考察成果》，第505页。

图3-2　柏孜克里克第39窟孔雀王像①

手中拿了一个球形物,而非大棒。D为双脚腾云的一男神和一女神。他们在用鞭子抽打逃跑的风魔。16为普贤变,被绘制在一个巨大的云纹圆环内。17—21为五身立姿菩萨,手拿祥云组成圆形物和花卉,每身菩萨的上方均有一条15厘米高、56厘米宽的汉文榜题,除了18的榜题还残存外,其余均被盗割。22和23为天王及其眷属,画面的右上方有竖条的汉文榜题,其中22天王右侧的眷属被斯坦因盗割。

---

① 采自(德)格伦威德尔著,赵崇民、巫新华译:《新疆古佛寺:1905—1907年考察成果》,第506页。

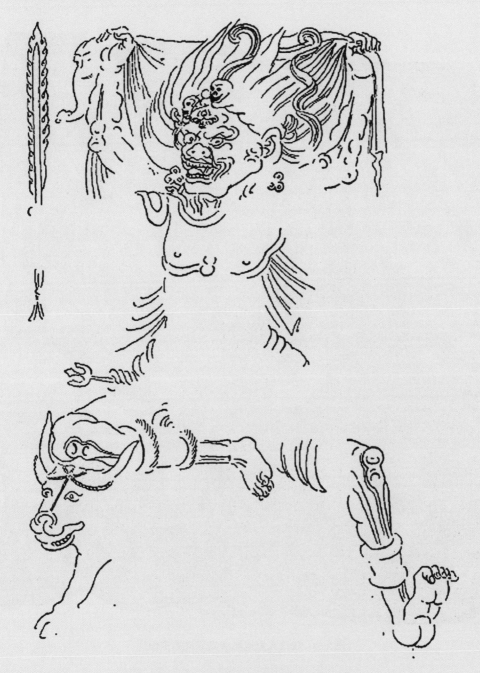

图3-3　柏孜克里克第39窟摩醯首罗天像[1]

---

① 采自（德）格伦威德尔著，赵崇民、巫新华译：《新疆古佛寺：1905—1907年考察成果》，第506页。

图3-4　柏孜克里克第39窟摩诃迦罗像[1]

① 采自Klementz, A. Д. Nachrichten über die von der Kaiserlichen Akademie der Wissenschaften zu St. Petersburg im Jahre 1898. Ausgerüstete Expedition nach Turfan, St. Pétersbourg, 1899, 图版5。

（二）右侧壁

右侧壁布局同左侧壁，共有四组图像（图3-5），从里向外分别为：观音眷属（1—15、A—C）、文殊变（16）、五身菩萨（17—21）、两身天王（22、23）。

5 4 3 2 1	16	17	18	19	20	21	22	23
10 9 8 7 6								
15 14 13 12 11								
C B A								

图3-5　柏孜克里克第39窟右侧壁壁画分布示意[①]

1—10与左侧壁1—10相同。11—15为湿婆神，其中14为黑皮肤、六臂的凶神，手持宝剑；15为长着猪头的神，可能是金刚面天。A为立姿披甲神及其侍者，披甲神手托一小庙。B为立姿披甲骑士，几个妇女在迎接他，有一大群胁侍人物。C同A，手执箭。16为文殊变，被绘制在巨大的云纹圆环内，圆环的外围是比较小的图像，有山、水、房舍、树木和朝山进香的人。17—21为五身菩萨，形象与左侧壁菩萨同，上方有汉文榜题，其中18—20的榜题被盗割。22—23为天王及其眷属。

格伦威德尔认为图3-1和图3-5中的A、C是四天王，我们认为这无疑是正确的，但他对两个画面的中间部分认识是不到位的。根据柏孜克里克第15、17、20窟所出现的同样题材，我们认为图3-1中的B、D不是割裂的，为一幅完整画面的一部分；图3-5中的B所绘立姿披甲骑士实为北方天王，与其侍者共同构成"行道天王图"。

此外，左右两侧壁的十身菩萨均有榜题。现存的三条榜题，有一条还可以辨认一二：

（前缺）

而诸众生不

知不觉苦

[①] 1—15、A—C为观音眷属，其编号与格伦威德尔教授报告中的编号一致。详见（德）格伦威德尔著，赵崇民、巫新华译：《新疆古佛寺：1905—1907年考察成果》，第505页。

　　□□□觉察

　　此是菩萨最

　　胜大功德也

此与《华严经》之诸佛第二大那罗延幢勇健法的经文有相似之处。不同的是,榜题叙说的主体是菩萨,而经文叙说的主体是佛。

　　除上残存榜题外,其余榜题均被国外探险家盗割,多不知其下落。所幸的是德国探险队曾拍摄了三张照片,为我们提供了珍贵的信息。

　　榜题一:

　　（前缺）

　　□□□海水

　　入一□□不

　　娆鱼□□□

　　水性□□而

　　彼大□□□

　　如故诸龙□

　　阿修罗等不

　　觉不知己之

　　所入于此众

　　生亦□□□

　　是菩萨功德[①]

　　榜题二:

　　（前缺3行）

　　□□毛孔□

---

① 　该榜题的黑白照片现藏德国柏林亚洲艺术博物馆,编号B.1707。继德国探险队之后,日本大谷探险队来此窟考察,并将此榜题盗割而走,现不知藏于何处,仅在《西域考古图谱》中留有黑白照片。

令□□□十
方国土□□
日月星宿天
□象□□□
之□于一一
毛□普使见
之此是菩萨
□□□也[①]

榜题三：

若善男子四
□菩萨□□
□□□□□
□□□□□
□□□□□
□彼众生□
□一□□□
□□□□□
□□而可度
□□菩萨即
促一劫以为
七日□彼众
生谓之七日
是谓菩萨功
德也[②]

①　该榜题的黑白照片现藏德国柏林亚洲艺术博物馆，编号 B.1708。
②　该榜题的黑白照片现藏德国柏林亚洲艺术博物馆，编号 B.1691。

以上三条榜题出自鸠摩罗什译《维摩诘所说经》卷中《不思议品第六》:

> 维摩诘言:"唯,舍利弗! 诸佛菩萨有解脱,名不可思议。若菩萨住是解脱者,以须弥之高广内芥子中无所增减,须弥山王本相如故,而四天王、忉利诸天不觉不知己之所入,唯应度者乃见须弥入芥子中,是名住不思议解脱法门。又以四大海水入一毛孔,不娆鱼、鳖、鼋、鼍水性之属,而彼大海本相如故,诸龙、鬼神、阿修罗等,不觉不知己之所入,于此众生亦无所娆。又,舍利弗! 住不可思议解脱菩萨,断取三千大千世界,如陶家轮,着右掌中,掷过恒河沙世界之外,其中众生,不觉不知己之所往。又复还置本处,都不使人有往来想,而此世界本相如故。又,舍利弗! 或有众生,乐久住世而可度者,菩萨即延七日以为一劫,令彼众生谓之一劫;或有众生不乐久住,而可度者,菩萨即促一劫以为七日,令彼众生谓之七日。又,舍利弗! 住不可思议解脱菩萨,以一切佛土严饰之事,集在一国,示于众生。又菩萨以一佛土众生置之右掌,飞到十方遍示一切,而不动本处。又,舍利弗! 十方众生供养诸佛之具,菩萨于一毛孔,皆令得见。又十方国土所有日、月、星宿,于一毛孔普使见之。"[1]

维摩诘对舍利弗宣说了诸佛菩萨的不可思议解脱法门。这里值得注意的是,不可思议解脱法门是诸佛菩萨所拥有的,而第二大那罗延幢勇健法为佛所独有,缘何在39窟成为菩萨的"最胜大功德"。我们以为这十身菩萨应为等觉位的十大菩萨(详见后文),故可有等同于佛的性德。

三、门壁、前壁、券顶与中央佛坛

格伦威德尔记述的门壁与前壁壁画都已毁掉。我们在实地调查时,发现前壁的左侧仍残留壁画,可惜剥落严重,图像已十分模糊,仅能看到大致有三层女供养人像,每层一身。贾应逸先生对她们如是描述:"身穿茜色通裾大襦,背后一条束发结授的红绢长长飘至脚下。"[2]这是回鹘供养人的典型服饰,由此可知该窟壁画的绘制年代在蒙元统治

---

① [姚秦]鸠摩罗什译:《维摩诘所说经》卷中《文殊师利问疾品第五》,《大正新修大藏经》第十四册经集部一,第546页b—c栏。
② 贾应逸:《柏孜克里克石窟初探》,氏著《新疆佛教壁画的历史学研究》,第419页。

之前的高昌回鹘时期。券顶绘制8行千佛，每行56身。

在窟室中央靠近正壁处，有一长方形的佛坛，其上现已空无一物，仅四周壁面上残留稍许壁画。格伦威德尔在百年前调查时，台座前部还保留一个塑像的基座，后部有一佛塔，三面开龛，格氏推测面向正壁的龛内塑像原来应为弥勒佛。当时四周壁面壁画保存情况为：（1）前部塑像基座下方，画面损毁严重，从残存部分画面，格氏推断为鹿野苑说法图。由此，我们推测塑像为释迦牟尼佛。（2）左侧壁靠近塑像基座处，有两身上下排列的坐禅佛。格氏推测右侧壁相同位置，也应该有同样画面。（3）左侧壁佛塔下部有一组画面保存较好（后被斯坦因盗割），中央一座峡谷，峡谷间以品字形结构放置三个陶罐。峡谷的右侧有一比丘，左手上举持扇，右手握净瓶，比丘的右侧为三身坐姿菩萨。峡谷左侧有一金刚，右手上举执拂尘，左手持金刚杵，金刚的左侧为三身坐姿菩萨。（4）右侧壁佛塔下部保留画面大致与左侧壁相同，只是中间没有三个陶罐。这组壁画，一半被斯坦因盗割，另一半尚存，但保存较差。（5）后部（即正壁对面）壁画损毁殆尽。

通过上文的图像考析，我们会发现该窟原有壁画是非常丰富的，并有着深刻的宗教意涵（详见后文）。大致来讲，该窟造像组合可分为二：（1）正壁主尊观音与两侧壁的文殊、普贤；（2）中央佛坛前部的释迦牟尼佛与两侧壁的十大菩萨。其中，前一组合是洞窟的主题，它们构成了一种新的图像题材，即华严三大士。[①]

第二节　华严三大士图像的滥觞与发扬

华严三大士的图像，最早出现在天龙山石窟第9窟，年代为681—704年[②]。该窟分上下两层，上层正中雕倚坐弥勒大像；下层正中为十一面二臂观音，两侧为文殊与普贤。此外，下层后壁还有千佛、弥勒居中的三世佛、弥勒居中二胁侍的浅浮雕[③]。总体来说，该窟主旨在宣扬弥勒净土信仰，但同时又融入了新的图像题材，即华严三大士，成为与弥勒平行的洞窟主体。晚唐吐蕃统治敦煌时期，莫高窟第161窟也出现了华严三大士的

---

① 也有学者称之为观音华严三圣。参见黄韵如：《唐代天龙山石窟——"观音华严三圣像"起源初探》，《2004年龙门石窟国际学术研讨会文集》，河南人民出版社，2006年，第455页。

② 李裕群：《天龙山石窟分期研究》，《考古学报》1992年第1期，第37页。

③ 李裕群：《天龙山石窟调查报告》，《文物》1991年第1期，第43页。

图像题材。该窟主室中心为佛坛，其上塑像已毁；正壁（即西壁）绘十一面观音曼陀罗，环绕菩萨海会28组；南壁绘文殊变，环绕菩萨海会28组；北壁绘普贤变，环绕菩萨海会28组；东壁门上画观音经变，门南北环绕菩萨海会各12组；窟顶井心绘千手千眼观音曼陀罗一铺，四披各绘观音曼陀罗一铺，环绕菩萨海会10组①。郭佑孟先生推测中心佛坛已毁的塑像为观音，如是，则该窟就是一座不折不扣的观音窟，或者叫观音堂了。另一方面，正壁和南北两壁分别描绘了观音、文殊与普贤，则突出了华严三大士的地位。

观音为何能作为主尊与文殊、普贤组成新的图像题材？一方面是观音拥有特殊的、等同于佛的尊格，同时又具备救苦救难的慈悲情怀②，从南北朝开始逐渐从众多菩萨中脱颖而出，成为最受欢迎的菩萨。另一方面是华严祖师与大德的阐释与推崇，此为华严三大士图像的形成的重要理论基础与背景。华严宗三祖法藏的《华严经探玄记》记载：

> 《智度论》第四十。复次十住菩萨与佛无有差别，如遍吉、文殊师利、观世音等，具足佛十力功德等而不作佛，为广度众生故，乃至云是诸菩萨于余菩萨为大，比于佛不能遍知，如月光虽大于日即不现。③

法藏引用《大智度论》关于十住菩萨与佛无有差别的论述，进一步肯定了遍吉（即普贤）、文殊与观音三位菩萨在诸菩萨中的至高位置。华严大德李通玄在《新华严经论》中提出了文殊的妙慧、普贤的万行与观音的慈悲，可以等同毗卢遮那佛：

> 观世音菩萨、文殊、普贤，此三法是古今三世一切佛之共行，十方共同。文殊主法身妙慧之理，普贤明智身、知根成万行之门，观世音明大慈悲处生死，三人之法成一人之德，号毗卢遮那，一切众生总依此三法，号之为佛。④

---

① 郭佑孟：《晚唐观音法门的开展——以敦煌莫高窟161窟为中心的探讨》，《圆光佛学学报》2003年第8期，第103—144页。
② 萧妤伦博士认为观音取代毗卢遮那佛的关键因素在于其"救六道"的特质，等同于卢舍那于佛身中展现含摄一切六道众生的意涵。详见氏著：《华严三大士图像研究——以菩萨与坐骑为中心》，中央美术学院博士学位论文，2015年5月，第53页。
③ ［唐］法藏述：《华严经探玄记》卷六《佛升夜摩天宫自在品第十五》，《大正新修大藏经》第三十五册经疏部三，第230页b栏。
④ ［唐］李通玄撰：《新华严经论》卷二十一，《大正新修大藏经》第三十六册经疏部四，第863页a栏。

继法藏与李通玄之后，华严四祖澄观创立三圣圆融观，同时他还将观音在修法上的地位
与毗卢遮那佛齐同。有学者认为："澄观对于观音的尊崇，则是在观音、文殊、普贤三菩
萨中凸出了观音菩萨，确立了三菩萨并列而以观音居中的格局。"①华严三大士图像的产
生，还与法藏的十一面观音修法有直接关系。《唐大荐福寺故寺主翻经大德法藏和尚传》
记载：

> 　　神功元年，契丹拒命，出师讨之，特诏藏依经教遏寇虐，乃奏曰："若令摧伏怨
> 敌，请约左道诸法"，诏从之。法师盥浴更衣，建立十一面道场，置光音像行道。始
> 数日，揭房觌王师无数神王之众，或瞩观音之像浮空而至，犬羊之群相次逗挠，月捷
> 以闻。天后优诏劳之曰："蓟城之外，兵士闻天鼓之声，良乡县中，贼众觌观音之像，
> 醴酒流甘于陈塞，仙驾引纛于军前，此神兵之扫除，盖慈力之加被。"②

法藏之所以设立十一面观音道场助唐军平定契丹的叛乱，主要是因为该观音具备退敌
之大用，《佛说十一面观音神咒经》记载：

> 　　若有他方怨贼欲来侵境，以此观世音像面正向之，种种香华而为供养，取烟脂
> 大如大豆，诵咒一千八遍，涂像左厢㖊面，令彼怨敌不能前进。③

在唐代，除了天龙山第9窟和莫高窟第161窟的华严三大士外，尚有大英博物馆藏的一
幅来自敦煌藏经洞的四观音文殊普贤绢画。此外，五代时期，莫高窟第33窟前室也出
现一例三大士图像。这些图像，均有十一面观音出现，天龙山第9窟和莫高窟第161窟
十一面观音地位尤其突出。这使我们有理由相信法藏的十一面观音修法，对唐、五代的
华严三大士图像产生起着至关重要的作用。

辽宋时期，华严三大士图像在继承唐、五代原有图像题材的基础上，逐渐兴盛起来。
在寺院中多配置三大士殿，也有三大士被安置在大悲阁、观音殿或其他殿内。如河北正

---

① 蓝慧龄：《华严三大士研究》，陕西师范大学硕士学位论文，2009年5月，第18页。
② ［唐］崔致远：《唐大荐福寺故寺主翻经大德法藏和尚传》，《大正新修大藏经》第五十册史传部
　　二，第283页c栏。
③ ［后周］耶舍崛多译：《佛说十一面观世音神咒经》，《大正新修大藏经》第二十册密教部三，第151
　　页b栏。

定隆兴寺曾于北宋天宝四年（971）扩建，大悲阁内主尊为千手千眼观音，东西两壁有文殊、普贤、观音、地藏菩萨；摩尼殿背面塑有倒坐观音，两旁有狮子、大象，分别代表文殊和普贤。天津宝坻广济寺三大士殿建于辽太平五年（1025），殿内有观音、文殊与普贤及其胁侍。山西长子崇庆寺三大士殿有北宋元丰二年（1079）的塑像，主尊观音乘麒麟，两侧文殊与普贤分别骑狮与象。悯忠寺（现北京法源寺）内原有辽大安十年（1094）的三大士造像。山西朔县崇福寺金皇统三年（1143）所建观音殿内亦有三大士造像。除了造像外，宋代的禅宗语录和公案中，禅师们经常以观音、文殊与普贤三大士作为说法的题材。如《景德传灯录》记载：

> 天台教中说文殊、观音、普贤三门。文殊门者一切色，观音门者一切声，普贤门者不动步而到。[1]

本先禅师将三大士作为说法的一种方便，运用此演说材料来破大众的法执，辅助禅观。由此可见，这一时期的华严三大士信仰已完全中国化，形成了广泛的民间信仰。在汉传佛教圈内，华严三大士图像无远弗届，甚至远播到极西的高昌回鹘境内。

高昌回鹘时期，除了前文提及的柏孜克里克第39窟外，尚有四例三大士图像。柏孜克里克第34窟与第39窟窟形相同，亦是一个大型的长方形纵券顶窟室。该窟壁画被国外探险家盗割殆尽，现结合格伦威德尔的记述，略说壁画内容[2]：（1）正壁上方现残存少许模糊图像，主尊塑像在格氏调查时已不存，根据两侧壁的文殊与普贤像，他推测塑像应为观音。（2）左侧壁自里向外为文殊变（图3-6）、金刚、三个塑像底座（保存两个，中间的较大）、坐佛（塑像）。（3）右侧壁自里向外为普贤变、佛陀（仅保存双脚）、三个塑像底座、坐佛（塑像）。（4）券顶绘八行千佛。（5）前壁左侧现残存一身回鹘男供养人残像。（6）门壁左侧有一手执大棒的披甲人。尽管格氏调查时，窟内塑像与壁画已经破败不堪，但仍然能理出以正壁观音为主尊、两侧壁文殊与普贤的三大士图像格局。柏孜克里克第46窟是一座小型近于正方形的纵券顶洞窟，窟室前部全部坍塌，窟内壁画也仅余券顶的部分千佛。根据格伦威德尔记述，原来正壁塑像可能为观音，两侧壁各开一佛龛，

① ［宋］道原著，顾宏义译注：《景德传灯录译注》（五）卷二十六，"温州瑞鹿寺本先禅师"条，上海书店出版社，2010年，第2112页。
② （德）格伦威德尔著，赵崇民、巫新华译：《新疆古佛寺：1905—1907年考察成果》，第495—496页。

图3-6　柏孜克里克第34窟文殊变①

佛龛上方分别绘文殊骑狮和普贤骑象图像②。2015年，考古人员在吐峪沟石窟进行考古发掘时，在第22窟窟室前部坍塌下来的壁画中，发现了千手千眼观音和骑狮文殊菩萨的残像，这说明该窟的前室壁画曾经有三大士的图像。

现藏俄罗斯艾尔米塔什博物馆的一幅三大士绢画，系19世纪末20世纪初该国探险家在高昌故城获得。这幅绢画主尊为千手千眼观音，骑狮文殊和骑象普贤位于观音左右两侧上方，文殊、普贤下方是六身观音，可以释名者为左侧的送子观音。六观音之下有八身眷属，可以释名者为六臂金刚两身、四臂金刚一身、婆娑仙、功德天和善财童子。千手千眼观音正上方绘制五方佛，主尊毗卢遮那佛位居中央，有胁侍文殊与普贤，其余

---

① 现藏俄罗斯艾尔米塔什博物馆，李静杰先生拍摄。
② （德）格伦威德尔著，赵崇民、巫新华译：《新疆古佛寺：1905—1907年考察成果》，第525—526页。

四佛分列两侧,五方佛之间的空余画面绘制千佛。此外,在绢画的上方、左右两侧的边缘也绘有千佛,绢画的左下角和右下角绘制回鹘供养人。

高昌回鹘的五例三大士图像是辽宋时期三大士信仰繁盛的极佳例证,也体现了此一时期华严思想对密教的摄融。

第三节　华严思想的彰显及其与密教观音的融合

一、华严思想的彰显

前节,我们论述了以观音为主尊、文殊与普贤为胁侍的三大士图像的起源与发展,在此过程中,也涉及了三大士形成的理论基础,由此明了三大士的华严思想背景。除此之外,三大士图像的相伴题材,如华严三圣、善财童子参访观音和十大菩萨等图像,也体现了浓厚的华严思想。

(一) 华严三圣

俄藏高昌故城出土绢画和柏孜克里克第39窟的文殊、普贤位于观音和毗卢遮那佛的中间,若以观音为主尊,则构成华严三大士;若以毗卢遮那佛为主尊,则构成华严三圣。在此,文殊与普贤具备了一像两用的功能。尤有进者,为了凸显华严三圣这一图像组合,俄藏绢画中在已经有了文殊与普贤的同时,又特别于毗卢遮那佛的头光左右两侧绘制了两个形体较小的文殊与普贤像,使三圣与三大士得以齐彰。

在华严三圣中,毗卢遮那佛是莲华藏世界的教主,是宇宙真理,即佛法的人格化表象,而文殊与普贤是毗卢遮那佛最近密的胁侍。关于三者的关系,华严大德李通玄率先进行了阐释,其所著《略释新华严经修行次第决疑论》记载:

> 此一部经,以文殊师利,此云妙德,明无相法身智慧门。毗卢遮那佛,此云种种光明遍照。以根本智光遍照种种众生,同行济生,名曰普贤。无相法身,明成普贤大悲之行,处世间而不染也。根本智明,神性光明,自无体性根本之相,善知一切众生业(果)根种,悉皆明了,名之差别智,此三法是一体性……文殊、普贤、毗卢遮那,

三法体用平等,名为一乘。①

李长者指出毗卢遮那佛为体为母,由此生发普贤大悲之行与文殊之智慧,文殊与普贤为用,体用平等,是一非三。继李通玄之后,华严四祖澄观明确提出了"华严三圣"这一命题,在其《三圣圆融观门》中如是记载:

　　三圣者:本师毗卢遮那如来,普贤、文殊二大菩萨是也。大觉应世,辅翼尘沙,而《华严经》中,独标二圣为上首者,托以表法,不徒然也。今略显二门:一、相对明表;二、相融显圆。且初门中:三圣之内,二圣为因,如来为果。果起言想,且说二因。若悟二因之玄微,则知果海之深妙。②

澄观提出的三圣圆融观门首先阐明了三圣之间的关系,即文殊与普贤为因,毗卢遮那如来为果,悟因而自然知果。毗卢遮那所拥有的佛法太过深奥,世人难以理解,所以要通过文殊的能信之心、能起之解、能证之大智与普贤所信之法界、所起之行、所证之理,才能参透。其次,澄观还具体阐释了文殊与普贤相对、相融的关系。所谓相对是指能信与所信、解与行、智与理的相对。所谓相融包括三层含义:二圣法门各自圆融;二圣法门互相圆融;达到二圣法门相圆融,即是菩萨行满,成就毗卢遮那法身,最终完成三圣互相圆融。

　　值得一提的是,俄藏三大士绢画中华严的毗卢遮那佛以密教的五方佛来表现。五方佛中,大日如来结智拳印,四方配以宝生佛、阿閦佛、阿弥陀佛、不空成就佛,这体现了华严与密教的融合。有学者认为:"密教大日如来的形成受到《华严经》的影响,从华严教主毗卢遮那佛演变而来,只是为了与华严毗卢遮那相区别,在其名前加了'摩诃'(大)一词,毗卢遮那就成了密教的摩诃毗卢遮那佛(大日如来)。"③同时,不论是华严的毗卢遮那佛,还是密教的大日如来,均是法身佛,由其生发十方一切诸佛。密教与华严在信仰主体和宇宙观上的一致性,为两者的融通提供了义理基础,澄观在《大方广佛华严经

①　[唐]李通玄撰:《略释新华严经修行次第决疑论》卷一上,《大正新修大藏经》第三十六册经疏部四,第1013页a—b栏、1014页a栏。
②　[唐]澄观述:《三圣圆融观门》,《大正新修大藏经》第四十五册诸宗部二,第671页a栏。
③　殷光明:《敦煌显密五方佛图像的转变与法身思想》,《敦煌研究》2014年第1期,第15页。

随疏演义钞》中进行了精辟的阐释,其文如下:

> 十方诸佛皆我本师海印顿现,且法华分身有多净土,如来何不指己净土,而令别往弥陀妙喜。思之故知,贤首弥陀等佛皆本师矣,复何怪哉! 言贤首者即寿量品中,过百万阿僧祇刹,最后胜莲华世界之如来也。经中偈云:或见莲华胜妙刹,贤首如来住其中。若此不是叹本师者,说他如来在他国土为何用也? 且如总持教中,亦说三十七尊,皆是遮那一佛所现,谓毗卢遮那如来,内心证自受用,成于五智。从四智流四方如来,谓大圆镜智流出东方阿閦如来,平等性智流出南方宝生如来,妙观察智流出西方无量寿如来,成所作智流出北方不空成就如来,法界清净智即自当毗卢遮那如来。①

澄观提出"十方诸佛皆我本师海印顿现",是指十方诸佛都是由华严毗卢遮那佛所化现,这与总持教(即密教)三十七尊皆由毗卢遮那如来化现的义理是相通的。三十七尊中,澄观强调了毗卢遮那的五种智慧表象五方佛的大用。

另一值得一提的现象是第39窟的毗卢遮那佛是由其化身释迦牟尼佛来表现的。在《六十华严》中,"释迦牟尼佛曾在七处讲演华严大法,三处在人间,四处在天界,前后共计八次开示。文殊、普贤是佛于七处八会②宣法时所倚重的助化菩萨,在全经扮演了宣法代表与修行样板的关键角色"③。中央台座前部下方的壁画鹿野范表明了第39窟释迦牟尼的说法是在娑婆世界中进行的。

(二)十大菩萨

在华严系造像中,十菩萨是常见的题材。如莫高窟唐宋时代的30铺华严经变,据笔者的不完全考察,主尊佛周围多有十身菩萨环绕。山西高平开化寺大雄宝殿内的壁画,绘制于北宋元祐七年(1092)至绍圣三年(1096),东壁的华严经变由北向南分四铺依次表现了兜率天宫会、阿兰若法菩提场会、逝多林给孤独园会和法界人中像,其中第四

---

① [唐]澄观述:《大方广佛华严经随疏演义钞》卷九十,《大正新修大藏经》第三十六册经疏部四,第698页c栏。
② 《八十华严》中为七处九会。
③ 释见脉:《佛教三圣信仰模式研究》,中国社会科学院研究生院博士学位论文,2010年4月,第15页。

铺正中绘卢舍那佛,左右两侧各绘五身菩萨。①四川安岳华严洞雕凿于北宋晚期,左右两侧壁各有五身菩萨,合为十菩萨。敦煌的华严经变表现的主题是佛陀的七处九会说法场景,研究者多注意于此,至于每会中佛周围的十菩萨均未言之。高平开化寺华严经变中的十菩萨,论者也只简单地称其为大菩萨。安岳华严洞中的十菩萨,胡文和先生认为是"表示《华严经》所说的'大乘菩萨十地',又与正壁上的文殊、普贤合为十二圆觉菩萨"。②

第39窟两侧壁出现的十身菩萨,形体较大,位居中央佛坛释迦牟尼佛前方,其身份是何? 我们以为此可与《华严经》的十大菩萨比附。《华严经》多处记载佛在说法时,十方各有一大菩萨,率领各佛土众菩萨前来集会,如《光明觉品》的十大菩萨为: 文殊师利菩萨、觉首菩萨、财首菩萨、宝首菩萨、德首菩萨、目首菩萨、精进首菩萨、法首菩萨、智首菩萨、贤首菩萨。《须弥顶上偈赞品》的十大菩萨为: 法慧菩萨、一切慧菩萨、胜慧菩萨、功德慧菩萨、精进慧菩萨、善慧菩萨、智慧菩萨、真实慧菩萨、无上慧菩萨、坚固慧菩萨。《夜摩宫中偈赞品》的十大菩萨为: 功德林菩萨、慧林菩萨、胜林菩萨、无畏林菩萨、惭愧林菩萨、精进林菩萨、力林菩萨、行林菩萨、觉林菩萨、智林菩萨。《兜率宫中偈赞品》的十大菩萨为: 金刚幢菩萨、坚固幢菩萨、勇猛幢菩萨、光明幢菩萨、智幢菩萨、宝幢菩萨、精进幢菩萨、离垢幢菩萨、星宿幢菩萨、法幢菩萨。这些菩萨中,文殊是我们熟知的菩萨,在菩萨的五十二个阶位里属于等觉位的菩萨。此外,《大方广如来不思议境界经》(《华严经》的别译经)记载:

> 一时,佛在摩竭提国菩提树下,成正等觉……时有十佛刹微尘等他方诸佛,为欲庄严毗卢遮那道场众故,示菩萨形来在会坐。其名曰: 观自在菩萨、文殊师利菩萨、地藏菩萨、虚空藏菩萨、金刚藏菩萨、维摩诘菩萨、善威光菩萨、灭诸盖菩萨、宝手菩萨、大慧菩萨、普贤菩萨,如是等菩萨摩诃萨而为上首。③

十一位大菩萨均是十方佛刹诸佛所化现,应视为十大菩萨。由此可见,这里的大菩萨其

---

① 详见谷东方:《高平开化寺北宋上生经变和华严经变壁画内容解读》,《焦作师范高等专科学校学报》2015年第3期,第13—34页。

② 胡文和:《四川石窟华严经系统变相的研究》,《敦煌研究》1997年第1期,第92页。

③ 〔唐〕实叉难陀译:《大方广如来不思议境界经》,《大正新修大藏经》第十册华严部下,第909页a栏。

实就代表了佛,从妙觉位降到等觉位,是为了与菩提树下"成正等觉"的佛相适应。《华严经》眷属经《大方广普贤所说经》亦记载:

> 一时,佛在如来神力所持之处,与十不可说不可说百千亿那由他佛刹微尘等菩萨摩诃萨俱,前后围绕,而为说法,皆已成就普贤之行,普贤菩萨摩诃萨而为上首。时众会中,有十菩萨摩诃萨,各与十不可说不可说百千亿那由他佛刹微尘等菩萨眷属,从十方处忽然出现,皆坐无碍庄严师子之座,其名曰普光藏菩萨、甚深藏菩萨、威德光明藏菩萨、云音藏菩萨、金刚藏菩萨、普音不动威光藏菩萨、普名称威光藏菩萨、山王不动威光藏菩萨、普现众像威光藏菩萨、十力清净威光藏菩萨。彼诸菩萨出现之时,于此会中,唯除普贤,其余一切菩萨大众,靡不倾动,所有威光亦尽不现。①

这里集会的菩萨均为大菩萨,且"皆已成就普贤之行"。而于此时,从十方处又有十大菩萨前来,他们的到来,除了普贤菩萨之外,其余"成就普贤之行"的诸菩萨"靡不倾动,所有威光亦尽不现"。

以上诸例充分表明《华严经》中的十大菩萨均是等觉菩萨。除非有特别的榜题说明,在华严系造像中的十大菩萨不应理解为十地菩萨,至于十大菩萨指的是何处何会中的菩萨,则要视情况而定。第39窟没有具体的七处九会的华严经变场景,所以这里的十大菩萨是一种泛指,即佛说法时的赴会菩萨。尽管如此,我们还是可以从中央佛坛释迦牟尼佛下方的鹿野苑壁画来判定这是一处人间说法的场景,体现了华严思想中的娑婆世界情怀。

(三) 善财童子参访观音

在俄藏三大士绢画中,有一比丘小童,手执鲜花,身穿袈裟,跪拜在千手千眼观音脚下,此小童是为善财童子。在《华严经·入法界品》末会中,善财童子从文殊菩萨处获菩提心,并受文殊教诲南行参访功德云比丘、海云比丘、善住比丘、弥伽大士、解脱长者等五十三位善知识,听受种种法门。最后一参(即第五十三参)遇到普贤菩萨,证入华严

---

① [唐]实叉难陀译:《大方广普贤所说经》,《大正新修大藏经》第十册华严部下,第883页a栏。

法界，菩萨行满，终至成佛。

第39窟正壁主尊观音（已毁）置身于山中，此山可能表现的是善财童子参访观音所处之补怛洛迦山。善财童子参访伐苏蜜多居士（五十三参之第二十六参），临别时，居士告诉善财童子：

> 善男子！于此南方有山，名补怛洛迦，彼有菩萨，名观自在，汝诣彼问："菩萨云何学菩萨行、修菩萨道？"①

善财童子辞别伐苏蜜多居士，前行参访观音（第二十七参）：

> 渐次游行，至于彼山，处处求觅此大菩萨。见其西面岩谷之中，泉流萦映，树林蓊欝，香草柔软，右旋布地。观自在菩萨于金刚宝石上结跏趺坐，无量菩萨皆坐宝石恭敬围绕，而为宣说大慈悲法，令其摄受一切众生。②

观音所处之补怛洛迦山"泉流萦映，树林蓊欝，香草柔软"。学界一致认为，水月观音的创作当是依此为据的。当然，第39窟主尊观音背后的山形为椭圆形，与水月观音被绘制在一个圆环内还是有一定区别的。同时，由于该窟正壁的空间几乎被椭圆形的山占据了一半空间，留给观音的空间是比较小的，因此也不可能是千手观音。我们推测，该窟的观音可能是十一面观音。

二、华严与密教观音的融合

三大士造像始自唐代天龙山石窟第9窟，从一开始就以密教观音结合文殊、普贤的组合而出现，这并非一偶然现象。观音信仰在南北朝时期已经风行，不少关于观音的陀罗尼经咒也翻译出来，但此时的观音形象还是以正观音的形象示人。密

---

① ［唐］实叉难陀译：《大方广佛华严经》卷六十八《入法界品第三十九之九》，《大正新修大藏经》第十册华严部下，第366页c栏。
② ［唐］实叉难陀译：《大方广佛华严经》卷六十八《入法界品第三十九之九》，《大正新修大藏经》第十册华严部下，第366页c栏。

教观音图像始自唐代,首先出现的密教观音图像是十一面观音。我国最早的十一面观音经典是北周保定四年(564)耶舍崛多译出的《佛说十一面观世音神咒经》,此后,直到唐高宗永徽四年(653),又有第二个十一面观音经(《佛说陀罗尼集经》卷四《十一面观世音神咒经》)问世,唐高宗显庆元年(656)玄奘重新翻译了北周本的十一面观音经,是为《十一面神咒心经》。十一面观音经在高宗时的两译,使得该观音信仰开始繁盛,这也促使华严宗的实际创始人法藏的十一面观音修法的开展,并最终形成了十一面观音为主尊的三大士造像。在唐代,除了十一面观音外,尚有千手千眼观音、如意轮观音、不空羂索观音、水月观音等密教观音图像的流行,但均未与文殊、普贤结合,直到辽宋时期,才突破了十一面观音与文殊、普贤的单一组合,造像风格也呈现多样化趋势。如河北正定隆兴寺大悲阁内北宋初年的三大士造像、高昌回鹘时期的俄藏三大士图像和吐峪沟新发现洞窟三大士图像,主尊均为千手千眼观音。

辽宋时期,三大士组合还有另外两种形式,一为倒坐水月观音,与正室两侧的骑狮文殊、骑象普贤成对应关系;另一种为三大士殿的观音、文殊、普贤坐于莲座上,或文殊骑狮、普贤骑象的样式①。萧妤伦博士将倒坐观音视为水月观音,我们认同此说法。敦煌藏经洞所出伪经《水月观音经》,据王惠民先生研究内容出自伽梵达摩译的《千手千眼观世音菩萨广大圆满无碍大悲心陀罗尼经》②,从这个层面上讲,水月观音也可视为密教观音。如此一来,辽宋时期的三大士造像则全面体现了密教观音与华严思想的融通,这是该时期显密圆融思潮的外在表现。具体而言,就是以观音大悲之用,结合文殊之智、普贤之行,成就华严毗卢遮那佛大体。

第四节　难陀童子所反映的吐鲁番与五台山之交流

柏孜克里克第34、39窟均有文殊变存世,内容大体相同。第34窟的文殊变在20世纪初被俄国探险家盗割,现存俄罗斯艾尔米塔什博物馆,近期由张惠明先生对其进行了

---

① 萧妤伦:《华严三大士图像研究——以菩萨与坐骑为中心》,第53页。
② 王惠民:《敦煌写本〈水月观音经〉研究》,《敦煌研究》1992年第3期,第93—98、31页。

研究①。第39窟的文殊变现留存于窟内，模糊几不可辨，幸有吐鲁番学研究院的徐东良先生进行了临摹，得以恢复其原貌。我们以徐先生的摹本，并结合第34窟同类题材，对文殊变中的核心即新样文殊展开探讨。

　　第39窟的文殊变（图3-7），中央部分是新样文殊，被一个巨大的云纹圆环所围绕。圆环的外围群山耸立，树木葱郁，并有芳草、小花点缀，梅花鹿自由徜徉其间。群山之中有10余座庙宇，朝山的香客或背包前行、或虔诚跪拜。这里需要指出的是，庙宇均集中在画面的四隅山内，朝山的香客行进方向也均朝着四隅，由此可见，东西南北四方的山，表现的是五台山中的四台，而中央的新样文殊诸尊，表现的是文殊化现于中台的场景。此外，画面的上方有佛足、佛手、佛首、圣钟、圆光等化现情节，因此，严格意义上来讲，该文殊变应该叫五台山化现图。第34窟的文殊变与39窟略有不同之处为：（1）云纹圆环的表现手法。第34窟的新样文殊被一个椭圆形的云环围绕，右侧还拖着长长的"尾巴"，表示文殊从虚空乘云降落五台山；第39窟云环则为标准的圆环，没有"尾巴"，脱离写实，注重造型的美感。（2）山的绘画手法。第34窟的山挺拔突兀，棱角分明；第39窟的山山体圆润，挺拔中显俊秀。（3）化现情节。第34窟文殊头部接近画面的边缘，左侧有圆光、圣钟、佛足化现，右侧有佛首、佛手、圆光、圣钟、佛足化现；第39窟文殊头部与画面边缘有一定距离，化现情节集中在中部，只有一组。

　　第39窟圆环内的新样文殊，中央主尊文殊头顶有华盖，具圆形头光与背光，冠饰不清，面左，颈佩项圈，手腕处有手环，披帛绕身，两手于胸前持一如意，结跏趺坐于一威猛的狮子背上。狮子四蹄踏莲花，作回首状，被一武士牵引着向左行进。武士怒目圆睁，身着戎装，两袖挽起，两手奋力执缰绳，足踏莲花，亦向左行进。武士与狮子的下方有二童子，盘腿坐在莲花上，裸身披帛环绕，左侧童子一手执香炉。文殊的右侧自上而下有持法器的天王、持杖的老人、双手合十的菩萨与僧人；左侧自上而下为双手合十的菩萨、二僧人、持剑天王、双手合十的菩萨、持幡的引路菩萨。第34窟新样文殊与第39窟略有不同之处为：（1）文殊右手持如意，左手托花瓶，瓶内有花。（2）文殊左侧上方比第39窟缺一菩萨与一僧人。（3）文殊右侧僧人为中年僧人，而第39窟的僧人显得较为年轻。第39窟的文殊菩萨有13身眷属，第34窟的文殊菩萨有11身眷属，这些眷属的身份是何？这还要从新样文殊说起。

① 张惠明：《俄藏柏孜克里克石窟的一幅高昌回鹘时期的五台山文殊图壁画研究》，《敦煌吐鲁番研究》第十五卷，上海古籍出版社，2015年，第157—179页。

图3-7　柏孜克里克第39窟文殊变[①]

①　请徐东良先生临摹，并请王征先生据其底稿线描。

所谓新样文殊，是相对于旧样文殊而言。就敦煌石窟而言，隋末至初唐开始出现骑狮文殊图像[1]，文殊的眷属为驭狮的昆仑奴、善财童子和胁侍菩萨、天王等，此为旧样文殊。莫高窟第220窟甬道北壁有一幅文殊图，发愿文中出现"敬画新样大圣文殊师利菩萨"字样，由此可以判断，这幅壁画是为新样文殊。文殊的眷属有四身，二持花供养菩萨、一驭狮者、一童子（善财童子），其中驭狮者右上方榜题有"于阗国王"字样，可见此驭狮者为于阗王无疑，其形象与旧样文殊中的昆仑奴判然有别。学界对于新旧样文殊，提出不同的区别标准，一般来讲，驭狮者是否为于阗王，是一个重要的标准。发愿文中提到此幅新样文殊的绘制年代为"大唐同光三年"，即五代后唐同光三年（925），既然为新样，则此题材必出现不久。

莫高窟第220窟的文殊、善财童子与驭狮的于阗王被称为新样文殊三尊。与三尊相对，又有新样文殊五尊；所谓五尊，是指三尊加上文殊化现的老人与僧人佛陀波利。现藏法国国家图书馆的一幅出自敦煌藏经洞的白描画稿（P.4049），为新样文殊五尊的典型。关于此幅白描画，根据画风判断时代应该在五代，荣新江先生认为是莫高窟第220窟新样文殊的底稿[2]，沙武田先生对此持否定态度，他认为法藏白描画不应视为第220窟新样文殊的底稿[3]，但未给出年代的判断。我们认为一个事物的发展和一个故事的丰富，一般情况下应该是逐步累加的过程，新样文殊三尊到五尊的变化也符合这个规律。总之，新样文殊三尊出现在925年或稍前的年代，而五尊的出现则925年之后。

新样文殊三尊和五尊在敦煌大量出现，也出现在全国其他地方，甚至远播到日本。那么，此种图像源自哪里呢？学界普遍认为来自五台山。五台山是文殊化现故事的始源地，是佛教徒特别是文殊信仰者的圣地，赴五台山朝圣者络绎不绝，周边诸民族更是心向往之。史载唐太宗贞观十年（636），新罗僧慈藏赴五台山朝圣[4]；唐穆宗长庆四年（824）九月，吐蕃遣使求《五台山图》[5]；太和二年（828），渤海国僧贞素至五台山灵境寺[6]；

① 孙晓岗：《文殊菩萨图像学研究》，甘肃人民美术出版社，2006年，第69页。
② 荣新江：《从敦煌的五台山绘画和文献看五代宋初中原与河西于阗间的交往》，《文博》1987年第4期，第69页。
③ 沙武田：《敦煌P.4049"新样文殊"及相关问题研究》，《敦煌研究》2005年第3期，第28页。
④ （高丽）一然著，权锡焕、陈蒲清注译：《三国遗事》卷三，塔像第四"台山五万真身"条，岳麓书社，2009年，第320页。
⑤ [五代]刘昫等撰：《旧唐书》卷一九六下《吐蕃传》，中华书局，1975年，第5266页。
⑥ 王重民、孙望、童养年辑：《全唐诗外编》（上），中华书局，1982年，第275页。

开成五年(840),日本慈觉大师圆仁巡礼五台山,获《五台山化现图》一铺①;后唐庄宗同光年间(923—926),于阗僧人游历五台山②。那么,作为敦煌以西、于阗以东的一个重要的民族及政权高昌回鹘,他们的文殊信仰和五台山崇拜又是怎样一种情况呢?

19世纪末20世纪初,国外探险家在吐鲁番获取大量的各语种文书,其中就有文殊菩萨类的回鹘文佛经,如《文殊所说最胜名义经》的回鹘文汉语注音本(9件)和回鹘文木刻本(40余件)、译自藏文的回鹘文《文殊师利成就法》(1件)③。回鹘人对文殊的信仰不但体现在佛经的翻译上,还体现在敬造图像层面。现藏吐鲁番博物馆的一件回鹘文文书,记载了一位回鹘佛教信徒阿三·托合弥失请人制作七尊佛像的史实,这七尊佛像中即有文殊金绣像一幅④。

近来,德国著名回鹘文专家茨默先生释读了出自吐鲁番的三件回鹘文写本《五台山赞》。其中第一件为敦煌汉文本《五台山赞》前部第一、第二、第六赞之译文;第二件为《五台山赞》后部第十五至十八赞内容之译本;第三件为用回鹘文拼写的汉语《五台山赞》起首部分。回鹘文译本与敦煌汉文本《五台山赞》契合度极高,只是偶有因理解错误而导致的误译。回鹘文本《五台山赞》的底本当来自敦煌的汉文本。⑤回鹘人对五台山的崇拜不单单停留在文本的赞叹上,更有亲赴五台山朝谒者。北宋真宗大中祥符二年(1009)十一月癸酉:

> 礼宾院言:"回纥僧哈尚贡奉赴阙,乞赴五台山瞻礼。"上曰:"戎羯之人,崇尚释教,亦中国之利。可给粮,听其请。"⑥

虽然,我们不能判别此回鹘僧是具体来自何地,但也不能排除来自高昌的可能。《佛祖历

---

① (日)圆仁著,白化文等校注:《入唐求法巡礼行记校注》卷二、卷三,开成五年四月廿三日条至七月六日条,花山文艺出版社,1992年,第264—322页。

② [宋]欧阳修:《新五代史》卷一四《唐太祖家人传》,中华书局,1974年,第144页。

③ 杨富学、张艳:《回鹘文〈五台山赞〉及相关问题考释》,《五台山研究》2014年第4期,第54页。

④ (日)梅村坦著,杨富学译:《中华人民共和国藏回鹘文写本》,《西北民族研究》1993年第2期,第154页。

⑤ (德)茨默著,杨富学、熊一玮译:《三件古突厥语〈五台山赞〉残片》,《吐鲁番学研究》2016年第1期,第122页。

⑥ [宋]李焘:《续资治通鉴长编》卷七二,大中祥符二年(1009)十一月癸酉条,上海古籍出版社,1985年,第638页。

代通载》记述了元仁宗时（1312—1320）高昌回鹘大德舍蓝蓝施舍资财在五台山建寺的史实：

> 舍蓝蓝，高昌人……仁宗之世，师以桑榆晚景，自谓出入宫掖数十余年，凡历四朝事三后，宠荣兼至，志愿足矣，数请静退居于宫外，求至道以酬罔极。太后弗听，力辞弗已，诏居妙善寺，以时入见，赐予之物不可胜纪。师以其物并寺于京师，曰妙善。又建寺于台山，曰普明，各置佛经一藏，恒业有差。①

此处的台山，即五台山之略称。舍蓝蓝"历四朝事三后"，可谓"宠荣兼至"，但她一心向佛，甚至在远离政治中心大都的五台山出资修建普明寺。由此可见，舍蓝蓝对文殊圣地五台山的向往与崇敬之心是多么强烈。

　　以上事实，使我们相信在宋元时期的高昌回鹘，五台山崇拜和文殊信仰是相当繁盛的。既有回鹘文《文殊所说最胜名义经》和《文殊师利成就法》的存世，又有回鹘文《五台山赞》的流传，尤有进者，回鹘僧人还亲赴五台山瞻礼，舍蓝蓝更于五台山修建寺院。透过史料，我们可知朝拜五台山者，除了瞻仰文殊圣迹外，另一个重要目的是要获得五台山图或文殊图。在他们看来，只有亲赴文殊圣地请得的图像才是神圣的，对于周边诸民族来说，这种愿望显得更为迫切，如吐蕃之求《五台山图》和日本僧人圆仁之请人画《五台山化现图》就是明证。因此，我们推测柏孜克里克石窟新样文殊的底稿，有可能是回鹘僧人朝拜五台山时获得的，而该新样文殊中多出来的一位童子形象，也能说明此点。

　　柏孜克里克石窟第34、39窟文殊右侧上方的持杖老人是文殊自身化现的，持杖老人下面的僧人是佛陀波利，文殊下方的驭狮者为于阗王，于阗王下方二童子中一位是善财童子，而另一位童子就是前段所说的多出来的童子。之所以说是多出来的，是相对于其他新样文殊中只有一身善财童子而言。关于多出来的这位童子，据我们考证，应为难陀童子，典出日本天台宗僧承澄编撰的《阿娑缚抄》：

> 佛陀波利、善哉（财）童子、大圣老人、难陀童子、于阗国王，已（以）上文殊使者也。②

---

① ［元］念常：《佛祖历代通载》卷二二，《大正新修大藏经》第四十九册史传部一，第734页c栏。
② （日）承澄撰：《阿娑缚抄》卷九十九《文殊五字》，《大正新修大藏经》图像部九，第238页c栏。

难陀童子是净饭王的儿子,释迦牟尼的弟弟,后随释迦牟尼出家,证阿罗汉果,在佛诸弟子中,被誉为调和诸根第一者。难陀童子作为释迦牟尼的弟弟,是何因缘而成为文殊菩萨的使者,不得其详。五台山胜迹故事多收集在《清凉三传》中,如新样文殊中的文殊菩萨、于阗王、善财童子、佛陀波利和文殊老人均记载于《广清凉传》。难陀童子作为文殊的使者,既不见于成书于宋仁宗嘉祐五年(1060)的《广清凉传》中,也不见于成书于宋哲宗元丰三年(1080)的《续清凉传》中。直到《阿娑缚抄》问世才姗姗出现,而《阿娑缚抄》是承澄从建长三年(1251)起,经十数年依经典仪轨及口传记录所整理而成的。由此可见,难陀童子跻身文殊菩萨的使者行列是比较晚的。

吾人固知,无论是于阗王、善财童子,还是持杖老人、僧人佛陀波利,都与文殊化现故事有关,且均发生在五台山。依理而论,难陀童子作为文殊的侍者,也应该与文殊化现故事有关,该故事的发生地也应该在五台山。新样文殊从三尊发展到五尊,最后又增加了难陀童子,或可称为六尊。而此六尊目前只在柏孜克里克石窟发现,其他地区尚未发现,就连新样文殊集大成之地的敦煌也没有。这进一步证明前文推测之不虚,即柏孜克里克石窟发现的新样文殊底稿可能来源于五台山,这反映了高昌回鹘时期吐鲁番与中原内地五台山之间的佛教文化交流一直不曾间断。

第五节 天部像和于阗王像及其与敦煌、黑水城之关联

一、天部像与敦煌的关系

柏孜克里克第39窟左右两侧壁里端(靠近正壁)绘观音诸眷属,即第一节图3-1之1—15与图3-5之1—15。这些眷属的身份大部分已被解读出来,但也有个别眷属由于保存不是太好,至今仍存疑问。下面,笔者仅就图3-1之6—9和图3-5之7—10这八组图像试作解读。

八组图像均被绘制于近似菱形的框内,四周饰以浪花形的云纹,极具动感,似在云海之上。每组图像内有三至四身不等的世俗人物,如图3-8(自左至右对应图3-1之6、7)左侧一组共四身人物,中间一身形体较大,头部及胸部残缺,身穿红色宽袖长袍,袖口镶以绿边,跪于云海之上,两侧的侍者穿同样的衣服,其中一身头部尚存,戴软脚幞头;右侧有三身人物,衣饰同左侧人物,从中心人物的面部来看,与中原帝王形象

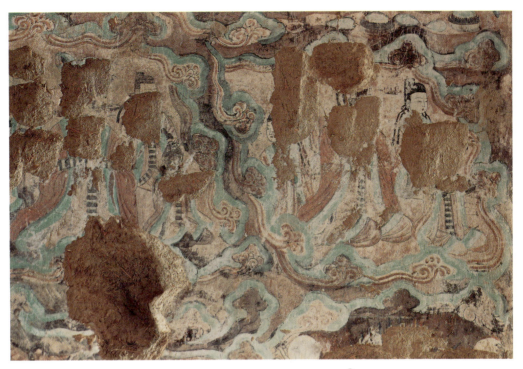

图3-8　柏孜克里克第39窟天部像[1]

颇似。

　　此类图像在雅尔湖石窟第4窟后室左右两侧壁上部亦有表现。所不同者有二：其一，共有十组人物；其二，每组人物没有绘制在菱形框内。图3-9为雅尔湖石窟第4窟后室左侧壁上部的五组图像，所有人物均穿中原汉人服饰，跪于云雾飘绕的彩云之上，中心人物双手合十面向正壁的观音，表现乘云赴会的场景。所有人物的服饰与柏孜克里克第39窟相同，而他们的冠饰和发饰多不相同，富于变化。如自左至右（自外至里）第二组图像，中心人物为男性，头戴通天冠，气宇轩昂，具帝王气派，两侧侍者亦为男性，戴软脚幞头。又，图3-10为雅尔湖石窟第4窟后室右侧壁上部外端第一组图像，残存两身人物，均为女性，中心人物头梳飞仙髻，面型丰满圆润，身穿红色大袖裙襦，雍容华贵，右侧侍者亦梳同样的发式。

　　① 采自《中国新疆壁画艺术》编辑委员会编：《中国新疆壁画艺术》第六卷《柏孜克里克石窟》，新疆美术摄影出版社，2009年，第239页。

图 3-9　雅尔湖石窟第 4 窟左侧壁天部像 [1]

———
[1] 张永兵拍摄。

图3-10　雅尔湖石窟第4窟右侧壁天部像（局部）[1]

---

① 张永兵拍摄。

此类图像的人物虽穿着世俗服饰,但作为观音的眷属,显然非世俗人物。阎文儒先生指出雅尔湖石窟的十组人物应为天部形象,与莫高窟五代、宋初的十王图和供养人形象相同[1]。阎先生所论甚是,但其与十王像还是有区别的,最明显的是十王像中没有女性形象。也有学者将两个石窟内的此类图像,统称为龙王礼佛图,此不妥。首先,现有石窟壁画或其他材质类绘画中的龙王形象无世俗人物装束。其次,两石窟此类图像中的人物乘五彩祥云,面向主尊观音,表现的是赴会场景,而非礼佛。那么,此类图像中人物的身份究竟何指? 敦煌藏经洞的一幅绢画(Ch.lvi.0019)为我们指明了方向。

该绢画现藏大英博物馆,为斯坦因从敦煌藏经洞所获,年代为9世纪前半叶,内容丰富,绘制精美。画面中部为站立的千手千眼观音,其上为日光菩萨和月光菩萨;其下为一水池,池的上部有两身龙女,头戴蛇冠,下部亦有五身龙女。画面的右侧自上而下分别为五身坐佛、散花天女、不空羂索观音、梵天、摩诃迦罗、孔雀王及其随从、二天王、饿鬼、功德天、火头金刚、频那勒伽等;左侧自上而下分别为五身坐佛、散花天女、如意轮观音、帝释天、摩醯首罗天、金翅鸟王及其随从、二天王、贫儿、婆娑仙、青面金刚、频那夜伽等。其中的梵天(图3-11)和帝释天(图3-12)身穿红色宽袖长袍,头束高髻,手托盘子,盘内盛放鲜花和水果;两侧的侍者,双手合十,梳丫髻。他们跪于五彩祥云之上,面向主尊观音。

对比敦煌绢画中梵天和帝释天,我们会发现柏孜克里克石窟和雅尔湖石窟壁画中的天部像,在构图和人物服饰方面有不少相似的地方。其一,主尊居中,侍者分列两旁,跪于五彩祥云之上,表现自虚空而来赴会的场景,极具动感。其二,人物面部饱满圆润,服饰皆为宽袍大袖的汉装。

二、于阗王像与黑水城的关系

新样文殊中于阗王形象的演变是佛教文化交流史上一个值得重视的现象,吐鲁番与黑水城所发现的11世纪中叶至12世纪的于阗王图像就是一个典型的例证。下面试分析之。

图3-13为柏孜克里克第39窟新样文殊中的于阗王,头戴尖状卷沿胡帽,尖部向前

---

[1]　阎文儒:《新疆天山以南的石窟》,《文物》1962年第7—8期合刊,第59页。

图 3-11　敦煌藏经洞绢画中的梵天像

图 3-12　敦煌藏经洞绢画中的帝释天像

图3-13　柏孜克里克第39窟于阗王像^①

①　请徐东良先生临摹,并请王征先生据其底稿线描。

翘起；怒目圆睁；上身穿V形领窄袖长袍，手执缰绳，袖子向上卷起；腰系腰带，腰带上挎短刀；小腿上有护甲，脚蹬靴子。图3-14为柏孜克里克第34窟新样文殊中的于阗王，头戴尖状胡帽，帽子的边缘有羽毛状的装饰；怒目圆睁，高鼻梁，留红色络腮胡须；所穿衣服与图3-13相同。图3-15为西夏黑水城出土新样文殊绢画（X-2447）中的于阗王，头戴尖状卷沿胡帽，怒目圆睁，高鼻梁，留黑色络腮胡须，身着衣服与前二图相类，唯不同者，腰间佩蹀躞七事，脚蹬长筒靴，小腿没有护甲。

　　莫高窟第220窟甬道北壁新样文殊中的于阗王，头戴红色胡帽，帽子后面佩同色披风，其上饰以浅蓝色散花；面相丰圆，慈眉善目，留络腮胡；身穿窄袖圆领红色长袍，双手执缰绳；腰系腰带，其上缀圆形小荷包；下身穿白色裤子，脚蹬长筒靴站立于莲花之上（图3-16）。除了220窟壁画中的新样文殊外，敦煌藏经洞还发现有50幅新样文殊版画，P.4514中就有32幅之多，图3-17即为其中的一幅（局部）。该幅版画上的于阗王，其冠饰与图3-16基本一致，唯无装饰性的散花；所穿衣服和身姿也与图3-16相同。又，P.4514中有归义军节度使曹元忠的发愿题记，比图3-16年代晚，以此之故，沙武田先生认为："同光年间的第220窟'新样文殊'壁画对较晚二三十年的'新样文殊'版画的影响作用显而易见，后者完全是照搬了前者。"[1]此外，敦煌藏经洞还发现一幅新样文殊白描画（P.4049），年代为10世纪末至11世纪初。其中的于阗王，冠饰与前二图稍有区别，帽口以发际线为基准，帽子上的装饰比较繁复（图3-18）。

　　以上所举吐鲁番、黑水城的三例于阗王图像与敦煌的三例于阗王图像有着明显的不同。其一，前者戴尖状卷沿的帽子，后者戴圆拱状带披风的帽子。其二，虽然均描绘了深目高鼻、浓密胡须的胡人形象，但前者怒目圆睁，竭力表现出奋力驭狮之状，后者则慈眉善目，神态悠闲。此外，吐鲁番、黑水城的于阗王图像，与宋元明时期中原及周边地区甚或邻国日本的同类图像亦不相同。这一现象说明在11世纪中叶至12世纪，高昌回鹘境内和西夏的黑水城等地曾流行一种特殊的于阗王绘画传统。其特征为：（1）头戴高尖帽，怒目圆睁，高鼻梁，络腮胡须，体现出典型的胡人形象。（2）身材矮壮敦实，袖子高高挽起，双手紧握缰绳，左腿前迈，右腿发力蹬地，表现出奋力驭狮之状。

　　这种特殊的于阗王绘画传统体现了高昌回鹘与西夏佛教文化交流的事实。那么，究竟是谁影响了谁，值得令人深思，笔者的初步意见为高昌回鹘影响了西夏。首先，吐

---

①　沙武田：《敦煌P.4049"新样文殊"画稿及相关问题研究》，《敦煌研究》2005年第3期，第27页。

图3-14 柏孜克里克第34窟于阗王像[①]

① 现藏俄罗斯艾尔米塔什博物馆,刘韬先生提供。

图3-15　黑水城出土于阗王像[①]

① 采自《丝路上消失的王国——西夏黑水城的佛教艺术》，台北历史博物馆，1996年，第209页。

图3-16 莫高窟第220窟于阗王像[①]   图3-17 敦煌藏经洞版画中的于阗王像[②]

鲁番新样文殊的绘画底稿可能来自五台山,但画师在创作时并没有严格遵循,无论是在构图,还是色彩运用等方面,都有鲜明的回鹘风格。如文殊菩萨及其眷属被绘制在云纹组成的大圆环内,人物众多,却安排得"错落有致",毫无拥挤之感,这种表现手法是其他

---

① 沙武田先生提供。
② 采自上海古籍出版社、法国国家图书馆编:《法藏敦煌西域文献》第31册,上海古籍出版社,2005年,第232页。

地方所没有的,是当地画师的创新。这种创新也体现在于阗王形象的塑造上,如柏孜克里克第34窟于阗王的带羽毛状的冠饰,与第20窟一幅誓愿画中商人的冠饰是一样的。我们推测,画师在绘制新样文殊时,摒弃了底稿中于阗王形象,替换为他们熟悉的胡人形象。其次,黑水城出土的新样文殊绢画,女性化的文殊、戴东坡巾的持杖老人和小女孩形象的善财童子都具有浓厚的中原画风,于阗王却显得刚猛有力,与同时期中原流行的于阗王形象迥异[2],与西夏榆林窟中的于阗王形象亦不相同。由此透露出黑水城的于阗王图像可能也是被画师置换了的,即用吐鲁番流行的像式置换掉中原流行的像式。

本 章 小 结

以观音为主尊,文殊、普贤为胁侍的三大士组合,出现于唐代,辽宋时期逐渐发展并兴盛起来,高昌回鹘流行的三大士图像就是在此背景下产生的。本章以柏孜克里克第39窟的三大士图像为中心,结合窟内其他塑像与壁画展开探讨,得出如下结论:

第一,柏孜克里克第39窟的观音位居正壁,与两侧的文殊与普贤构成洞窟的主体,

图3-18　敦煌藏经洞白描画中的于阗王像[1]

---

①　采自上海古籍出版社、法国国家图书馆编:《法藏敦煌西域文献》第31册,第37页。

②　如故宫博物院藏北宋李公麟创作的《维摩演教图》,文殊身旁的于阗王深目高鼻,胡须浓密,身材魁梧,从其形来看的确是胡人形象,但缺少胡人武士刚猛威武的神韵。

但中央佛坛的释迦牟尼佛塑像及其两侧壁的十大菩萨与四大天王,共同构成了宏大的说法、听法和护法场景,信徒礼拜三大士时宛若置身于庄严的华严海会之内。概言之,三大士图像统摄于华严信仰体系之下。

第二,难陀童子跻身文殊使者的行列,典出日本天台宗僧承澄编撰的《阿娑缚抄》,属于五台山文殊化现故事之范畴。作为一种图像,难陀童子只出现在柏孜克里克石窟第34、39窟的新样文殊中,其他地区尚未发现。结合回鹘时期五台山信仰的流行及回鹘人朝拜五台山的事例,我们认为难陀童子的凸现反映了高昌回鹘时期吐鲁番与五台山的文化交流。

第三,柏孜克里克第34、39窟新样文殊中的于阗王头戴高尖帽,身材矮壮敦实,袖子高高挽起,双手紧握缰绳,左腿前迈,右腿发力蹬地,表现出奋力驭狮之状。这一特殊造型的于阗王形象,与黑水城发现的一幅新样文殊绢画中的于阗王形象如出一辙,反映了高昌回鹘对西夏佛教艺术的影响。

第四,柏孜克里克第39窟、雅尔湖石窟第4窟观音眷属中的天部形象,与敦煌藏经洞发现的一幅千手千眼观音绢画中梵天和帝释天的形象极为相似。这一现象反映了高昌回鹘时期画师在创作佛教绘画时,对敦煌绘画传统的承袭。

第四章 山林、猕猴与月轮：禅观意境下的如意轮观音经变

　　柏孜克里克第40窟为长方形纵券顶洞窟（图4-1）。正壁上部残存壁画，中间是佛像头光与背光，之上为华盖，两侧图像模糊不清。关于这些模糊不清的图像，20世纪初德国探险家格伦威德尔调查时，尚能分辨出是几个摇铃的小鬼和飞翔的散花童子以及7行跪姿祈祷者[①]，通过仔细观察，我们认为祈祷者应为菩萨。正壁下部现空无一物，格氏

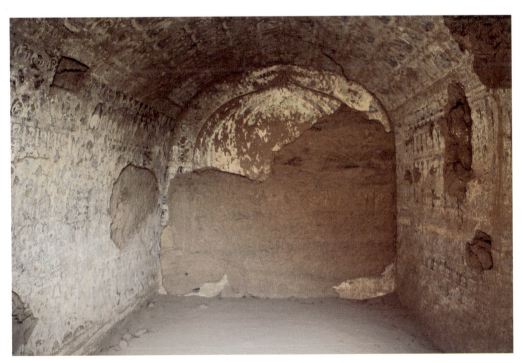

图4-1　柏孜克里克第40窟内景[②]

①　（德）格伦威德尔著，赵崇民、巫新华译：《新疆古佛寺：1905—1907年考察成果》，第509—510页。
②　笔者拍摄。

调查时,还残存70厘米高的底座,底座前部残存一大圆轮(格氏据此推测原来画面应为鹿野苑说法图)[1],左右两侧为供养人像。券顶绘10排千佛。门壁壁画脱落。前壁绘回鹘供养人像,模糊几不可辨。左侧壁壁画也比较模糊,格氏记述主尊为观音[2],有误,应为弥勒,整铺壁画描绘的是弥勒经变。右侧壁为如意轮观音经变,壁画保存的也不太理想,但大致内容尚能辨识一二。

第一节 图像内容考析

右侧壁如意轮观音经变(图4-2)中,画面1、7、9、13、17、20、29描绘了群山内树木葱郁,猴子、梅花鹿、羚羊等动物自由徜徉,僧人禅定的场景,我们暂称之为山林禅定图。画面2、3、4、5、12、24、25、26、27、28为三面、六臂、六足呈忿怒相的神,他们头发向上竖起,并有骷髅装饰,头顶有坐佛,手中握有金刚杵、羂索、弓、箭、斧、短剑等物。画面6左

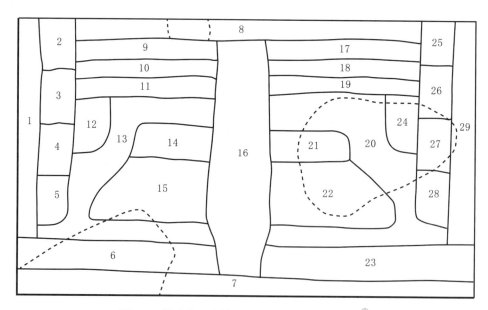

图4-2 柏孜克里克第40窟如意轮观音经变示意[3]

① (德)格伦威德尔著,赵崇民、巫新华译:《新疆古佛寺:1905—1907年考察成果》,第512页。
② (德)格伦威德尔著,赵崇民、巫新华译:《新疆古佛寺:1905—1907年考察成果》,第511页。
③ 笔者制作。

侧残存1身天神，画面8为20身坐佛，画面10、18为10身坐佛，画面11为10身菩萨，画面14为4身双手合十的菩萨，画面15残存40余身供养菩萨，画面16为如意轮观音及眷属，画面19为10身比丘，画面21右侧残存1身菩萨（缺3身），画面22残存20余身供养菩萨，画面23为8身天神（左侧2身天神各有一侍者）。

如意轮观音具圆形头光，戴宝冠，冠内莲花上有一坐佛。头向左偏，眼睛微闭，神态安详。具六臂，手中持如意宝珠、莲蕾等物。披帛绕身，半跏趺坐于莲花之上。此莲花生长于一不规则的六边形水池中，长长的莲茎中部有四条龙，龙的两侧分别为婆薮仙和功德天，莲茎上部向两侧又开出四朵莲花，莲花之上有四身坐姿菩萨，菩萨被圆环围绕。此外，如意轮观音头顶有一大圆轮，圆轮两侧有两身坐佛，旁有榜题脱落（图4-3）。

这幅如意轮观音经变，内容庞杂，大体上来说由两部分组成，其一是如意轮观音及其眷属，其二是山林禅定图（后文详述）。就第一部分而言，主要是依据如意轮观音类经典绘制，同时又承袭了千手千眼观音经变的部分题材，如十方佛、婆薮仙与功德天。此外，也增加了新的图像题材，如释迦与阿弥陀组合像及十大明王像等。

一、释迦牟尼佛与阿弥陀佛

在如意轮观音头顶有一圆轮，表示的是行

图4-3　柏孜克里克第40窟如意轮观音经变（局部）[1]

① 请徐东良先生临摹，并请王征先生据其底稿线描。

者观想时的心月轮(后文详述)。月轮的两侧是两身结跏趺坐于莲花上的佛,旁有榜题,文字脱落。我们认为这两身坐佛是释迦牟尼佛和阿弥陀佛。吾人固知,一切佛经均是由释迦牟尼佛宣说,如意轮观音类佛经亦不例外。《如意轮陀罗尼经》记述了释迦牟尼在鸡喇斯山与无央数菩萨集会时,借由观自在菩萨之口宣说如意轮陀罗尼。《七星如意轮秘密要经》则记述了释迦牟尼在大雪山伽王那兰陀与大比丘众千二百五十人、菩萨万八千集会时,借由如意轮菩萨宣说七星如意轮秘密真言。由此可见,整幅如意轮观音经变主要表现的是释迦牟尼与赴会大众集会时,如意轮观音宣说陀罗尼等秘密真言的场景。如意轮观音是观音的诸变化身之一,他作为西方净土世界阿弥陀佛的协侍菩萨,主要职责是指引世间有情死后往生西方净土。壁画中的阿弥陀佛体现了如意轮观音救六道的终极归宿。

二、如意轮观音的身形

如意轮观音的身形,在多部佛经中均有描述。唐代印度来华高僧不空译《摄无碍大悲心大陀罗尼经》记载:

> 微妙大宝冠,顶上住佛身。一面愍念相,身相浅黄色。六臂两足体,左定按门山,左理执莲花,左定持金宝;右慧思惟相,右智如意宝,右慧持数珠。被鬘妙璎珞,袈裟天衣裳,圆光莲花色,安住大莲花,仰左跏趺右。[①]

金刚智译《观自在如意轮菩萨瑜伽法要》记载:

> 手持如意宝,六臂身金色。皆想于自身,顶髻宝庄严,冠坐自在王,住于说法相。第一手思惟,愍念有情故;第二持意宝,能满一切愿;第三持念珠,为度傍生苦;左按光明山,成就无倾动;第二持莲手,能净诸非法;第三擎轮手,能转无上法。六臂广博体,能游于六道。以大悲方便,断诸有情苦。行者如是观,坐于月轮中。[②]

---

① [唐]不空译:《摄无碍大悲心大陀罗尼经》,《大正新修大藏经》第二十册密教部三,第131页a栏。
② [唐]金刚智译:《观自在如意轮菩萨瑜伽法要》,《大正新修大藏经》第二十册密教部三,第213页b栏。

宝思惟译《观世音菩萨如意摩尼轮陀罗尼念诵法》记载：

> 其菩萨形相造思惟之形。有六臂，其左上作金轮之手，中手执莲花，下手按山；右手作思惟相，中手执如意珠，下手执念珠。以右足以三十二叶莲花为坐。顶上有化佛，相好圆满而乘月轮，威光照耀如月中光。[1]

如意轮观音作思维相（愍念相），身浅黄色（金色），头戴宝冠，冠上有坐佛（自在王）。具六臂，四只手分别持莲花、金轮宝、如意珠（宝）、念珠（数珠），另外两只手，一手支颐作思维相，一手按光明山。半跏趺（仰左跏趺右）以三十二叶莲花为座。

　　观第40窟如意轮观音身形，与以上记载十分吻合。如其六手，左上之手持轮宝，左中之手持如意宝，左下之手抚山；右上之手持莲蕾，右中之手支颐，右下之手自然下垂，因壁画脱落，持物不明。

三、如意轮观音眷属

　　如意轮观音的眷属，菩提流志译《如意轮陀罗尼经》记载：

> 内院……东面画圆满意愿明王，左画白衣观世音母菩萨；北面画大势至菩萨，左画多罗菩萨；西面画马头观世音明王，左画一髻罗刹女；南面画四面观世音明王，左画毘俱胝菩萨。是等菩萨宝冠珠璎耳珰环钏，天诸衣服种种庄严，坐莲花上半加趺坐。外院东面画天帝释，左右画诸天众围绕；南面画焰魔王（云阎罗王），左右画诸鬼母众围绕；西面画水天王，左右画难陀龙王乌波难驮龙王及诸龙王众围绕；北面画多闻天王，左右画诸药叉众围绕；东南面画火天神，左右画苦行仙众围绕；西南面画罗刹王，左右画诸罗刹众围绕；西北面画风天王，左右画风天众围绕；东北面画大自在天王，左右画宫盘茶鬼众围绕；又东面画日天子，左右画七星天众围绕；又西面画月天子，左右画七星天众围绕；又西面画地天神，左右画诸药叉神围绕；又东面画大梵天王，左右画诸梵众天围绕；又西面画阿素落王，左右画阿素洛仆从围绕；又

---

[1] ［唐］宝思惟译：《观世音菩萨如意摩尼轮陀罗尼念诵法》，《大正新修大藏经》第二十册密教部三，第203页b栏。

西门画始缚婆歌明王。是等天神各执器仗，种种衣服如法庄严半加跌坐。①

此是如意轮陀罗尼大曼陀罗，分内外二院。内院有八大菩萨（明王），分别是圆满意愿明王、白衣观世音母菩萨、大势至菩萨、多罗菩萨、马头观世音明王、一髻罗刹女、四面观世音明王、毗俱胝菩萨。外院有十四天神，分别是帝释天、焰魔王、水天王、多闻天王、火天神、罗刹王、风天王、大自在天王、日天子、月天子、地天神、大梵天王、阿素落王、缚婆歌明王。这些天神各有属众围绕。

画面14、21（图4-4）可能表现的是内院的八大菩萨（明王），画面6、23（图4-5）可能表现的是外院的十四天神。由于壁画损毁太甚，加之榜题全部脱落，目前我们还不能

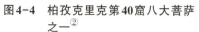
图4-4　柏孜克里克第40窟八大菩萨
　　　　之一②

图4-5　柏孜克里克第40窟十四天神之一③

① ［唐］菩提流志译：《如意轮陀罗尼经》，同上，第193页a—b栏。
② 请徐东良先生线描。
③ 请徐东良先生线描。

确认所有的眷属身份。如，画面11之十身菩萨，均残存榜题框，这说明他们是有明确名称的，其真实所属，值得探讨。再如，如意轮观音莲花座下圆轮中的四身菩萨，只是普通的协侍菩萨，还是如意轮观音五尊的其他四尊呢，也不得而知。令人欣慰的是，经变画两侧的十身六足神，却能明了其身份，以下略说之。

四、十大明王

具有六足的菩萨，佛经上一般称之为六足尊。《胎藏金刚教法名号》中的六足尊为大威德金刚；《摄无碍大悲心大陀罗尼经》中的六足尊为五方佛之无量寿佛的忿怒形，亦即自性轮文殊师利菩萨；《大妙金刚大甘露军荼利焰鬘炽盛佛顶经》有六足金刚明王，为八大明王之一；《佛说幻化网大瑜伽教十忿怒明王大明观想仪轨经》中的焰鬘得迦大忿怒明王有六臂六足，该明王为十大明王之一。那么，柏孜克里克第40窟的六足尊指的是以上哪一类呢？我们认为应该是十大明王（图4-6）。首先，大威德金刚的身形在《大毗卢遮那经广大仪轨》描述为："身作玄云色，遍身生火焰，执持诸器仗，六手身六足，坐于水牛上……执剑戟棒索，

图4-6　柏孜克里克第40窟十大明王之一①

---

① 请徐东良先生线描。

左持弓右箭……"①大威德金刚六手六足,坐骑为水牛,但第40窟的六足尊并没有坐骑,显然不是大威德金刚。其次,如果说第40窟的六足尊是五方佛之无量寿佛的忿怒形,或者八大明王之一的六足金刚明王的话,那应该是五身或八身六足尊,而第40窟的六足尊有十身,则正与十大明王相合。

十大明王名号,各经所载不一。北宋法贤译《佛说幻化网大瑜伽教十忿怒明王大明观想仪轨经》(以下简称《十忿怒明王经》)中为焰鬘得迦忿怒大明王、无能胜大忿怒明王、钵讷鬘得迦大忿怒明王、尾觐难得迦大忿怒明王、不动尊大忿怒明王、咤枳大忿怒明王、儞罗难拏大忿怒明王、大力忿怒明王、送婆大忿怒明王、嚩日啰播多罗大忿怒明王,北宋施护译《佛说一切如来金刚三业最上秘密大教王经》(以下简称《大教王经》)中为焰鬘得迦忿怒大明王、无能胜大忿怒明王、马头大忿怒明王、甘露军拏利大忿怒明王、不动尊大忿怒明王、咤枳大忿怒明王、儞罗难拏大忿怒明王、大力忿怒明王、大明轮大忿怒明王、降三界大忿怒明王。十大明王的身形,也不尽相同,详见如下:

表4-1　《十忿怒明王经》与《大教王经》所载十大明王身形

经　名	名　号	身　　形
《十忿怒明王经》	焰鬘得迦忿怒大明王	光如劫火,身作大青云色。六面六臂六足身短腹大,作大忿怒相,利牙如金刚,面各三目,以八大龙王而为严饰,虎皮为衣髑髅为冠,乘于水牛足踏莲花,须赤黄色有大辩才,顶戴阿閦佛,自在而坐,大恶相顾视,正面笑容,右面黄色舌相出外,左面白色蹙唇,是妙吉祥菩萨化身。右第一手执剑,第二手执金刚杵,第三手执箭;左第一手执羂索复竖头指,第二手持《般若波罗蜜多经》,第三手执弓。
	无能胜大忿怒明王	三面各三目六臂,身黄色,日轮圆光,广大照耀自在而住,以八大龙王为装严。正面笑容,右面大青色微有忿怒相,左面白色蹙唇现大恶相。右第一手执金刚杵,第二手执宝杖,第三手执箭;左第一手执羂索复竖头指,第二手持《般若波罗蜜多经》,第三手执弓。如是观想而作成坏之相,顶戴阿閦佛。
	钵讷鬘得迦大忿怒明王	三面各三目八臂,正面笑容,右面大青色,舌相出外如金刚杵,左面黄色利牙蹙唇,虎皮为衣。右第一手执金刚杵,第二手执宝杖,第三手执迦那野,第四手执箭;左第一手执羂索竖头指,第二手持《般若波罗蜜多经》,第三手持莲花,第四手执弓。观想如成坏相,能变化无数佛,顶戴阿閦佛。

___

① [唐]善无畏译:《大毗卢遮那经广大仪轨》卷中,《大正新修大藏经》第十八册密教部一,第100页c栏。

（续表）

经　名	名　号	身　　形
《十忿怒明王经》	尾觐难得迦大忿怒明王	大青云色。三面六臂，面各三目，正面笑容，右面白色，左面黄色作忿怒相齘唇。右足踏诸魔，左足踏莲花。右第一手执利剑，第二手执钺斧，第三手执箭；左第一手执羂索竖头指，第二手持《般若波罗蜜多经》，第三手执弓。顶戴阿閦佛，具大神通。
	不动尊大忿怒明王	眇目童子相。六臂三面各三目，作童子装严。正面笑容，右面黄色舌相出外上有血色，左面白色忿怒相而作吽字声。身作翡翠色，足踏莲花及宝山，立作舞势能除一切魔，遍身炽焰日轮圆光。右第一手执剑，第二手执金刚杵，第三手执箭；左第一手执羂索竖头指，第二手持《般若波罗蜜多经》，第三手执弓。顶戴佛冠，是阿閦如来所化。
	吒枳大忿怒明王	三面各三目六臂，顶戴宝冠冠上有佛。明王垂发，正面笑容，右面黄色颦眉，左面白色忿怒相齘唇。身青云色日轮圆光。左右二手结于本印，右第二手执金刚杵，第三手执箭；左第二手持《般若波罗蜜多经》，第三手执弓。足踏莲花立如舞势。
	儞罗难拏大忿怒明王	三面各三目六臂，正面青色作笑容，左面黄色，右面白色齘唇。身青云色，以八大龙王为装严，发髻青润，顶戴于佛，足踏莲花立如舞势。右第一手执金刚杵，第二手执宝杖，第三手执箭；左第一手执羂索竖头指，第二手持《般若波罗蜜多经》，第三手执弓。日轮圆光，变化诸佛如云。
	大力忿怒明王	三面各三目八臂，身作青云色，以八大龙王而为装严，炽焰遍身发皆竖立，目作大赤色，顶戴阿閦佛。正面笑容，右面金色，左面白色齘唇，足踏莲花作大忿怒相，诸天怖畏驰散诸方，日轮圆光。右第一手执金刚杵，第二手执宝杖，第三手执剑，第四手执箭；左第一手执羂索竖头指，第二手持《般若波罗蜜多经》，第三手执骨朵，第四手执弓。变化诸佛如云。
	送婆大忿怒明王	身大青色。以左右二手结于本印，右第二手执剑，第三手执箭；左第二手持《般若波罗蜜多经》，第三手执弓。
	嚩日啰播多罗大忿怒明王	身白乳色。六臂，右第一手执金刚杵，第二执金刚钩，第三手执箭；左第一手执羂索竖头指，第二手持《般若波罗蜜多经》，第三手执弓。作调伏一切阿苏啰相。
《大教王经》	焰鬘得迦大忿怒明王	六臂三面，执本部器仗，现大恶可怖，利牙而忿怒，现大黑色相。
	无能胜大忿怒明王	大焰光三面，出现大笑相，有广大光明。
	马头大忿怒明王	三面，作极恶步势，身赤如劫火，常所出光明，现大可畏相。

（续表）

经　名	名　号	身　　形
《大教王经》	甘露军拏利大忿怒明王	身大炽盛光，及金刚火焰，现忿怒威光，作大可畏相。
	咤枳大忿怒明王	三面三目，具庄严四臂。
	大力大忿怒明王	三面，作怖三界相，调伏诸恶者，威光大忿怒。
	儞罗难拏大忿怒明王	三面，利牙而外出，身出炽盛光，作怖三界相。
	不动大忿怒明王	三面，现可爱善相，手持剑及索。
	大明轮大忿怒明王	金刚三面，出光明炽盛，一字大顶相，作普遍变化。
	降三界大忿怒明王	三面炽盛光，现广大怖相，最上智所持，禅定所出生，现最胜顶相，广大光明聚。

　　十大明王的身形各各有别，如：（1）身色有青云色、大青色、大青云色、黄色、白乳色不等。（2）面、目、手、足的数目，有六面六臂六足、三面各三目六臂、三面各三目八臂之不同。（3）手中持物有金刚钩、金刚杵、宝杖、剑、鉞斧、箭、弓、羂索、莲花、骨朵、迦那野、《般若波罗蜜多经》之区别。同时，十大明王身形也有共同之处，《十忿怒明王经》卷末记述："此十大忿怒明王，各有三面，面各三目……皆作大恶相，以虎皮为衣，髑髅为冠，发髻竖立作赤黄色，顶戴阿閦如来。"[1]对比第40窟的十大明王，多相吻合。饶有兴致的是，画师在描绘十大明王时，并没有严格遵守经轨，而是十分统一地生发了明王的六足，盖取材于焰鬘得迦忿怒大明王。

　　明王造像的出现，与佛经的传译密不可分。《大妙金刚大甘露军拏利焰鬘炽盛佛顶经》记载了八大明王：降三世金刚明王、六臂六头六足金刚明王、大笑金刚明王、大轮金刚明王、马头金刚明王、无能胜金刚明王、不动尊金刚明王、步掷金刚明王，分别是由金刚手菩萨、妙吉祥菩萨、虚空藏菩萨、慈氏尊菩萨、观自在菩萨、地藏菩萨、除盖障菩萨、

---

① ［宋］法贤译：《佛说幻化网大瑜伽教十忿怒明王大明观想仪轨经》，《大正新修大藏经》第十八册密教部一，第587页b栏。

普贤菩萨化现而来。该经是由唐代高僧达磨栖那所译,自此之后八大明王造像陆续出现。如,法门寺地宫、莫高窟天王堂、云南剑川石钟山石窟第6窟、大足宝顶山小佛湾9号毗卢庵的八大明王像。《十忿怒明王经》和《大教王经》分别是宋代印度来华高僧法贤和施护所译,这两部经译出后,催生了十大明王造像。如,大足宝顶大佛湾第22龛以及本文所论之柏孜克里克第40窟的十大明王像。

此外,柏孜克里克第40窟的十大明王像还具有断代意义。法贤原名天息灾,改名是在雍熙四年(987),则十大明王像的产生必在是年之后。又第40窟出现回鹘供养人像,则石窟壁画的绘制年代应该在10世纪末之后的高昌回鹘时期。

第二节　山林禅定与月轮观想

第40窟的如意轮观音经变,令人瞩目的是行者在山林中禅定之像,这些行者均结跏趺坐于一个拱形的山洞内,有僧人装束的(图4-7),也有世俗人装束的,由于壁画脱落太甚,仅残存9身。该经变中另一个令人瞩目的地方是如意轮观音头顶的大圆轮,细观圆轮内并未有佛像和其他图案,我们认为此大圆轮是行者观想时的心月轮。禅定的行者是如意轮观音修行的主体,心月轮是修行的法门。

一、如意轮陀罗尼与山林禅定

如意轮陀罗尼共有四个译本。一为实叉难陀的《观世音菩萨秘密藏如意轮陀罗尼神咒经》,唐天后久视元年译;二为宝思惟的《观世音菩萨如意摩尼陀罗尼经》,中宗神龙二年译;三为义净的《佛说观自在菩萨如意心陀罗尼咒经》,天后代译;四为唐菩提流志的《如意轮陀罗尼经》。以上四译为同本异译,义净的译本由于文辞流畅简约,最为流行,菩提流志的译本最为详细。此外,关涉如意轮陀罗尼的译经尚有唐不空的《七星如意轮秘密要经》《观自在菩萨如意轮念诵仪轨》《观自在菩萨如意轮瑜伽》,唐宝思惟的《观世音菩萨如意摩尼轮陀罗尼念诵法》,唐金刚智的《观自在如意轮菩萨瑜伽法要》等。北宋仁岳、清续法对此陀罗尼作有《课法》和《略疏》。

如意轮陀罗尼位列"十小咒"第一,为僧人日常课诵之必须。义净译如意轮陀罗尼为梵汉杂译,由长咒、中咒、短咒组成。诵持此咒能令众生求愿满足,获大果报。具体来

图4-7　柏孜克里克第40窟行者在山林中禅定像^①

---

① 　山部能宜先生据可见光拍摄和红外线拍摄合成,吐鲁番学研究院拥有使用权。

· 140 ·

讲，有以下诸种利益：

> 是故先当除诸罪障，次能成就一切事业，亦能销除受无间狱五逆重罪，亦能殄灭一切病苦皆得除差，一切重业悉能破坏。诸有热病或昼或夜，或一日疟乃至四日疟，风黄痰癊三集婴缠，如是病等诵咒便差。若有他人厌魅蛊毒，悉皆销灭无复遗余。假使一切痛瘿恶疮，疥癞疽癣周遍其身，并及眼耳鼻舌唇口牙齿咽喉顶脑胸胁心腹腰背脚手头面等痛，支节烦疼半身不随，腹胀块满饮食不销，从头至足但是疾苦无不瘥除。若有药叉罗刹，毗那夜迦恶魔鬼神，诸行恶者皆不得便。亦无刀杖兵箭，水火恶毒恶风雨雹，怨贼劫盗能及其身，亦无王贼无有横死来相侵害。诸恶梦想蚖蛇蝮蝎，守宫百足及以蜘蛛，诸恶毒兽虎狼师子悉不能害。兵戈战阵皆得胜利。若有诤讼亦得和解。若诵一遍，如上诸事悉皆遂意；若日日诵一百八遍，即见观自在菩萨……阿弥陀佛自现其身，亦见极乐世界种种庄严如经广说，并见极乐世界诸菩萨众，亦见十方一切诸佛，亦见观自在菩萨所居之处补怛罗山，即得自身清净。常为诸王公卿宰辅恭敬供养众人，爱敬所生之处不入母胎，莲华化生诸相具足。在所生处常得宿命，始从今日乃至成佛，不堕恶道常生佛前。①

概而言之，诵持如意轮陀罗尼可获得世间和出世间两种利益。在实叉难陀、宝思惟、菩提流志的译本中，对诵持如意轮陀罗尼所获利益述说更详，兹不赘述。

念诵如意轮陀罗尼需要特定的法式与仪轨。菩提流志译《如意轮陀罗尼经》中即有专门的一品述及该陀罗尼的念诵法：

> 当一切处若食不食若净不净，一心观想圣观自在相好圆满，如日初出光明晃曜。诵斯陀罗尼无有妄念，常持不间一无过犯，则得圣观自在现金色身。除诸垢障神力加被，心所求愿皆乞满足。②

在这里，行者念诵陀罗尼必须与观想观音相结合，观想的"门槛"比较低，可以在任何

---

①　[唐]义净译：《佛说观自在菩萨如意心陀罗尼咒经》，《大正新修大藏经》第二十册密教部三，第197页a栏。
②　[唐]菩提流志译：《如意轮陀罗尼经》，《大正新修大藏经》第二十册密教部三，第190页a栏。

地方，"若食不食若净不净"均可。宝思惟译《观世音菩萨如意摩尼轮陀罗尼念诵法》亦称：

> 凡诵此咒，不简在家出家饮酒食肉有妻子，但诵此咒必能成就。诵此咒人不须作法，不求宿日，不求持斋，不须洗浴，不须别衣，但读诵皆悉成就。[①]

此种念诵陀罗尼的宽松条件，在不空译《观自在菩萨如意轮念诵仪轨》中发生了很大变化：

> 说修陀罗尼法门，求速出离生死大海，疾证无上菩提者，应须先入诸佛如来海会灌顶道场。受灌顶已，发欢喜心，从师亲受念诵法则。后于净室，山林流水最为上胜，建立道场安置本尊。修真言者面向东方，应以瞿摩夷涂拭其地，以白檀香磨为香泥，以用涂坛。或方或圆随意大小，而于坛上散诸名花，烧香灯明供养。取二净器盛满香水，安置坛中以用供养。行者澡浴或不澡浴悉无障碍，但当运心思惟观察。[②]

欲修陀罗尼法门，必须在清静之地设立道场，此清静之地最好是山林流水之处，这也是柏孜克里克第40窟行者选择在山林禅定观想的原因。

念诵如意轮陀罗尼时，需要配合各种结印。菩提流志译《如意轮陀罗尼经》述说了大莲花三昧耶印、解脱印、触护身印、漱口印、浴三宝印、圣观自在浴印、自灌顶印、着衣印、禁顶印、护身印、大护身印、被甲印、结坛界印、请召印、迎印、香水印、华座印、请坐印、除障印、供养印、求生印、根本印、大心印、数珠印、解界印，计二十五种法印。不空译《观自在菩萨如意轮念诵仪轨》述说了佛部三昧耶陀罗尼印、莲花部三昧耶印、金刚部三昧耶印、护身被金刚甲胄印、地界金刚橛印、方隅金刚墙印、大虚空藏普通供养印、宝车辂印、请车辂印、请本尊三昧耶降至于道场印、莲花部明王马头观自在菩萨真言印、上方金刚网印、金刚火院密缝印、献阏伽香水真言印、献莲花座印、普供养印、如意轮根本印、

---

① ［唐］宝思惟译：《观世音菩萨如意摩尼轮陀罗尼念诵法》，《大正新修大藏经》第二十册密教部三，第202页b栏。

② ［唐］不空译：《观自在菩萨如意轮念诵仪轨》，《大正新修大藏经》第二十册密教部三，第203页c栏。

如意轮心印、心中心印，计十九种法印。宝思惟译《观世音菩萨如意摩尼轮陀罗尼念诵法》述说了根本印、马头观音护身结界印、马头大法身印、马头法身印、结界马头观音印、毗俱胝印，计六种法印。结印念诵如意轮陀罗尼，需要配合观想方能圆满。仅举一例，在《观世音菩萨如意摩尼轮陀罗尼念诵法》中，有一种"护身之法"，即避除一切诸魔，不得近身。欲行此种"护身之法"，可以结根本印、马头观音护身结界印、马头大法身印、马头法身印和结界马头观音印，也可以结毗俱胝印，念诵陀罗尼。念诵之时，当忆圣如意轮菩萨形相永作依怙，同时，需要作画像：

> 若有众生诵此咒，应画像。其彩色中辄不得着胶，唯用熏陆香汁为胶。画像人受八斋戒。其菩萨形相造思惟之形，有六臂。其左上作金轮之手，中手执莲花，下手按山，右手作思惟相，中手执如意珠，下手执念珠。以右足、以三十二叶莲花为坐。顶上有化佛。相好圆满而乘月轮，威光照耀如月中光。又右边画马头忿怒大明王像，威光炽然相好圆满，以上牙垂下。如上画像随意大小。[①]

所作画像为如意轮观音和马头忿怒明王像，虽未明言作画目的，我们认为应是为了观想方便。尤其值得注意的是，如意轮观音"相好圆满而乘月轮"，这里的月轮是行者心中月轮的表象。

二、月　轮　观　想

月轮观，又称净菩提心观，是密教修行的基础法门。唐代印度高僧善无畏（637—735）始阐此观，《无畏三藏禅要》记载：

> 行者应当安心静住，莫缘一切诸境。假想一圆明犹如净月，去身四尺，当前对面不高不下，量同一肘圆满具足，其色明朗内外光洁，世无方比。初虽不见，久久精研，寻当彻见已。即更观察渐引令广，或四尺，如是倍增，乃至满三千大千世界，极令分明。将欲出观，如是渐略还同本相。初观之时如似于月，遍周之后无复方圆。

---

① ［唐］宝思惟译：《观世音菩萨如意摩尼轮陀罗尼念诵法》，《大正新修大藏经》第二十册密教部三，第203页a栏。

作是观已，即便证得解脱一切盖障三昧，得此三昧者，名为地前三贤。依此渐进遍周法界者，如经所说名为初地……依此修习，乃至成佛，唯是一道，更无别理。①

无畏描述了月轮观的具体观想步骤及所能达到的成就。首先，行者需安心静坐，想象离自己四尺左右远的对面，有一轮明月，明朗光洁。其次，观想月轮渐渐扩大，从直径四尺大小，渐渐扩大三千大千世界。最后，出观时观想月轮渐渐缩小如初，收归自心。依此观想，便能见道明心，进入初地菩萨位，若常此修习，终至成佛。

继无畏之后，另一印度高僧般若（734—？）译《大乘本生心地观经》也专门记述了月轮观的修持方法：

> 凡夫所观菩提心相，犹如清净圆满月轮，于胸臆上明朗而住。若欲速得不退转者，在阿兰若及空寂室，端身正念结前如来金刚缚印，冥目观察臆中明月，作是思惟：是满月轮五十由旬无垢明净，内外澄澈最极清凉，月即是心，心即是月。尘翳无染妄想不生，能令众生身心清净，大菩提心坚固不退。②

该经提出"月即是心，心即是月"的观点，同时提出修月轮观可以使众生身心清静，最终得悟大菩提心。此种观点，在般若译《诸佛境界摄真实经》亦有详细论述，兹不赘述。

一切众生皆有菩提心，只是被尘世所遮蔽，若欲去除尘世的沾染，获得菩提心，就需要观想月轮。当然，菩提心本无色相，月轮之喻，只是使众生悟入菩提心的一种方便。初发心之人若无法于心中作观，可绘直径一尺六寸大的月轮，行者面对此月轮，观想己心亦如月轮。

月轮观作为密宗修观的基础，许多重要的修持法门，大都从观月轮入境，或者将月轮观作为重要的观法，如意轮观音瑜伽修持亦不例外。如意轮观音瑜伽凡有二译，一为不空的《观自在菩萨如意轮念诵仪轨》，二为金刚智的《观自在如意轮菩萨瑜伽法要》，内容大体相同，译自同一梵本。该瑜伽修持，先述说行者修持所具备的条件，次说修持次第。具体而言，首先，行者选择修法场所，即山间及流水清静之阿兰若，面向西礼敬本尊如意轮观音和诸佛，尽心忏悔。其次，口诵密言，结相应的法印，同时作相应的观想。

---

① 《无畏三藏禅要》，《大正新修大藏经》第十八册密教部一，第945页b栏。
② ［唐］般若译：《大乘本生心地观经》卷八，《大正新修大藏经》第三册本缘部上，第328页c栏。

其观想方法有二，一为月轮观，二为轮字观。现举一偈略释：

> 次想尊口中，流出秘密言。分明成字道，五色光照耀。间错殊胜色，入于谕岐口。列心月轮中，莹如红颇梨。一一谛思惟，顺理随觉悟。住定而修习，入于阿字门。即入轮字观，皆遍观诸字……若如是修习，现世证初地。过此十六生，成无上菩提。①

上偈所述观想，分为两个步骤。（1）先观想从本尊即如意轮观音口中生出密言，此密言为如意轮陀罗尼小咒，然后想象密言诸字幻化为可以放射五色光芒的字道，进入行者口内，直至入心，列于心月轮中，并逐字思维觉悟。（2）观想阿字，再由阿字生出其他诸字，并一一观想。

回过头来，我们再看柏孜克里克第40窟如意轮观音经变中的山林禅定和月轮，表现的就是行者于清静之山林内口念如意轮陀罗尼，通过月轮观想和轮字观想证入初地菩萨，乃至成佛的一个过程。

第三节　绘画题材、风格及其与周边地区的关系

一、与敦煌和中原的关系

如意轮观音经变最多、最集中的地方是敦煌，其次是四川和重庆。据樊锦诗和彭金章二位先生的研究可知："敦煌石窟现存如意轮观音经变80幅，其中有壁画72幅，藏经洞所出绢、纸画8幅，其时代分别属于盛唐1幅、中唐12幅、晚唐19幅、五代32幅、宋代13幅、西夏3幅。"②其眷属有日光菩萨、月光菩萨、虚空藏菩萨、金刚花菩萨、金刚藏菩萨、月藏菩萨、大清莲花香菩萨、大宝旃檀香菩萨、大清净雨王菩萨、大花树菩萨、大持菩萨、火

---

① ［唐］不空译：《观自在菩萨如意轮念诵仪轨》，《大正新修大藏经》第二十册密教部三，第210页c栏、第211页a栏。
② 樊锦诗、彭金章：《敦煌石窟如意轮观音经变研究》，载古正美主编：《唐代佛教与佛教艺术》，觉风佛教艺术文化基金会，2006年，第132页。

光菩萨、星光菩萨、常供养菩萨、婆娑仙、功德天、龙王、金刚面天、地神、水天神、风天神、紫贤金刚、定厄金刚、赤星金刚、火头金刚、毗那夜迦、飞天、童子等[1]。此外,如意轮观音经变多与不空羂索观音经变对称出现[2]。四川和重庆有6幅如意轮观音经变,有眷属者2幅,其中1幅眷属多达43身(大足北山149号),眷属有观音、白衣观音和诸天神等[3]。

　　相比敦煌和四川、重庆的如意轮观音经变,柏孜克里克第40窟的经变画,其题材更接近于敦煌。如敦煌石窟中如意轮观音下方两侧常常绘制婆娑仙和功德天(或大辩才天女),此二眷属被柏孜克里克第40窟所继承,绘画风格也非常接近。与此同时,第40窟的如意轮观音经变也出现了敦煌石窟中没有的新的绘画题材,如释迦牟尼佛和阿弥陀佛、十大明王等。这些新的绘画题材的注入,首先与宋代的佛经翻译是分不开的。吾人固知,唐代国力强盛,佛教文化交流频繁,大批印度高僧来华,中土僧人也纷纷前往印度取经,在此基础上,朝廷设立专门的译场翻译了大量的佛经。后来,由于唐武宗灭佛,加上国力的衰弱,佛经翻译中断。直到北宋太平兴国五年(980),朝廷专门设立译经院,恢复了佛经翻译事业。新的佛经被陆续翻译,为佛教造像注入了活力,十大明王造像就是典型的例证。十大明王及其具体名号,出现在北宋印度来华高僧法贤翻译的《十忿怒明王经》和施护翻译的《大教王经》,随后就出现了大足宝顶大佛湾第22龛和本文所讨论的柏孜克里克第40窟的十大明王造像。

　　新的绘画题材的出现,亦与宋代佛教实践和佛经注疏密不可分。如意轮观音经变中出现释迦牟尼佛和阿弥陀佛的组合像,仅见于柏孜克里克第40窟,其突兀的显现,并非高昌回鹘当地画师的心血来潮之作。北宋天台僧仁岳所著《观自在菩萨如意轮咒课法》是对《如意轮陀罗尼经》的阐释,该《课法》记载:

> 应知诵咒之前,须于静室摄心观想,次入道场作礼供养。所说(设)形像正须西向,亦不作坛当敷床座。以为三级,上级置于法宝即是所持陀罗尼,经左安释迦像,右安弥陀像,中级唯安观自在像。左右或华或灯,下级唯列供具而已。[4]

---

① 樊锦诗、彭金章:《敦煌石窟如意轮观音经变研究》,第136页。
② 樊锦诗、彭金章:《敦煌石窟如意轮观音经变研究》,第137页。
③ 樊锦诗、彭金章:《敦煌石窟如意轮观音经变研究》,第136页。
④ [宋]仁岳:《观自在菩萨如意轮咒课法》,《乾隆大藏经》第一三五册,中国书店出版社,2007年,第720页a栏。

念诵如意轮陀罗尼咒之前先在净室摄心观想，再设道场礼拜供养。道场分上中下三级，其中上级安置陀罗尼经，左右设释迦像和弥陀像。由此可见，柏孜克里克第40窟如意轮观音上方的释迦牟尼佛和阿弥陀佛组合像，是有其渊源的。《课法》又载：

> 流志所译广明坛法分为二院。内院当中心画如意轮观自在，东面画圆满意愿明王，北面画大势至等；外院东面画天帝释，左右画诸天众等。今不依之，而于道场但安法宝并释迦弥陀观音之像……盖诸佛所师所谓法也，故置之上级释迦为娑婆之主，弥陀为观音之师。故左右焉菩萨居次级之中，亦不失其正也。[①]

由此可见，如意轮观音道场设置释迦像和弥陀像，与经文所载坛法不合，是中土僧人的创新。这种新创的题材是如何传入高昌回鹘呢？当然有许多途径，如中土僧人来到高昌回鹘，进而传授道场设置法则，抑或是高昌回鹘僧人游历中土，学习了此道场坛法，回去后传习之。不管是哪种途径，均反映了宋代中原与吐鲁番的佛教文化交流之事实。

二、与龟兹的关系

柏孜克里克第40窟如意轮观音经变的绘画风格是多元化的，既有敦煌汉传佛教画风，又有龟兹画风。前者表现在如意轮观音及其眷属的绘制上，一望即知，可熟视而无睹也；后者表现得突兀别致、细巧精心，令人瞩目。山林禅定图中，描绘了许多动物形象，如猕猴、梅花鹿以及熊等。这些动物往往被安放在菱形的方格内（图4-8），显然是受到龟兹菱格画的影响。此外，山林禅定图中山峦的画法和树木的表现手法也与龟兹壁画相同，树木如同没有打开的伞的形状，表意大于写实，起到点缀画面的效果。

山林禅定图中的一些动物，如猴子还被描绘成举起石头准备往下砸（下方有禅定佛）的模样。这让我们想起"水牛王本生"的故事，西晋竺法护译《佛说水牛经》记载：

> 一时，佛游舍卫祇树给孤独园，与大比丘众千二百五十人俱。尔时，佛告诸比丘："乃昔去世有异旷野闲居，彼时，有水牛王顿止其中，游行食草而饮泉水。时，水

---

① ［宋］仁岳：《观自在菩萨如意轮咒课法》，《乾隆大藏经》第一三五册，第727页a栏。

图4-8　柏孜克里克第40窟菱形方格内擎石的猕猴^①

---

① 笔者拍摄。

牛王与众眷属有所至凑，独在其前，颜貌姝好威神巍巍，名德超异，忍辱和雅，行止安详。有一猕猴，住在道边，彼见水牛之王与眷属俱，心生忿怒，兴于嫉妒，便即扬尘瓦石，以坌掷之，轻慢毁辱。水牛默然，受之不报。"[1]

此处的水牛王是为释迦牟尼的前生，猕猴因见水牛王与眷属和睦相处在一起，心生嫉妒，谩骂毁辱，并用瓦石投掷水牛王，水牛王则默然受之。但山林禅定图中的画面显然不是"水牛王本生"，理由如下：（1）举起石头的猴子与禅定佛不属于同一绘画层面，禅定佛在如意轮观音上方两侧，左右各 10 身，表现的是十方佛。（2）山林禅定图中没有水牛，若是表现"水牛王本生"，禅定佛应该被描绘成水牛王。

　　山林禅定图中，画师巧妙地利用了猴子和禅定佛这两个绘画元素，意在表现猴子的不良习性，如"水牛王本生"中猴子的易怒和嫉妒心理。事实上，在佛教经典里，猴子常常作为"反面教材"的譬喻故事而出现，如《中阿含经》记载：

　　　　一时，佛游王舍城，在竹林迦兰哆园。尔时，瞿尼师比丘亦游王舍城，在无事室，调笑、憍慠、躁扰、喜忘，心如猕猴。[2]

在这里，猕猴被形容成为爱讥笑他人、心性骄傲、性格狂躁、丢三落四的代表者，来譬喻瞿尼师比丘。那么，在山林禅定图中猴子的作用又是什么呢？又，山林禅定图中不仅有举起石头欲砸佛的猴子，有的猴子甚至被描绘成在山洞中坐禅的模样，这又是譬喻什么呢？

　　我们注意到克孜尔石窟的本生和因缘故事画中，猴子是常见的题材，且常常与禅定比丘一起出现。如克孜尔第34窟主室券顶西侧壁、第224窟主室券顶东侧壁的六种众生譬喻图，其中的六种众生是指狗、鸟、蛇、野干、失收摩罗、猕猴，佛经中以六种众生譬喻人的六根，要求修行者要收摄六根，精勤修习。克孜尔第77窟有两幅禅观图，画面中有蛇、鸟、猴子和禅定的比丘，这些动物均是比丘禅观的对象，尤其是猴子表现得比较突出，有山中奔走并回头观望的，亦有凝心坐禅的。于此，李静杰先生认为："猕猴习性活

---

① ［西晋］竺法护译：《生经》卷四《佛说水牛经第三十》，《大正新修大藏经》第三册本缘部上，第93页 c 栏。

② ［东晋］瞿昙僧伽提婆译：《中阿含经》卷六《舍梨子相应品瞿尼师经第六》，《大正新修大藏经》第一册阿含部一，第454页 c 栏。

跃、放荡不羁,因而被选择为修行者慑服心性的代表。猕猴从奔走到坐禅,正是修行者收敛六根,深入禅定的写照。"①李氏所论甚当,正如《增壹阿含经》卷四《一子品第九》记载:

> 尔时,世尊告诸比丘:"我不见一法疾于心者,无譬可喻。犹如猕猴舍一取一,心不专定。心亦如是,前想、后想所不同者,以方便法不可摸则(测),心回转疾。是故,诸比丘,凡夫之人不能观察心意。是故,诸比丘常当降伏心意,令趣善道,亦当作是学。"②

《菩提资粮论》卷五亦载:

> 于中修定比丘,心思惟时专意莫乱,若心离境即应觉知,乃至不令离境远去,还摄其心安住境中。如绳系猿猴系着于柱,唯得绕柱不能余去。如是应以念绳系心猿猴,系着境柱,唯得数数绕于境柱,不能余去。③

此种以猴子为喻戒的禅观修习之法,佛经及注疏记载不绝于缕。禅宗兴起后,高僧大德的著作和禅师语录中也常把心不专定的猴子作为喻戒的对象。

综上所记,柏孜克里克第40窟禅定图中举起石头砸佛的猴子、山洞内坐禅的猴子,均是修行者禅观的对象。修行者通过观想,降服像猴子一样骄慢、自大、嫉妒和不专定的自心,最终达到禅定的境界。

本 章 小 结

柏孜克里克第40窟右侧壁的如意轮观音经变,主要是根据如意轮观音诸经绘制而

---

① 李静杰:《龟兹石窟壁画精进力比丘本生与六种众生譬喻图像内涵分析》,载新疆龟兹研究院编:《龟兹石窟保护与研究国际学术研讨会论文集》,科学出版社,2015年,第210—211页。

② 〔东晋〕瞿昙僧伽提婆译:《增壹阿含经》卷四《一子品第九》,《大正新修大藏经》第二册阿含部二,第562页c栏。

③ 〔隋〕达磨笈多译:《菩提资粮论》卷五,《大正新修大藏经》第三十二册论集部全,第534页b栏。

成，同时融入千手千眼观音经变中的传统题材十方佛、婆娑仙与功德天，又增添了若干新的题材。通过对这些内容的分析研究，得出如下结论：

第一，较之敦煌石窟的如意轮观音经变，第40窟的经变画内容更加丰富，有许多题材是敦煌所未有，如十大明王、释迦与弥陀组合像等。这些新增的题材彰显了宋代中原与高昌回鹘的佛教文化交流之密切，中原的佛经翻译和佛教实践为高昌回鹘佛教的发展提供了源源不断的新鲜血液，是高昌回鹘佛教繁盛的源泉。

第二，从绘画风格来看，该经变融合了中原画风和龟兹画风，特别是龟兹菱格画的引入，是此前吐鲁番壁画所未见的新例，体现了高昌回鹘时期佛教艺术的多元化。

第三，从宗教修习角度来看，该经变中山林禅定和月轮像，体现了修行者通过观想猴子等动物来收摄心猿，心专则可念诵如意轮陀罗尼咒，以心月轮观想入手，观想本尊如意轮观音及诸像，从而生发菩提心，证入初地菩萨终至成佛的美好愿望。

第五章　威德神力：观音与佛说
大乘庄严宝王经变

　　柏孜克里克石窟第17窟的形制为长方形纵券顶窟,正壁塑像已毁,前壁有供养人图像,左右两侧壁各残存三身塑像的身光与台座,塑像之间有十方佛等内容的壁画。券顶部分绘制有26幅壁画,靠里侧(即靠近正壁)两幅为观无量寿经变和法华经变,其余24幅壁画,学界尚未释读,据我们初步考证,大部分是依据《佛说大乘庄严宝王经》(以下简称《宝王经》)而绘制的。

第一节　图像内容考析

一、右券顶壁画

　　右券顶共绘13幅壁画,分布位置如下:

上排	1 (a1)	2 (a2)	3 (a3)	4 (a4)	5 (a5)	6 (a6)	13
下排	7 (a7)	8 (a8)	9 (a9)	10 (a10)	11 (a11)	12 (a12)	

图5-1　柏孜克里克第17窟右券顶壁画分布示意[①]

　　画面1,壁画已全部脱落。

[①]　壁画顺序为自外向里,a1—a12为格伦威德尔编号。参见(德)格伦威德尔著,赵崇民、巫新华译:《新疆古佛寺:1905—1907年考察成果》,第451—454页。

画面2，左侧残存少许壁画，可以辨识的有主尊佛的身光与头光，以及左下角的菩萨，菩萨上方有一穿绿色交领窄袖长袍的世俗人物。由于画面残失部分较多，与佛经对应关系不可考。

画面3（图5-2），主尊佛右上方有汉文榜题，内容为：

1. ▢▢▢▢▢除盖障菩萨▢▢舍浮佛观自在
2. ▢▢▢国十二年▢降▢▢中饮食粟豆
3. ▢▢▢▢▢▢▢▢▢▢▢▢▢▢▢▢

《宝王经》卷二载佛告诉除盖障菩萨：

于是式弃佛后有佛出世，号尾舍浮如来、应供、正遍知、明行足、善逝、世间解、无上士、调御丈夫、天人师、佛、世尊。除盖障，我于是时，为忍辱仙人住处深山，其间碛确嵚崟无人能到，久住其中。是时，我于彼如来处，闻是观自在菩萨摩诃萨威神功德。①

释迦牟尼佛告诉除盖障菩萨，他于过去世时为忍辱仙人，在尾舍浮如来处听闻观自在菩萨的诸种威神功德。结合榜题，我们初步推测，此幅画可能是依据《宝王经》而绘制的。主尊佛为释迦牟尼佛，端坐于高高的莲花台座上，俯视左下方的除盖障菩萨，向其讲述观自在菩萨的威神功德。画面的左上方有一座山，山里有一隐士，山前方有一佛，佛与隐士之间有一朵盛放的莲花，其上坐着一化生童子。此幅画面可能表现的是释迦牟尼为忍辱仙人时，在尾舍浮如来处听闻观自在菩萨的威神功德。如此，则隐士为忍辱仙人，佛为尾舍浮如来，而化生童子与经文对应关系，尚不明了。

图5-2的右侧画面下方，描绘了自一团彩云之上降落的无数雨滴，彩云之下有颗粒状物体堆积成的圆锥状小山，此外还有高高院墙围起来的一座城池，城内隐约可见一个戴圆帽的人，若有所思地向前观望。左侧画面下方（除盖障菩萨之上）有四身世俗人物，指指点点，似在讨论什么。《宝王经》卷二载：

———————————

① ［宋］天息灾译：《佛说大乘庄严宝王经》卷二，《大正新修大藏经》第二十册密教部三，第51页b栏。

图5-2　柏孜克里克第17窟宝王经变之一[①]

　　（观自在菩萨）出波罗奈大城而往摩伽陀国。时彼国中值天亢旱满二十岁，见彼众人及诸有情，饥馑苦恼之所逼切，悉皆互相食噉身肉。是时观自在菩萨心怀思惟，以何方便救此有情。时观自在菩萨种种降雨，先降雨泽苏息枯润，然后复雨种种之器，各各满中而盛味中上味饮食，时彼众人皆得如是饮食饱满，是时又雨资粮粟豆等物。于是彼诸人等，所须之物随意满足。时摩伽陀国一切人民，心怀惊愕怪未曾有，时众于是集在一处。既俱集已各作是言："于今云何天之威力致如是耶？"于彼众中而有一人耆年老大，其身伛偻而策其杖。此人寿命无数百千，告众人言："此非是天之威力，今此所现，定是观自在菩萨威德神力之所变现。"①

　　以上画面与经文正相吻合，表现了观自在菩萨在摩伽陀国救施该国城民的场景。彩云之上降落的无数雨滴描绘了"观自在菩萨种种降雨"；颗粒状物体堆积成的圆锥状小山描绘了观自在菩萨"雨资粮粟豆等物"；作讨论状的四身人物，可能表现的是众人集会议论缘何久旱之时，突然降雨、饮食与粟豆的场景。唯榜题中的"十二年"与经文中的"二十岁"不符，可能为手书之误。

　　画面4，由于榜题残缺太甚，不可辨识，对应经文暂不可考。

　　画面5（图5-3），右侧残存五身神祇，虽壁画刮削脱落严重，但残留的榜题"辩才天""风天""水天"却向我们透露了宝贵的信息。《宝王经》卷一记载，除盖障菩萨问释迦牟尼佛观自在菩萨有何威神功德：

　　　　世尊告言："观自在菩萨，于其眼中而出日月，额中出大自在天，肩出梵王天，心出那罗延天，牙出大辩才天，口出风天，脐出地天，腹出水天。"②

德国柏林亚洲艺术博物馆所藏的一块出自该窟编号为III415的壁画榜题与上引经文相符：

　　1. 尔 时佛请除盖障菩萨观自在菩萨之云何有

---

　　① ［宋］天息灾译：《佛说大乘庄严宝王经》卷二，《大正新修大藏经》第二十册密教部三，第55页a、b栏。
　　② ［宋］天息灾译：《佛说大乘庄严宝王经》卷一，《大正新修大藏经》第二十册密教部三，第49页c栏。

图5-3 柏孜克里克第17窟宝王经变之二 [1]

① 笔者拍摄。

2.□神力我昔居士从毗婆尸□闻说观自在菩萨

3.□□额肩心出日月天子自在梵天那罗延说讫

由此,我们可以推测,图5-3主尊佛右上方所缺的榜题正是柏林亚洲艺术博物馆所藏的上述榜题,结合壁画上残留的"辩才天""风天""水天"榜题,基本上可以判断,图5-3画面是依据《宝王经》卷一绘制的。主尊佛为释迦牟尼佛,左下方的菩萨为除盖障菩萨,菩萨上方六身神祇与世俗人物,与经文对应关系暂不可考。

画面6,与经文对应关系,暂不可考。

画面7,壁画全部脱落。

画面8,与经文对应关系,暂不可考。

画面9,与经文对应关系,暂不可考。

画面10(图5-4),残存榜题一行,内容为:

□自在菩萨□□□有如是福□□□□□

《宝王经》卷一载宝手菩萨问:"世尊,观自在位居菩萨,云何而有如是福德耶?"[1]此可与榜题大致相对应。由此,我们可以确定画面中央主尊为释迦牟尼佛,左下为宝手菩萨。主尊佛左上、左中、右上、右中、右下共有七身神祇,每位神祇均作说法状,他们旁边有一二身不等且形体较小的世俗人,这些世俗人均双膝跪地、双手合十,虔诚地作听法状。《宝王经》卷一载:

> 是时,宝手菩萨白世尊言:"此观自在而于何时,救度一切有情,皆得解脱坚固愿满?"世尊告言:"有情无数,常受生死轮回无有休息。是观自在为欲救度如是有情,证菩提道随有情类现身说法。应以佛身得度者,即现佛身而为说法;应以菩萨身得度者,即现菩萨身而为说法;应以缘觉身得度者,即现缘觉身而为说法;应以声闻身得度者,即现声闻身而为说法;应以大自在天身得度者,即现大自在天身而为说法;应以那罗延身得度者,即现那罗延身而为说法;应以梵王身得度者,即现

---

① ［宋］天息灾译:《佛说大乘庄严宝王经》卷一,《大正新修大藏经》第二十册密教部三,第50页c栏。

图5-4　柏孜克里克第17窟宝王经变之三[①]

————————

① 笔者拍摄。

梵王身而为说法；应以帝释身得度者，即现帝释身而为说法……”①

观自在菩萨随有情类现身说法，“现身”即化现诸身，如化现为佛身、菩萨身、缘觉身、声闻身、大自在天神、那罗延身、梵王身等。画面择取七身神祇，来为诸有情说法，由于画面残破，只能看出右上的佛身，其余六身是否为经文所述的第二至七身，暂且存疑。此外，画面最上方的十方佛，与经文不相符合。

画面11，与经文对应关系，暂不可考。

画面12，与经文对应关系，暂不可考。

画面13，观无量寿经变。

二、左券顶壁画

左券顶共有13幅壁画，分布位置如下（图5-5）：

上排	1（A1）	2（A2）	3（A3）	4（A4）	5（A5）	6（A6）	13
下排	7（A7）	8（A8）	9（A9）	10（A10）	11（A11）	12（A12）	

图5-5　柏孜克里克第17窟左券顶壁画分布示意②

画面1，壁画已全部脱落。

画面2，残存右侧三分之一，与经文对应关系，暂不可考。

画面3，主尊佛右上方残存榜题3行，漫漶不清，可辨识的唯有第1行的“障菩萨□虚空藏”六字，由《宝王经》推知：“障菩萨”前面的脱文为“除盖”二字，“虚空藏”后面的脱文为“菩萨”二字。根据榜题，初步推测描绘的是《宝王经》中除盖障菩萨与虚空藏菩萨发问，释迦牟尼佛解疑的场景。与经文对应关系，因画面过于残破，暂不可识。

画面4（图5-6），主尊佛右上方残存榜题三行：

---

① ［宋］天息灾译：《佛说大乘庄严宝王经》卷一，《大正新修大藏经》第二十册密教部三，第50页c栏，51页a栏。

② 壁画顺序为自外向里，A1—12为格伦威德尔编号。参见［德］格伦威德尔著，赵崇民、巫新华译：《新疆古佛寺：1905—1907年考察成果》，第454—457页。

1. ＿＿＿□□□佛请宝手菩萨观自
2. ＿＿＿业佛说四州□□□□□
3. ＿＿＿无量功德讫□说此是耳

此榜题可与《宝王经》卷一之如下经文相对应：

> 尔时，宝手菩萨白言："世尊，我今有疑，欲问如来，愿为宣说，观自在菩萨有何福德而能现是神力。"佛言："如殑伽河沙数如来、应正等觉，以天妙衣及以袈裟、饮食汤药坐卧具等，供养如是诸佛所获福德，与观自在菩萨一毛端福其量无异。善男子，又如四大洲，于其一年十二月中，于昼夜分恒降大雨，我能数其一一滴数；善男子，观自在菩萨所有福德，而我不能说尽数量。善男子，又如大海，深广八万四千逾缮那，如是四大海水，我能数其一一滴数；善男子，观自在菩萨所有福德，而我不能说尽数量。善男子，又如四大洲所有四足有情，师子、象、马、虎、狼、熊、鹿、牛、羊，如是一切四足之类，我悉能数一一身中所有毛数；善男子，观自在菩萨所有福德，而我不能说尽数量。"①

壁画中的主尊佛为释迦牟尼佛，身躯朝右，俯视右下方站立的宝手菩萨，向其宣说观自在菩萨的诸种威德。主尊佛的左侧上方描绘了观自在菩萨(残留菩萨的莲花宝座)，莲花座下是一座须弥山，山的周围有四块地，代表四大洲，其下有一团乌云，降下无数雨滴。这与上引《宝王经》中"善男子，又如四大洲，于其一年十二月中，于昼夜分恒降大雨，我能数其一一滴数"相对应。乌云左侧有一结跏趺坐于莲花座上的天人形象，其与经文对应关系暂不可考。天人的下方是一只牛头、长尾巴、身上长翼并具四条腿的动物，其右是一头蹲坐着的狼。这与上引《宝王经》中"善男子，又如四大洲所有四足有情，师子、象、马、虎、狼、熊、鹿、牛、羊，如是一切四足之类，我悉能数一一身中所有毛数"相对应。狼的前方，即主尊佛莲花座的下方有一片凸出来四个角的海域。这与《宝王经》中"善男子，又如大海，深广八万四千逾缮那，如是四大海水，我能数其一一滴数"相对应。

图5-6右侧壁画有八身神祇(包括前述宝手菩萨)，有菩萨、天人等形象，他们正在

---

① ［宋］天息灾译：《佛说大乘庄严宝王经》卷一，《大正新修大藏经》第二十册密教部三，第50页b栏。

图5-6　柏孜克里克第17窟宝王经变之四①

神情专注地听释迦牟尼佛讲述观自在菩萨之威德。

　　画面5，主尊佛左侧中部有一坐姿神祇，格伦威德尔称其为"天神"，并描述其"右手执莲花，莲花上有一小型佛像"②。根据此"天神"右侧榜题可知格伦威德尔认定的"天

---

① 笔者拍摄。
② （德）格伦威德尔著，赵崇民、巫新华译：《新疆古佛寺：1905—1907年考察成果》，第455页。

神",应为如意轮菩萨。该菩萨在《宝王经》中并未出现,壁画绘制所依据佛经暂不可考。

画面6,主尊佛右上方榜题被盗割,加之画面比较残破,所依佛经暂不可考。

画面7,壁画全部脱落。

画面8,残存主尊佛及其右侧听法诸众,左侧壁画残失,所依佛经暂不可考。

画面9,主尊佛右上方榜题漫漶不清,壁画残破,所依佛经暂不可考。

画面10(图5-7),主尊佛右上方残存榜题三行:

1. 尔时佛除盖障菩萨所□昔日□□□□□

2. □□□□宝 手 菩 萨□□□相问□□佛何因此

3. 瑞□佛正□□观自在菩萨之故此瑞观音菩萨持□□

此榜题可与《宝王经》卷一之如下经文对应:

(佛言):"如是善男子,我于尾钵尸如来所,闻是已后复有佛出,号式弃如来、应供、正遍知、明行足、善逝、世间解、无上士、调御丈夫、天人师、佛、世尊。除盖障,我于是时,为勇施菩萨摩诃萨,于彼佛所,闻观自在菩萨摩诃萨威神功德……"时彼会中有宝手菩萨摩诃萨,从座而起偏袒右肩,右膝着地合掌恭敬,白世尊言:"何因何缘出现斯瑞?"佛告善男子:"极乐世界有观自在菩萨摩诃萨,欲来于此,故现斯瑞……彼时祇树给孤独园七宝出现,所谓金轮宝、象宝、马宝、珠宝、女宝、主藏宝、主兵宝。如是七宝出现之时,其地悉皆变成金色。是时观自在菩萨摩诃萨,出彼极乐世界之时,地六震动。"尔时宝手菩萨摩诃萨,白世尊言:"以何因缘出现斯瑞?"

佛言:"善男子,是观自在菩萨摩诃萨,欲来到此故现斯瑞。"是时,又雨适意妙华及妙莲华。时,观自在菩萨,手执金色光明千叶莲华,来诣佛所顶礼佛足,持是莲华奉上世尊:"此华是无量寿佛令我持来。"世尊受是莲华致在左边。[①]

释迦牟尼佛告诉除盖障菩萨,说其在往昔为勇施菩萨时,在式弃如来处听闻观自在菩萨的威神功德。之后,释迦牟尼佛又先后回答了除盖障菩萨和宝手菩萨的发问。图5-7

① [宋]天息灾译:《佛说大乘庄严宝王经》卷一,《大正新修大藏经》第二十册密教部三,第49页c栏、50页a栏。

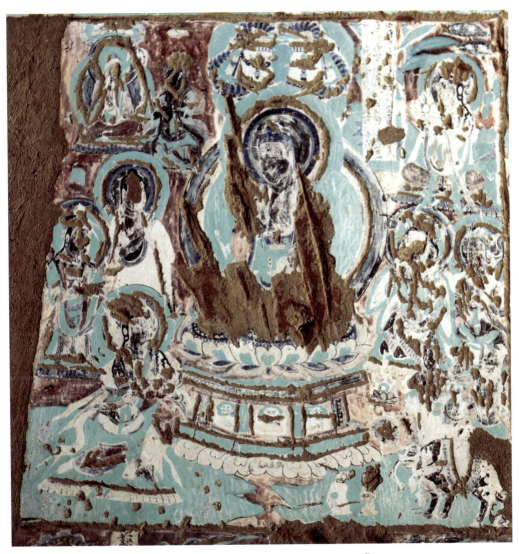

图5-7　柏孜克里克第17窟宝王经变之五[①]

主尊佛右侧上方画面的一佛一菩萨，即为式弃如来和勇施菩萨。右侧中部一菩萨与一弟子及下部的一菩萨，表现的是释迦牟尼佛说法时的听众；其中，下部的菩萨为除盖障菩萨或宝手菩萨。主尊佛左侧上方手执莲花的坐姿菩萨为观自在菩萨，此画面与上引经文"时观自在菩萨，手执金色光明千叶莲华，来诣佛所顶礼佛足，持是莲华奉上世尊"

---

① 笔者拍摄。

相对应。主尊佛的莲花座左侧描绘了一朵盛开莲花,这与经文"此华是无量寿佛令我持来,世尊受是莲华致在左边"相对应。主尊佛左侧中部两位菩萨或天人,可能表现的是佛说法时的听众。两位菩萨或天人下方的画面比较模糊,格伦威德尔怀疑是三个祈祷的人,我们推测可能为女宝、主藏宝和主兵宝,因为所谓"三个祈祷的人"之下描绘的有珠宝、轮子、马和大象,可分别对应珠宝、金轮宝、马宝和象宝,这与上引经文"彼时,祇树给孤独园七宝出现,所谓金轮宝、象宝、马宝、珠宝、女宝、主藏宝、主兵宝"可相对应。

画面11,壁画已毁。

画面12,榜题脱落或被盗割,残存主尊佛及其右侧壁画,与经文对应关系暂不可考。

画面13,法华经变。

第二节　宝王经变与壁画绘制年代

柏孜克里克石窟第17窟,学界一般判定其年代为唐西州时期[①]。如阎文儒先生即认为该窟"创建年代,应是在回鹘高昌统治此地以前,盛、中唐的阶段以内"[②]。柳洪亮先生也持同样的观点,其主要依据为洞窟内的供养人是西州之突厥人:

> 一七窟窟门南侧内壁男供养人像身穿窄袖圆领长袍,头不戴冠。一缕黑发披肩,身后垂一条长红绢。唐初玄奘"至素叶水城,逢突厥叶护可汗,方事畋游,戎马甚盛。可汗身着绿绫袍,露发,以一丈许帛练里额后垂,达官二百余人皆锦袍编发,围绕左右"。这一记载与一七窟男供养人的装束相符,表明修建洞窟的施主是突厥人……一七窟应是西州(六四〇至九世纪中叶)时期这些突厥人部落的贵族们修建的。[③]

供养人身穿窄袖圆领长袍、黑发披肩及身后垂绢帛类丝织物,并非突厥人特有的习俗,回鹘人亦然,如柏孜克里克石窟第27窟回鹘男供养人(现藏德国柏林亚洲艺术博物馆,

---

[①]　也有学者认为该窟年代在10世纪中叶到11世纪中叶。参见贾应逸:《柏孜克里克石窟初探》,载氏著:《新疆佛教壁画的历史学研究》,中国人民大学出版社,2010年,第430页。

[②]　阎文儒:《新疆天山以南的石窟》,《文物》1962年第7—8期合刊,第57页。

[③]　柳洪亮:《高昌石窟概述》,载《中国壁画全集·新疆6吐鲁番》,辽宁美术出版社、新疆人民出版社,1990年,第8页。

编号Ⅲ8619a），头戴莲瓣形金冠，身穿窄袖圆领团花橘黄色长袍，身后隐约可见用来裹束头发的红色丝织物。这种红色丝织物，柳洪亮先生认定为红绢。然而，回鹘男供养人身后垂红绢并非常例，而女供养人则十分普遍，如柏孜克里克石窟第20窟两身女供养人（现藏德国柏林亚洲艺术博物馆，编号Ⅲ6876b），头戴的金冠"前后锐"，"如角前指"，身穿茜色通裾大襦，以红绢总发，披于后背，中间结缓，长及脚部，保持了漠北时的装饰[①]。

此外，柳洪亮先生把该石窟内供养人不戴冠作为突厥人的另一证据。的确，目前发现的突厥石人和其他石刻画像资料，突厥人大多为披发且不戴冠；壁画和纺织品绘画中的回鹘供养人则大多有冠饰。乍一看来，似乎很有道理。我们经过现场调查，发现残存的供养人头部几乎全部被人为毁坏，看不出是否戴冠。柳先生所谓不戴冠的例证仅一例，但此供养人个子偏低，为未成年人形象，未成年人不戴冠，这在回鹘供养人中是常见的。此不戴冠供养人为未成年人，除了个子偏低这一证据外，还有该供养人腰间没有佩戴蹀躞七事之证据，而其他个子高者均有蹀躞七事，为成年男子。第17窟供养人上方有竖条形方框，是为书写榜题而设，因损坏严重，榜题现已不存。吾人固知，回鹘文是竖写的，而突厥文是横写的。又，回鹘人早期曾使用突厥文，回鹘文创制后，则使用回鹘文；而突厥人则自始至终使用突厥文。现藏德国柏林亚洲艺术博物馆出自第17窟的两身供养比丘画像，残存一条竖写回鹘文榜题。

有鉴于此，我们认为该洞窟内的供养人不是突厥人，而是回鹘人。

上文我们考释了券顶的24幅壁画，除去已经完全脱落的5幅外，初步释读出的6幅是依据《宝王经》而绘制的，其余13幅尚未释读出来。柏林亚洲艺术博物馆所藏的出自该窟的三块榜题，其中一块出自《观世音菩萨授记经》；此外，前文所述之图5-2的画面5有一菩萨的榜题为"如意轮菩萨"，《宝王经》中众多菩萨里没有该菩萨。由此来看，这些壁画并非全部依据《宝王经》所绘制，但总体来说，大部分还是出自《宝王经》的。

据国外学者斯塔德霍姆研究，《宝王经》形成于公元4世纪末或5世纪初[②]。目前最早的梵文写本为7世纪初期（630）的吉尔吉特写本。此外，梵文写本尚有12世纪末

---

① 参看《旧唐书》卷一九五《回纥传》记载，长庆二年（822），唐穆宗以太和公主嫁回鹘可汗，公主解唐服而"被可敦服，通裾大襦，皆茜色，金饰冠如角前指"（中华书局，1975年，第5212—5213页）。《新唐书》卷二一七《回鹘传》："被可敦服，绛通裾大襦，冠金冠，前后锐。"（中华书局，1975年，第6130页。）

② 转引自张同标：《尼泊尔三乘物观音造像与成就法》，《南京艺术学院学报（美术与设计版）》2013年第5期，第36页。

（1196）的尼泊尔贝叶全本；加尔各答印度博物馆藏14世纪贝叶写本；15世纪的以尼泊尔写本为基础的改编本①。该经在9世纪成书的藏文佛经目录中也有记载，10世纪末，由印度来华僧人天息灾将其从梵文翻译成汉文。

天息灾，北天竺迦湿弥罗国人，宋太宗太平兴国五年（980）二月，与乌填曩国三藏施护一同来到汴京。太宗亲自召见：

> 赐紫衣，敕二师同阅梵夹。时上盛意翻译，乃诏中使郑守均，于太平兴国寺西建译经院。为三堂，中为译经，东序为润文，西序为证义……（七年）六月，译经院成。诏天息灾等居之，赐天息灾明教大师。②

自此，天息灾与施护、法天等共同译经。七年（982）七月，天息灾译《圣佛母小字般若波罗蜜多经》一卷；八年（983）三月，译《大乘庄严宝王经》四卷。上文我们所述的第17窟券顶壁画有6幅是依据《宝王经》所绘制的，而且多有汉文榜题。我们在实地调查过程中，发现券顶壁画乃至左右两侧壁壁画风格是统一的，没有发现二次绘画或双层壁画的痕迹。由此，庶几乎可以断定第17窟现存壁画是北宋初年《宝王经》译出之后绘制的。吐鲁番石窟中回鹘供养人的服饰，可以分为两类，一类为蒙古统一回鹘之前，这时期回鹘服饰保留着自己的特点；另一类为回鹘归顺蒙古之后，这一时期回鹘供养人多穿蒙古服饰。前文提到的所谓的突厥供养人，在我们看来，实际上是回鹘供养人，他们的服饰属于前一类。由此来看，第17窟壁画的绘制年代之下限，应该在回鹘归顺蒙古，即1209年之前。

第三节　宝王经变在石窟中的宗教意义

关于第17窟塑像与壁画题材的组合，柏孜克里克千佛洞文管所在该窟所立解说牌有如下描述：

> 原有七身塑像已毁，当为七世佛，窟门内侧绘有突厥供养人像，顶部划成方格，

---

① 详见张同标：《大乘庄严宝王经与观音图像》，《中国美术研究》2015年第2期，第91页。
② ［宋］志磐撰，释道法校注：《佛祖统纪校注》（下），上海古籍出版社，2012年，第1029—1030页。

绘22幅经变故事画,有大量的墨书汉文榜题,画面布局对称,色彩以绿、蓝为基调。窟南坡后部绘《西方净土变》,宝池中生出朵朵莲花,阿弥陀佛及观音、大势至两胁侍菩萨坐于茎端莲花上,阿弥陀佛放眉间相光……

以上描述,不尽全面与准确。其一,窟门内侧的供养人不是突厥供养人,而是回鹘人。其二,顶部绘制了26幅经变故事画,而非22幅。其三,解说牌所说窟内"原有七身塑像已毁,当为七世佛",值得商榷。其四,该解说只字未提两侧壁壁画的内容,也甚为遗憾。如此诸端,对于参观该洞窟的一般游客,甚至研究者来说都会产生误导与迷惑。因此,我们觉得有必要重新解读窟内塑像与壁画的题材组合。

正壁塑像已毁,格伦威德尔根据残存部分及两侧壁的壁画,判断该塑像为观音,我们认为这是正确的。首先,格氏通过实地仔细观察,发现正壁塑像残留的"发型后边隆起很高的边沿,这种边沿表明该塑像是有许多脑袋,或者表明它的额头上曾经有过一个相当大的阿弥陀佛塑像作为头饰"[1]。其一,塑像的头上有阿弥陀佛塑像,这是观音菩萨的一个标志;其二,塑像有许多脑袋,这可在《宝王经》中找到依据,该经记述观音菩萨来到阿鼻地狱时,阎魔天子称颂他的偈中透露:观音为十一面,并具千眼千臂。以此为据,第17窟正壁的观音塑像有可能是十一面千手千眼观音。

两侧壁壁画比较残破,格氏记述:右侧壁(图5-8)A、B、C为三身佛塑像(已毁); a、b、c、d、e为五身说法佛,1为多臂立姿湿婆,2为印度教神,3为大型立姿披甲武士并眷属,4为四身僧侣,5为一跪姿天神,6为湿婆样的凶神,7为大型骑马披甲武士并眷属,8为坐在两个小鬼身上的大黑天,9为立姿披甲武士并眷属,10、11分别为两个跪着呈献供品的天神。

已毁		A	a	b	B	c	d	C	e
1	2		已毁			已毁			10
3			5			已毁			11
4			6			8			已毁
			7			9			

图5-8 柏孜克里克第17窟右侧壁壁画分布示意[2]

---

[1] (德)格伦威德尔著,赵崇民、巫新华译:《新疆古佛寺:1905—1907年考察成果》,第446—447页。

[2] 壁画顺序为自外向里,为便于读者查阅,此图与图5-9壁画编号遵循格伦威德尔编号,塑像编号A、B、C为笔者新加。参见(德)格伦威德尔著,赵崇民、巫新华译:《新疆古佛寺:1905—1907年考察成果》,第448、450页。

左侧壁（图5-9）A、B、C为三身佛塑像（已毁）；a、b、c、d、e为五身说法佛；1为立姿天神；2为手拿大棒的多臂神，两手举太阳和月亮；3为大型披甲武士并眷属；4、5为两个僧侣；6为坐姿菩萨；7为手握三叉戟的大黑天，坐在两个蹲坐着的小鬼身上；8为立姿披甲武士并眷属；9为四臂印度教神，坐骑是孔雀；10为手握三叉戟的大黑天；11为两个天神的残部。

e		d	c		a	b		已毁	
已毁	A	已毁		B	6		C	1	2
11		已毁	9		7			3	
已毁		10			8			4	5
		已毁							

图5-9 柏孜克里克第17窟左侧壁壁画分布示意

格氏对这些神祇的定名尚有可商榷之处，但他推断是正壁观音菩萨的眷属，当大致不差。首先，格氏认为两侧壁上方（a、b、c、d、e）各有五身说法佛，不确。根据残留的四条榜题推知应为十方佛[①]，其属性为助会佛，而非说法佛。唐不空三藏译《千手千眼观世音菩萨大悲心陀罗尼》记载："今诵《大悲陀罗尼》时，十方佛即来为作证明，一切罪障悉皆消灭。"在这里，十方佛的作用是证实观音救助世间有情的威神功德，属助会范畴。柏孜克里克石窟第39窟的观音窟和第40、41窟的观音经变，以及德国柏林亚洲艺术博物馆藏吐鲁番出土观音幡画（III8559）中，均绘制有十方佛。敦煌莫高窟第120、141、231、402、456、470窟的千手千眼观音经变中也有十方佛出现。其次，右侧壁3、7、9，左侧壁3、8中心神祇均为披甲武士形象，并各自有眷属，这样的壁画内容和组合，与柏孜克里克石窟第15窟和第20窟左右两侧壁如出一辙，只是个别神祇的形象略有变化及空间次序稍有调动。根据前人对此二窟的研究，我们可以推知第17窟右侧壁3为西方天王，7为行道天王图，9为南方天王；左侧壁3为北方天王，8为猎捕金翅鸟图，东方天王图像已毁。行道天王图和猎捕金翅鸟图的主尊是毗沙门天王，即北方天王，由于毗沙门天王地位较

---

① 四条榜题分别为：兹下方明德佛像（右侧壁a）、兹东□□□行□□（右侧壁b）、兹北方相德佛像（右侧壁c）、兹南方梅□□□□（左侧壁e）。东晋天竺三藏佛陀跋陀罗译《佛说观佛三昧海经》卷六《观四无量心品第五》明确记载了十方佛的名称：东方善德佛、南方旃檀德佛、西方无量明佛、北方相德佛、东南方无忧德佛、西南方宝施佛、西北方花德佛、东北方三乘行佛、上方广众德佛、下方明德佛。

其他三位天王要高, 故以故事画的形式重复出现, 但终究说来, 这些壁画均属天王护法范畴。天王作为护法神而为观音的眷属, 这在第15窟和第20窟已成为不争的事实。在敦煌莫高窟天王等护法神从盛唐开始就已出现在千手千眼观音眷属的行列, 一直延续到元代, 如第3、14、54、99、141、144、148、156、231、238、294、329、338、361、380、386、402、456、470窟都绘有天王等护法神。

如上所述, 十方佛和四天王是为观音的眷属, 这反过来证明格氏所推测第17窟正壁塑像为观音是正确的。此外, 两侧壁各有三身塑像(图5-8、5-9的A、B、C), 现仅残留背后的身光, 部分塑像残留台座。格氏认为这些塑像均为坐佛的塑像, 至于为什么坐佛塑像会出现在侧壁上, 格氏猜测: "在其他地方都画在后壁(作者按: 即正壁)上观音菩萨上方的佛陀, 在这里则至少以其主要代表人物全身塑像的形式被安置在侧壁前边。"[1]这样的解释显然是不符合常理的。首先, 六身佛像绘制在侧壁, 无法与其旁侧绘制的十方佛和天王等画像吻合。其次, 格氏所述通常画在观音上方或周边的佛, 有五方佛、十方佛和千佛三类, 但绝没有六佛的组合。这就意味着我们要重新审视六身塑像的身份。吐鲁番曾经出土过用回鹘文书写的《七观音菩萨符陀罗尼》四个残片, 现分别收藏在德国柏林勃兰登堡科学院吐鲁番学研究所(编号为U3833a、U3833b)、柏林亚洲艺术博物馆(编号为III6622)和俄罗斯圣彼得堡东方学研究所(编号为SI2Kr.41)[2]。此外, 柏林亚洲艺术博物馆所藏的一件幡画(编号为III8559)和柏孜克里克石窟第29窟左侧靠近门壁的壁画, 均绘制有七观音, 表现形式为: 中央是形体较大的主尊观音, 六身观音分列两侧。由此观之, 第17窟七身塑像应为七观音, 正壁为主尊观音, 两侧壁为六观音, 他们的眷属是共有的。

券顶的26幅壁画, 后部靠近正壁的两幅分别为观无量寿经变和法华经变。观无量寿经变的下方正中是宝池, 池中生出三枝莲花, 阿弥陀佛及观音、大势至两胁侍菩萨坐于茎端莲花座上, 两侧及上方围绕与会菩萨及弟子, 宝池的两边绘制九品往生, 分别有"上品上生"、"上品中生"直至"下品下生"墨书汉文榜题。法华经变以序品法华会为中心, 释迦佛端坐在莲花台上, 两侧及上部是与会菩萨及弟子等。下部绘《方便品》和《譬喻品》, 右侧一座单层覆钵顶塔, 内坐佛像, 有人礼拜。塔前残存牛、鹿、羊三车。其余24幅壁画, 前文已述, 大部分出自《宝王经》, 也有出自《观世音菩萨授记经》和其他

---

① (德)格伦威德尔著, 赵崇民、巫新华译: 《新疆古佛寺: 1905—1907年考察成果》, 第447页。

② 荣新江主编: 《吐鲁番文书总目·欧美收藏卷》, 武汉大学出版社, 2007年, 第794、914页。

类观音经典的。

由上可知,第17窟以正壁十一面千手千眼观音为主尊,两侧壁分列六观音及眷属,券顶绘制观无量寿经变、法华经变、宝王经变及其他观音类经变的洞窟。宝王经变作为高昌回鹘时期新创作的经变画,在整个洞窟中占有突出的地位,该经将观音提升到了至尊的地位。图5-3如实地描绘了观音创造日月、生成诸天的画面。观音的创造与生成之功能源自印度古老的原人创世神话[①],这种创世神话后来被印度教和佛教借用,在佛教的宇宙生成理论中,佛陀"成了佛国世界中一切诸佛诸菩萨的本源,观音则是印度教诸神的本源。整个佛教神系中,具有类似神格属性的,仅有佛与观世音两位"[②]。但《宝王经》并未满足于观音与佛"平分秋色"的地位,是经多处强调观音的光辉比任何其他菩萨甚或佛都要耀眼。为了凸显观音的至尊地位,《宝王经》用对比的修辞手法反复叙说他的无量福德,譬如大海、恒河沙与四足有情,世尊可数其一一滴数、一一粒数、一一毛数,但观音的福德,世尊不能尽数。图5-6传神地表现了释迦牟尼佛向与会大众宣说观音无量福德的场景。观音的至尊地位还体现在他行使了原来佛的职能,如授记大力阿苏啰王将来得成为佛,号吉祥如来。观音在救度世间有情时,常常将他们接引到无量寿如来的西方净土世界,但《宝王经》中出现了观音自己的净土(如金毛孔、黑毛孔、宝庄严毛孔、洒甘露毛孔、金刚面毛孔、日光明毛孔、帝释王毛孔、大药毛孔、缋画王毛孔、幡王毛孔诸净土世界)。诸毛孔净土皆有佛住,广大无有边际,普贤菩萨曾于其中十二年而不得边际。若有人念诵观音名号,当可往生于诸毛孔净土,免受轮回之苦。

除上所述,《宝王经》还着重强调了持诵六字大明陀罗尼(又称六字大明咒、六字真言)的不可思议功德和利益。该陀罗尼出自观音之微妙本心,若有人常受持此六字大明陀罗尼者:

> 于是持诵之时,有九十九殑伽河沙数如来集会,复有如微尘数菩萨集会,复有三十二天天子众亦皆集会。复有四大天王,而于四方为其卫护;复有婆誐啰龙王、无热恼龙王、得叉迦龙王、嚩苏积龙王,如是无数百千万俱胝那庾多龙王而来卫护

---

① 参见金克木:《梨俱吠陀的三首哲理诗的宇宙观》,氏著:《梵竺庐集》(丙),南昌:江西教育出版社,1999年,第156—160页。

② 张同标:《大乘庄严宝王经与观音图像》,《中国美术研究》2015年第2期,第102页。

是人；复有地中药叉虚空神等而亦卫护是人。①

此外，若有人佩带此陀罗尼，得见者如同见到金刚之身和无上智慧者，甚至如同见到如来。若有碰到戴持此陀罗尼之身体者，速得菩萨之位，永远免受生老病死苦、爱别离苦。《宝王经》所创始的六字大明陀罗尼，对后世有着深远的影响，尤其在藏传佛教中，成为最尊崇的一句咒语，密宗认为这是秘密莲华部的根本真言，也即莲华部观音的真实言教。该陀罗尼在《宝王经》中还幻化为菩萨，后世根据经中记述，创造出了左手持莲华，右手持数珠，下二手结一切王印的六字观音。概言之，由于《宝王经》史无前例地将观音提升到了至尊的地位，如观音创造日月并生成诸天，发自其微妙心的六字大明陀罗尼具有不可思议的功德和利益，救度世间有情，可往生到自己的诸毛孔净土。缘此，宝王经变成为整个洞窟中具有举足轻重之地位与作用的经变，在整个洞窟中有着深刻的宗教修持意义。

第四节　宝王经变与汉译佛经入传吐鲁番

高昌回鹘佛教文献的主要来源是汉文佛典，荣新江先生认为其来历主要有三个途径：一是高昌郡、高昌国和唐西州时期本地原有的佛典；二是中原王朝（北宋）输送来的佛典，时间在11世纪后；三是敦煌输送来的佛典，时间在10世纪②。除此之外，尚有辽朝输送来的《契丹藏》和金朝输送来的《金藏》，以及元代大都等地输送来的佛典。前文述及，第17窟宝王经变是根据印度僧人天息灾于太平兴国八年（983）在开封所译《宝王经》绘制而成。那么，此《宝王经》是什么时间传至吐鲁番的呢？这就有必要对高昌回鹘与北宋之交通做一梳理。

高昌回鹘，史书称之为西州回鹘，亦统辖龟兹回鹘。《宋史·龟兹传》载："龟兹本回鹘别种……或称西州回鹘，或称西州龟兹，又称龟兹回鹘。"③高昌回鹘与北宋之交通始

---

① ［宋］天息灾译：《佛说大乘庄严宝王经》卷三，《大正新修大藏经》第二十册密教部三，第59页b栏。
② 详见荣新江：《归义军史研究——唐宋时代敦煌历史考察》，上海古籍出版社，1996年，第375—376页。
③ ［元］脱脱等撰：《宋史》卷四九〇《龟兹传》，中华书局，1985年，第14123页。

自建隆三年(962)四月,《宋史·高昌传》载:

> 西州回鹘阿都督等四十二人以方物来贡。[①]

其后,该传又记:

> 乾德三年(965)十一月,西州回鹘可汗遣僧法渊献佛牙、琉璃器、琥珀盏。太平兴国六年(981),其王始称西州外生师子王阿厮兰汉,遣都督麦索温来献。五月,太宗遣供奉官王延德、殿前承旨白勋使高昌。八年(983),其使安鹘庐来贡……景德元年(1004),遣使金延福来供。[②]

《宋史·回鹘传》载:

> 雍熙元年(984)四月,西州回鹘与婆罗门僧永世、波斯外道阿里烟同入贡……咸平四年(1001),可汗王禄胜遣使曹万通以玉勒名马、独峰无峰橐驼、镔铁剑甲、琉璃器来贡……是年(大中祥符三年),龟兹国王可汗遣使李延福、副使安福、监使翟进来进香药、花蕊布、名马、独峰驼、大尾羊、玉鞍勒、琥珀、瑜石等……(大中祥符)六年(1013),龟兹进奉使李延庆等三十六人对于长春殿,献名马、弓箭、鞍勒、团玉、香药等,优诏答之……(天禧)四年(1020)……龟兹国可汗王智海使来献大尾羊。[③]

《宋史·龟兹传》载:

> (龟兹回鹘)自天圣至景祐四年(1037),入贡者五,最后赐以佛经一藏。熙宁四年(1071),使李延庆、曹福入贡。五年,又使卢大明、笃都入贡。绍圣三年(1096),使大首领阿连撒罗等三人以表章及玉佛至洮西。熙河经略使以其罕通使,请令于

---

① [元]脱脱等撰:《宋史》卷四九〇《高昌传》,第14110页。
② [元]脱脱等撰:《宋史》卷四九〇《高昌传》,第14110—14113页。
③ [元]脱脱等撰:《宋史》卷四九〇《回鹘传》,第14114—14117页。

熙、秦州博买，而估所贵物价答赐遣还，从之。[①]

高昌回鹘入贡北宋凡17次，北宋出使高昌回鹘1次。高昌回鹘每次进献的贡品，大多数情况下均开列有清单，主要是当地的特产；而北宋回赐物品，则罕有记载，唯景祐四年，北宋赐给入贡者佛经一藏。前贤认为，此佛经一藏为《开宝藏》。如所周知，《开宝藏》是北宋开宝四年至太平兴国八年（971—983）间刊刻的第一部官版《大藏经》，前后历时十三年。全藏共5 048卷，481帙（或说480帙）。雍熙元年（984）九月，太宗"诏自今新译经论，并刊板摹印，以广流布"[②]。终北宋之世，续译新经及御制、东土撰作也陆续刊刻印刷，编联入藏。《宝王经》作为新译经，后续编入《开宝藏》殆无异议，《金藏》和《高丽藏》收录有是经[③]便是明证。我们进而认为：景祐四年，北宋赐龟兹回鹘《开宝藏》即为《宝王经》传入吐鲁番的时间。王丁先生推测："名义上赐给所谓龟兹回鹘的大藏经，实际上留存流通于西州地区。"[④]我们同意王先生的看法，理由有二：其一，龟兹回鹘是高昌回鹘王国的一个部族；其二，目前新疆出土的《开宝藏》残片，均出自吐鲁番，而库车（古龟兹）地区则未见出土。

当然，我们也不能完全排除《宝王经》是通过单行刻本或手抄本，抑或是通过敦煌等地辗转入传吐鲁番的。然而，放眼整个河西及新疆地区，目前还没有发现该经出土的信息。缘此，我们以为：景祐四年，北宋赐龟兹回鹘《开宝藏》是汉译佛经入传吐鲁番之一盛事，也是《宝王经》入传吐鲁番的最直接来源，成为第17窟宝王经变绘制的经典依据。

本 章 小 结

柏孜克里克第17窟是一座大型长方形纵券顶洞窟，窟内原有七身观音塑像，现均已毁坏无存，两侧壁绘观音眷属，窟顶绘26幅经变画，可考者有观无量寿经变、法华经变和

---

① ［元］脱脱等撰：《宋史》卷四九〇《龟兹传》，第14123页。
② ［清］徐松辑，刘琳等校点：《宋会要辑稿》第16册，《道释二》"传法院"条，第9999页。
③ 童玮编：《二十二种大藏经通检》，中华书局，1997年，第721页。
④ 王丁：《初论〈开宝藏〉向西域的流传》，载束迪生、李肖、娜仁高娃主编：《高昌社会变迁及宗教演变》，新疆人民出版社，2010年，第181页。

宝王经变。本章依据《宝王经》，并结合史籍记载，对宝王经变进行分析研究，得出如下结论：

第一，《宝王经》是由北宋印度来华僧人天息灾于宋太宗太平兴国八年（983）三月翻译完成，雍熙元年（984）九月作为新译经被编入《开宝藏》。宋仁宗景祐四年（1037），朝廷将《开宝藏》赐予回鹘的入贡使者，被供奉于高昌，成为第17窟宝王经变的绘制的经典依据。宝王经变的发现，证明了中原的佛经翻译是高昌回鹘佛教发展与繁盛的源泉。

第二，第17窟壁画的绘制年代，学界一般认为是在唐西州时期，宝王经变的释读纠正了这一错误。该窟壁画的绘制年代，其上限当在《开宝藏》入传高昌的景祐四年，根据窟内出现的回鹘供养人判断，其下限当在回鹘归顺蒙古之前的13世纪初叶。

第三，《宝王经》史无前例地将观音提升到了至尊的地位，赋予他创造日月并生成诸天的功能。发自观音微妙心的六字大明陀罗尼具有不可思议的功德和威力，念诵该陀罗尼者可得现世救度，死后往生诸毛孔净土。由此可见，宝王经变在整个洞窟中具有举足轻重之地位与作用，有着深刻的宗教修持意义。该经变作为新创作的经变画，不见于全国其他地区，反映了高昌回鹘时期观音信仰形式的多样化和丰富的内涵。

第六章 净土的选择：汉藏混合风格的六字观音经变

　　柏孜克里克第29窟左侧壁绘有一铺六字观音经变。从绘画风格来看，既有藏传佛教的图像传统，又受到中原画风的影响。从壁画内容来看，主要表现的是六字观音，同时也融入了本地颇为流行的七观音，反映了两种类型的观音信仰在高昌回鹘的盛行。此外，该窟正壁为弥勒塑像（已毁），右侧壁为西方净土经变，两种净土共处一窟，同时又有主次之分。若从观音信仰的角度来讲，既宣示了观音本师阿弥陀佛的西方净土属性，又体现了信仰者往生净土的最终选择——弥勒净土。由此来看，此窟虽然面积很小，但却蕴含了丰富的宗教意涵，值得我们深入探讨。

第一节 图像内容考析

　　柏孜克里克第29窟是一座小型纵券顶洞窟，平面差不多呈正方形，券顶最高处距离地面2.18米。入口的墙很厚，并向内侧倾斜，外窄内宽。门壁、前壁壁画现已不存，据格伦威德尔报告记述，原来前壁左右两边均有五行上下排列的供养人像①。券顶有四行千佛坐像，每行七身。

　　正壁被硕大的背光和头光所占据，其内有红绿白相间的放射状装饰条纹和缠枝花图案。背光的两侧各有六身菩萨，分上下四行排列，其中上边两行各一身，下边两行各

---

① 格伦威德尔记述五行供养人像位于门壁上，并说侧壁边缘的供养人像也属于这五行供养人像的一部分。我们认为可能是格氏表述或者翻译错误，因为门壁上一般绘制护法神像，前壁才绘制供养人像。参见（德）格伦威德尔著，赵崇民、巫新华译：《新疆古佛寺：1905—1907年考察成果》，第486页。

二身，所有菩萨皆双手合十，面向主尊。头光上部狭长的弧形部位残存七件乐器，分别为曲颈琵琶、腰鼓、忽雷、钹（一对）、拍板、筚篥①。正壁前是一塑像的底座，其上塑像已毁（图6-1）。据格伦威德尔报告所载，底座上原有一身坐姿菩萨塑像，两腿在底座前边交叉，保存着下半身，服饰的式样很美，腰上围着某种样式的褶裙，褶裙之上还有一件长衫②。

正壁前的菩萨塑像，格伦威德尔怀疑其为观音，不妥。虽然菩萨的交脚坐姿非弥勒专属，印度及中亚早期的造像也有交脚观音，但在中国交脚观音确实罕见，相反交脚弥勒却不胜枚举，以至于日本学者肥冢隆认为"中国的交脚菩萨一般均称之为弥勒菩

图6-1　柏孜克里克第29窟正壁③

① 王玉冬：《柏孜克里克佛教洞窟分期试论》，北京大学考古系硕士学位论文（1994年），载《中国佛教学术论典》，佛光山文教基金会印行，2003年，第392页。
② （德）格伦威德尔著，赵崇民、巫新华译：《新疆古佛寺：1905—1907年考察成果》，第485页。
③ 笔者拍摄。

萨"①。北庭西大寺有多身高昌回鹘时期的交脚菩萨塑像，参与发掘西大寺的孟凡人先生认为他们的身份为弥勒菩萨②，我们认同此说。这些交脚菩萨塑像多位于洞窟的正壁，券顶绘千佛，两侧壁绘制弥勒经变（E204龛），或者双手合十的菩萨（E101、105龛）。第29窟正壁主尊两侧连同延伸至两侧壁的菩萨，亦多为双手合十的菩萨，这些菩萨均面向主尊，他们的身份是闻法菩萨。据此，我们认为该窟的交脚菩萨塑像应为弥勒菩萨。

右侧壁壁画的分布示意如图6-2。1处壁画被割，原来自上而下有几座佛塔，最上方为两个上下重叠的佛塔，所有的佛塔都是白色的，底色是大红色。2（图6-3）为佛陀及闻法、供养菩萨。佛陀结跏趺坐于莲花宝座上，具覆钵形头光与背光，身穿白色袒右袈裟，右手举于胸前，左手置于腿上，手印不清。佛陀头顶放射出一道光芒，此光芒向上又分为两道向两边展开，中间的圆环内有一化佛，圆环的两侧又有两个小圆环，分别代表日、月。佛陀左右两侧各有五身菩萨，或双手合十作闻法状，或一手结印、一手捧莲花形水果盘作供养状。佛陀下方绘一多边形的水池，池内绘朵朵莲花，有些莲花上有化生童子。3—6为四行闻法菩萨，每行四身，面向正壁主尊。

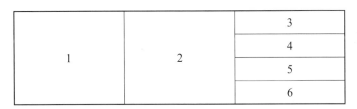

图6-2　柏孜克里克第29窟右侧壁壁画分布示意

关于图6-3主尊佛陀的身份，过去学界一般认为是大日如来，不妥。事实上，可以辨明其身份者为主尊下方莲池内的化生童子，画面模糊，不易察觉。《无量寿经》将往生西方净土的众生分为三辈，上辈者"于七宝华中，自然化生"，中辈与下辈者没有记载是否于莲花中化生。《观无量寿经》将往生西方净土者分为九品，除了第一品没有经历莲花化生外，其余诸品的往生者都要在七宝池中的莲花内待一段时间，或一夜、或一日一夜、或七日、或七七日，乃至六劫、十二大劫，莲花开后即化生净土。此外，主尊头顶的日月代表光明，形象地表现了阿弥陀佛"光明无量，照十方国，无有障碍"的威德神力。头

① （日）肥冢隆撰，刘永增译：《莫高窟275窟交脚菩萨像与犍陀罗诸先例（摘要）》，《敦煌研究》1988年第2期，第39页。
② 中国社会科学院考古研究所编著：《北庭高昌回鹘佛寺壁画》，辽宁美术出版社，1990年，第2页。

图6-3　柏孜克里克第29窟阿弥陀经变 [1]

---

① 笔者拍摄。

顶的化佛可能与佛教信徒死后往生西方净土的场景有关。阿弥陀佛携观音、大势至接引行将命终者时，有时是亲自迎接，有时与自身化现的佛一起迎接，有时"派"化佛迎接而自己并不亲临。如《无量寿经》记载："其人临终，无量寿佛，化现其身，光明相好，具如真佛，与诸大众，现其人前。"有鉴于此，我们认为图6-3主尊佛陀是阿弥陀佛，而非大日如来。

左侧壁壁画分布示意如图6-4。1—3壁画的底色为大红色，其中1为白塔，2为两身供养人，3为一身穿蒙古服饰的供养人，头戴罟罟冠。4（图6-5）为四臂观音及其眷属，四臂观音结跏趺坐于莲花宝座上，具覆钵形头光与背光，中间二手合十于胸前，外侧二手上举，拇指与中指相捻。四臂观音头顶放射出一道光芒，此光芒向上又分为两道向两边展开，中间的圆环内绘阿弥陀佛，阿弥陀佛的两侧是其协侍观音和大势至菩萨。四臂观音的两侧各有三身菩萨，可以辨认的是右上的十一面观音和右下的送子观音。四臂观音的下方有一多边形的水池，池中一条龙昂首向上，口中吐出一莲茎，此莲茎上托观音的宝座。水池的两侧有围栏，右侧围栏内站立一童子，具头光，头上有三缕卷曲的头发，披帛环身，双手前伸似在承接着什么；左侧围栏内站立一菩萨，具头光，头顶绘一马头，披帛绕身，左手置于胸前，右手上举如婆娑仙手势。传统的画像中，观音下方一般有两种组合像，一为饿鬼和贫儿，一为婆娑仙和功德天。此外，也有不少观音画像中绘有善财童子。该窟的童子与菩萨组合颇为独特，童子的形象可能表现的是善财童子，但其双手作承接状，与饿鬼和贫儿的手势相同；菩萨由于头顶有马头，可视之为马头观音，但其右手上举作礼敬状，左手扶一红色拐杖，显然是模仿婆娑仙的造像式样。5—8为四行闻法菩萨，每行四身，面向正壁主尊。

1		5
2	4	6
3		7
		8

图6-4　柏孜克里克第29窟左侧壁壁画分布示意

关于图6-5主尊四臂观音的具体身份，我们认为应是六字观音。六字观音是六字大明咒的具像，即将抽象的六字大明咒表现为具体可见的观音，因其有四臂，学界也常称之为四臂观音。最早记述六字观音具体形象的佛经是《宝王经》，是经记载：

图6-5　柏孜克里克第29窟六字观音经变 [①]

---

① 笔者拍摄。

今此曼拏攞相……于无量寿如来右边，安持大摩尼宝菩萨，于佛左边，安六字大明。四臂肉色，白如月色，种种宝庄严。左手持莲华，于莲华上安摩尼宝，右手持数珠，下二手结一切王印。于六字大明足下安天人，种种庄严，右手执香炉，左手掌钵满盛诸宝。于曼拏攞四角列四大天王，执持种种器仗。于曼拏攞外四角，安四贤瓶，满盛种种摩尼之宝。[1]

曼陀罗中央安放无量寿如来，左边是持宝菩萨，右边是六字大明。这里的六字大明即指六字观音，四臂为肉白色，左手持莲花，右手持数珠，另二手结一切王印（双手合十）。《宝王经》形成于4世纪末5世纪初，目前最早的梵文写本为7世纪初期的吉尔吉特写本，宋太平兴国八年（983），印度高僧天息灾在开封译梵为汉。尽管有了汉译本的《宝王经》，但汉传佛教造像中，并未出现六字观音，而在藏传佛教造像中，六字观音却非常盛行。

据李翎先生研究，六字观音像出现于藏传佛教后弘期，即11—12世纪[2]，盛行于13—14世纪。该观音除了单尊像存在外，还有双尊像、三尊像、四尊像和千尊像等组合。双尊像常见的为六字观音与文殊，此外还有六字观音和千手千眼观音、送子观音、度母、白伞盖、尊胜等佛母组合[3]。三尊像分为两类，一类是六字观音居中，两侧为六字大明母和持宝菩萨；一类是六字观音居中，两侧为文殊和金刚手菩萨。四尊像为双六字观音和双佛母组合（炳灵寺石窟第3窟），千尊像是指多身六字观音重复出现，形如千佛（炳灵寺石窟第146窟）[4]。

在诸多组合像中，单尊六字观音像最为普遍[5]。其形象除了《宝王经》中所描述的两手结一切王印，另两手持数珠和莲花外，一般均头戴五叶冠，上身呈倒三角形，宽肩细腰。图6-5的四臂观音，大体表现出了上述六字观音形象的诸要素。如两手合十作一切王印，另两手虽未持数珠和莲花，但手姿与六字观音相同；虽未具宽肩细腰之神韵，但其形尚存。由此可见，该窟的四臂观音描绘的是六字观音无疑，与两侧的六身菩萨及下

① ［宋］天息灾译：《佛说大乘庄严宝王经》卷四，《大正新修大藏经》第二十册密教部三，第60页a栏。
② 李翎：《六字观音图像样式分析——兼论六字观音与阿弥陀佛的关系》，《美术研究》2003年第2期，第82页注释3。
③ 赵雪芬：《炳灵寺石窟四臂观音造像试探》，《西藏研究》2011年第2期，第80页表1。
④ 赵雪芬：《炳灵寺石窟四臂观音造像试探》，第80页表1。
⑤ 赖天兵：《飞来峰纪年藏传四臂观音三尊龛造像初探》，《中原文物》2008年第1期，第75页。

图6-6　柏孜克里克第29窟藏式佛塔像[②]

方的善财童子、马头观音共同构成了一幅完整的经变。

从绘画内容与风格来看,该窟既有藏传佛教风格,又承袭了中原的绘画传统。前者具体表现在:(1)藏式六字观音。(2)藏式白塔(图6-6)。(3)阿弥陀佛和六字观音的藏式覆钵形头光与背光。(4)券顶千佛之间和菩萨披帛上的装饰性小花,与大桃儿沟石窟第9窟和莫高窟第465窟八十四大成就师图像中的小花极为相似,而这两个洞窟均为元代藏传佛教洞窟。后者具体表现在:(1)闻法菩萨、供养菩萨和善财童子的描绘。(2)中原像式的十一面观音[①]。(3)白衣送子观音。该观音头戴宝冠,冠上搭白色披风并与上衣浑然成为一体,衣服细腻质地的描绘与后世出现的德化白瓷送子观音颇似。虽然汉藏两种风格的壁画同时出现于该窟,但给人的总体感觉是洞窟壁画的设计者意在突出表现藏传佛教

的内容。如两侧壁主尊阿弥陀佛和六字观音具有浓厚的藏传佛教造像风格,其眷属的画风则属于中原风格。一言以蔽之,该窟壁画的藏传佛教内容是根本,中原风格的壁画是枝叶。

第二节　六字观音像及其信仰

第29窟是一个面积很小的洞窟,考虑其功用,不可能如大型洞窟那样可以作为信徒

[①]　十一面观音头面排列自下而上为5面、3面、2面、1面,根据李翎先生的研究这种排列方式属于中原像式。详见李翎:《十一面观音像式研究——以汉藏造像对比研究为中心》,《敦煌学辑刊》2004年第2期,第77—88页。

[②]　采自(德)格伦威德尔著,赵崇民、巫新华译:《新疆古佛寺:1905—1907年考察成果》,第486页。

绕行礼拜的礼拜窟,作为禅观修法窟倒是十分适合的。左侧壁的六字观音经变对于修行者来说,其作用就是观修时的一种辅助和方便。

目前,吐鲁番发现的回鹘文《观世音本尊修法》残卷,共有六个编号,五件木刻本(编号为U4706、U4288、U5964、U4710、U4708),一件写本[1]。《观世音本尊修法》是藏传佛教噶玛噶举派黑帽系第二世活佛噶玛拔希创作,畏兀儿学者、元朝帝师本雅识里依据藏文本翻译为回鹘文本。U4710和U4708号文书记载:

> 我本雅识里在萨答提阿阇黎的反复恳求之下,翻译完成了噶玛拔希大师创作的这部《成就法》。善哉,善哉,吉祥的十干的丙鼠年十一月初一大布萨日,我弟子步离不花一心供养。[2]

这里的《成就法》是指《观世音本尊修法》。此处的丙鼠年,具体指哪一年,学界有不同意见,据王红梅先生研究为1336年[3],我们认同其说。

《观世音本尊修法》残卷记述了观音修法的四个观想步骤:(1)若观想上师,需要想象自己周围有无数空行母围绕,再想象自己头顶上有莲花戒上师,为瑜伽士形象,在花日和月轮上欢快的舞蹈。然后,敬拜遍布虚空的流传上师、诸佛和菩萨。(2)若观想曼陀罗,先观想自身为观音,次观想右方海会勇士和左方海会空行母,再观想下方的护法善神。最后,想象自身向上升腾,并使六道众生、四部空行母融进自己身体内。(3)若观想陀罗尼曼陀罗,先观想自心为八瓣莲花,莲花中央为红色的"希利"字,此"希利"字四周又有十个字,向右旋转着。次观想自心出现"蕴"字并形成风轮,出现"唵"字并形成火轮,然后念诵陀罗尼,观想舌根为红色的圈,心根为蓝色的圈,身根为奶白色的圈。最后,想象舌头发出亮光,享用下方的祭品,使自身的身、口、意密获得快乐,念诵两种陀罗尼十遍,并进行祈祷赞颂。(4)若观想观音,需发三愿望菩提心,先想象自心有莲花月轮,从月轮中显现出一面四臂观音,此观音上面两手于胸前合掌,下面右手握108颗珍珠链,左手持莲花,头戴珍宝王冠,金刚禅坐。次观想莲花月轮周边的陀罗尼字。[4]

---

① 王红梅:《回鹘文藏密经典〈观世音本尊修法〉残卷研究》,《河西学院学报》2016年第1期,第11页。
② 王红梅:《回鹘文藏密经典〈观世音本尊修法〉残卷研究》,第12页。
③ 王红梅:《回鹘文藏密经典〈观世音本尊修法〉残卷研究》,第13页。
④ 王红梅:《回鹘文藏密经典〈观世音本尊修法〉残卷研究》,第15—16页。

从观音修法的第四个步骤来看,修行者观想的四臂观音实际上是六字观音。据出土于吐鲁番的U4124号文书记载可知,回鹘文《观世音本尊修法》是在元大都普庆寺刻印完成的①。上述五件木刻本应该是从大都流传到吐鲁番的,另外一件写本可能是当地六字观音的修习者为修法需要而抄写的。

除上述《观世音本尊修法》外,吐鲁番还出土有1件回鹘文印本残片与六字观音有涉,现藏德国吐鲁番学研究所,编号为U4707(TIIIM 187),学界将其定名为《观音菩萨赞》②。该赞美诗共由19段(每段4行)组成,近期,阿不都热西提·亚库甫先生将其译为汉文,兹引汉译文第2—9段如下:

02 从vaṃ音节中显现,
　莲花之上得以出生,
　借助月轮身发光彩,
　结跏趺坐在(莲花)之上。

03 拥有四只洁白手臂,
　全身都以珠宝装饰,
　头上戴着宝珠花冠,
　他(系着)彩色腰带。

04 最初对一切法之不二。
　他都给予了解释。
　他有不二心的印契,
　拥有一颗慈悲之心。

05 万事他都能有成就,
　有洁净的水晶念珠。
　他把别人引入其中,
　他拿着开花的莲花。

06 他把阿弥陀佛
　戴在[　　]的头上,

---

① 王红梅:《回鹘文藏密经典〈观世音本尊修法〉残卷研究》,第12页。
② 又译为《观音颂》,详见附录一:42。

把清净欢喜的国土

他也显示在这[　]。

07　在六道的轮回之中，

他迷惑失败，轮转。

把失去希望的生灵，

通过六字救了出来。

08　他令三阿僧祇劫

瞬时间就能完成。

消失、安息的涅槃，

显示为自己的心情。

09　染污之诸法他绝不放，

不染的涅槃他都不取，

不说是晚，也不说快，

他让人获得真实的佛果。①

第2—6段作者首先将自己作为一个观想者，观想观音"从vaṃ音节显现"，出生于莲花之上，并"借助月轮身发光彩"。所谓"vaṃ音节"和"月轮"，分别指字轮观和月轮观，是行者观想时的两种重要观想方法。其次，作者观想观音头戴宝珠花冠，冠上有阿弥陀佛，拥有四只洁白的手臂，一手拿水晶念珠，一手拿盛开的莲花，另二手结不二印契，腰系彩色腰带，全身用珠宝装饰。从观音的身形、手中所执法器和手结印契来看，作者观想的观音无疑是六字观音。第7—9段作者叙述了六字观音救众生于六道轮回之中，迷茫徘徊和失去希望的生灵依靠六字真言，可以瞬时完成"三阿僧祇劫"的轮回，获得涅槃境界，最终成佛。

该印本的第12段点明了赞美诗的作者为沙拉奇（šaraki）和诗作的时间"庚支马年八月初日"，据皮特·茨默先生研究，"庚支马年"为1330年②。第13—14段叙述了沙拉奇读诵《妙法莲华经·观世音菩萨普门品》（即《观世音经》），并将此经印制一千份散

---

① 阿不都热西提·亚库甫：《古代维吾尔语赞美诗和描写性韵文的语文学研究》，第241—242页。

② Peter Zieme, Avalokiteśvara (Padmapāṇi)-Lobpreis, *Buddhistische Stabreimdichtungen der Uiguren (Berliner Turfantexte XIII)*, Berlin, 1985, p.124.

发,以此功德祝愿远征云南的丈夫跃里帖木儿右丞平安无事,并顺利返家与亲人团聚。据《元史》记载,元文宗时,跃里帖木儿在朝中任中书左丞,后来被委派为云南行省右丞以平定乱事。既然赞美诗中沙拉奇期盼丈夫从云南返回与亲人团聚,则知她印制佛经的地点应该在大都(今北京)。虽然沙拉奇出资印制的《观世音经》没有留存于世,但佛经后的发愿文却在吐鲁番出土,由此,我们不妨作如是推测:生活在大都的回鹘人——沙拉奇一家,带着对故乡的思念,曾将该经散发至吐鲁番。不唯如此,该经传至吐鲁番后还出现了不少抄本,如德国吐鲁番学研究所藏Ch/U6399(TIIS 32a)、Ch/U6821(TIIS 32a,1005)、U5865(TIIIM 132,501)、U5369(TI 578)文书,日本龙谷大学藏Ot.Ry.7019文书,俄罗斯圣彼得堡藏SJ Kr.7文书。①

　　既有文本的流传、抄写,又有图像的绘制,足见当时回鹘人对藏传佛教六字观音的敬信。吐鲁番石窟中,六字观音像虽仅存柏孜克里克第29窟之一例,但证之文献,却能反映出高昌回鹘时期该观音信仰之繁盛。

第三节　七观音像及其信仰

　　六字观音经变中,主尊六字观音位居画面中央,左右两侧除了十一面观音和送子观音外,其余四身为普通菩萨形象。这四身菩萨往往被观者所忽略,但笔者以为不可将他们简单地视为普通的菩萨,他们的名号究竟何指? 德国柏林亚洲艺术博物馆所藏的一幅出自吐鲁番的观音幡画(编号为III 8559),可以为我们释惑。

　　该幡画主尊为正观音,具圆形头光与背光,头顶有阿弥陀佛;观音面相庄严,有胡须,呈男相,肩上的几缕卷曲的头发呈现明显的回鹘画风,左手于腹前托净瓶,右手上举置于胸前似持一朵莲花,结跏趺而坐。观音的上方绘十方佛,两侧各有三身菩萨,其中左中为送子观音,其余无明显观音特征,作双手合十状。观音下方有六身回鹘供养人,供养人的中间为回鹘文发愿文。此发愿文被日本学者森安孝夫和德国学者皮特·茨默二位先生释读,引录如下:

　　　　我们的公主Čačäk是一位在家女信徒,她怀着纯洁和忠实的心敬信三宝,并和

---

①　阿不都热西提·亚库甫:《古代维吾尔语赞美诗和描写性韵文的语文学研究》,第235页。

Mängi Toγrïl、Kälirt(？)······一起谦卑而又惶恐地请得了这幅拥有七位神圣的······菩萨像。借此善行，希望［我们］出生于浊世（？）的［已故的父母和亲属］，（转世于）······（从浊世）逃离并获得佛果。①

发愿文讲述了回鹘公主Čačäk为亡故的父母和亲属祈福，请人制作了一幅"拥有七位神圣的······菩萨像"。"菩萨"一词前面的回鹘文由于比较模糊，无法释读。那么，这七位菩萨究竟指的是什么菩萨？幡画中主尊是正观音，两侧有六身菩萨，其中一身为送子观音。既然七身菩萨中有两身可以明确认定为观音，则"菩萨"一词前模糊的词应为"观音"无疑②。至此，我们可以可以明了此幅幡画表现的主题是正观音为主尊的七观音组合。同样，本文所论之六字观音经变中四身没有观音特征的菩萨，其真正身份仍是观音，该经变的主题为六字观音为主尊的七观音组合。高昌回鹘时期，这样的七观音组合还有如下七例：

（1）德国柏林亚洲艺术博物馆藏观音幡画（编号为Ⅲ 7267）。此画残破，主尊正观音只存头部，具圆形头光，头顶有金身阿弥陀佛；观音有胡须，呈男相，左侧残存两身菩萨，右侧残存一身菩萨，均无明显观音特征，作双手合十状。

（2）德国柏林亚洲艺术博物馆藏千手观音幡画（编号为Ⅲ 4640）。此画残缺，主尊为千手观音，被描绘在一个圆环内，手中持有不同法器。观音左侧有三身菩萨，最上面一身为六臂观音，头顶有化佛，中间两手合十，上两手一手举日，一手残损，下两手一手提净瓶，一手残损；中间一身菩萨双手合十；下边一身菩萨，右手举于胸前，拇指与食指相捻，左手前伸。右侧三身菩萨残损，仅存右下一身菩萨的双手，作合十状。

（3）韩国国立博物馆藏观音幡画（编号为bon4012-1）。此画残缺，主尊圣观音具圆形头光与背光，头顶有阿弥陀佛；观音面相庄严，眉间白毫呈火焰宝珠形，有胡须，呈男相，肩上几缕卷曲头发有明显回鹘画风，左手于腹前托净瓶（？），右手上举置于胸前拇指与食指相捻，结跏趺而坐。观音上方有云纹华盖，华盖左右两侧残损，可能是十方佛。

---

① Takao Moriyasu, Peter Zieme, *Uighur Inscriptions on the Banners from Turfan Housed in the Museum für Indische Kunst, Berlin*, Chhaya Bhattacharya-Haesner, *Central Asian Temple Bannners in the Turfan Collection of the Museum für Indische Kunst, Berlin*, 2003, Berlin, p.469.

② 关于"菩萨"前模糊的词，笔者专门请教了新疆大学回鹘文专家阿依达尔·米尔卡马力先生，他告诉我该词的开头可看到两个字qw(qo)，观音在回鹘文中为qonşiim，因此该词为观音的可能性是存在的。

观音左右两侧有六身菩萨,其中右中、右下两身不存,左中一身为送子观音,其余三身菩萨无明显观音特征,作双手合十状。

(4)俄罗斯艾尔米塔什博物馆藏千手千眼观音绢画。此画保存较好,主尊为千手千眼观音,观音上方为五方佛,左右两侧各有四身菩萨。左侧最上面为文殊菩萨,其下三身菩萨均双手合十;右侧最上面为普贤菩萨,其下三身分别为送子观音和双手合十的菩萨。

(5)柏孜克里克第17窟,正壁为观音塑像(已毁),两侧壁各有三身观音塑像,可惜的是七身塑像均不存。

(6)柏孜克里克第41窟千手千眼观音经变。主尊为千手千眼观音,上方是十方佛,左右两侧各有三身菩萨,左下一身为送子观音,其余菩萨无明显观音特征。

(7)柏孜克里克第46窟右侧壁观音经变。此窟坍塌严重,壁画几乎全部脱落。根据格伦威德尔记述,右侧壁中间一佛龛内残存塑像的右腿向前自然伸出,格氏认为可能是观音。塑像的左侧有三身菩萨,可以辨认的有六臂观音、十一面观音;右侧亦有三身菩萨,上面两身不存,最下面菩萨呈坐姿,右手拿如意宝珠,应为如意轮观音。

总结以上诸例,可得出以下认识:(1)七观音的排列组合为中央主尊观音,左右两侧各三身观音。主尊观音可以是圣观音,也可以是千手千眼观音、六字观音或者其他观音。(2)除了第7例有可能完整表现出七观音形象外,其余均未完整地表现出来,多数观音只是以双手合十的普通菩萨身份被描绘。(3)七观音中,送子观音经常出现,说明了当时该观音信仰的流行。

七观音像中,为什么没有完整地将七位观音表现出来,我们认为当时的信仰者只注重七观音这个笼统的概念,换句话说,他们将七观音作为一个整体而信仰。在此基础上,当需要重点突出某个观音时,他们会个别地将其凸显出来,而这个观音一定是当时比较流行的、深受信众喜爱的。高昌回鹘时期,七观音信仰的盛行除了以上诸例外,尚有一种特殊的七观音护身陀罗尼的存世。此种护身陀罗尼,现存世有四个残片,是19世纪末20世纪初国外探险家在吐鲁番获得,分别藏于德国柏林勃兰登堡科学院吐鲁番学研究所(编号为U3833a,U3833b)、柏林亚洲艺术博物馆(编号为III 6622)和俄罗斯东方学研究所(编号为SI 2Kr.41)。德国回鹘文专家皮特·茨默先生曾对其释读,现引录如下:

U3833b 正面

足智的观世音菩萨的护身陀罗尼。

III 6622 正面

　　这是护身陀罗尼：［oṃ］suci śantika uru hūm kariči yašo yašomati svāhā

SI 2Kr.41

　　这是月身观世音菩萨的护身真言：oṃ candra candramati synw kwcy［l］'bodhi buddhanu soddhi siddhi prakrame-von mir，Elbäg‐svāhā

U3833 a 正面

　　［...］bodhi buddhānu siddhi siddhi p'k［yr'my svaha］mama ya［...］s［vāhā］

U3833b 背面

　　这是（护身陀罗尼）：oṃ amṛtabhaya a［...］phat mama ya［...svāhā］

U3833a 背面

　　这是七身观音菩萨的护身陀罗尼，此陀罗尼（可以）用金、银和红（铜⋯制作）。①

　　皮特·茨默先生将这些文书定名为《七观世音菩萨符陀罗尼》。此外，他还将U3833b正面的"足智的观世音菩萨"与"名称慧观自在菩萨"等同起来，后者出现于不空译《金刚恐怖集会方广轨仪观自在菩萨三世最胜心明王经》（以下简称《最胜心明王经》）。是经记载"名称慧观自在菩萨"的真言为：

---

　　①　Peter. Zieme, "Die sieben Guanyin" und Amulette, *Magische Texte des uigurischen Buddhismus (Berliner Turfantexte XXIII)*, Berlin, 2005, pp.180−182. 德文的翻译由王红梅先生提供，特此致谢！

唵始哦扇（引）底迦哩咔迦啰致也势也戌么底娑嚩（二合）贺。①

这与 III 6622 正面的护身陀罗尼正相符合。此外，SI2Kr.41、U3833a 正面和 U3833b 背面的陀罗尼，出自《最胜心明王经》的月身观自在菩萨真言，是经记载观自在菩萨承世尊之允：

> 又说月身观自在菩萨真言曰："唵赞捺啰（二合）赞捺啰（二合）么底素么底（三）悉哩（二合）曳具扼具扼撶撶撶撶布帝布多宁悉弟悉驮跛啰（引）讫啰（二合）冥娑嚩（二合引）贺阿弭多（引）婆素多娑嚩（二合）贺萨哦衫（引）阿（引）哩夜（二合）嚩路枳帝湿嚩（二合）啰娑嚩（二合）贺（引）。"②

除了"名称慧观自在菩萨真言"和"月身观自在菩萨真言"外，《最胜心明王经》还记述了六条与观音有关的真言，分别是：观自在菩萨念珠真言、观自在菩萨杖真言、观自在菩萨澡罐真言、马头观自在菩萨真言、白衣观自在菩萨真言、勇健观自在菩萨真言。由此可见，U3833a 背面回鹘文所记"七身观音菩萨的护身陀罗尼"应该源自《最胜心明王经》的八条与观音有关的真言。

U3833a 背面的回鹘文提及七观音护身陀罗尼可以用金、银和铜制作，说明这些纸质的护身陀罗尼是制作金属类护身陀罗尼的样稿，同时，样稿本身也可以作为护身陀罗尼使用。如，MIK III 6622 文书残片，纵 11.2、横 6.9 厘米，右侧是朱色陀罗尼咒语，左上是名称慧观自在菩萨小像，墨色勾线，朱色描绘，并涂以金粉，左下是朱色符文（图6-7）。以此观之，该文书的确是一护身陀罗尼，尺寸较小，便于信徒随身携带。

所谓七观音，并没有原始经典依据，是观音信仰地域化的产物，由六观音演化而来。日本台密将化导饿鬼之千手观音、化导地狱之圣观音、化导畜生之马头观音、化导修罗之十一面观音、化导人间之不空羂索观音、化导天人之如意轮观音称为六观音。东密的

---

① ［唐］不空译：《金刚恐怖集会方广轨仪观自在菩萨三世最胜心明王经》，《大正新修大藏经》第二十册密教部三，第12页c栏。
② ［唐］不空译：《金刚恐怖集会方广轨仪观自在菩萨三世最胜心明王经》，《大正新修大藏经》第二十册密教部三，第12页c栏。

图6-7　吐鲁番出土名称慧观自在菩萨护身陀罗尼[①]

<hr />

[①] 德国柏林亚洲艺术博物馆提供，并授权作者使用。

六观音则去除不空羂索观音,另加准胝观音。七观音则综合了台密、东密二说[1]。高昌回鹘时期,回鹘人并未采纳传统的七观音名号制作护身陀罗尼,而是依据《最胜心明王经》中八条与观音有关的真言制作之,个中缘由,不得而知。但透过七观音护身陀罗尼,我们会发现该时期的七观音信仰的确十分盛行。

第四节 观音信仰的净土选择

在本书的第二章,我们详细论述了同处一窟的观音经变和西方净土变的不同"职责",前者满足信仰者的现世希求,后者满足信仰者来世往生的愿望,这样的结论也可以运用到第29窟。该窟左侧壁的六字观音经变和右侧壁的西方净土变相对而绘,经变中不同类型的观音具有不同的殊胜功能,信仰者可以根据不同的需求求助不同的观音。右侧壁主尊阿弥陀佛与两侧的菩萨,构成了佛陀说法、菩萨闻法与供养的场景,阿弥陀佛上方的日月烘托了西方净土世界的无边光明,阿弥陀佛头顶的化佛是接引众生往生西方净土的"使者",七宝池内的莲花及化生童子描绘了往生西方净土的美好愿景。吾人固知,阿弥陀佛是观音的本师,信仰观音死后往生西方净土,这原本是顺理成章的事。但是,该窟在描绘西方净土的同时,又于正壁塑绘弥勒说法的场景,塑像上方的不鼓自鸣乐器表现了弥勒净土的殊胜妙境。这其中又蕴含了什么样的信仰习俗呢?吐鲁番出土的一件回鹘文佛经残卷尾部的发愿文为我们透露了珍贵的信息:

> 通过可敬的、神圣的三宝神力,
>
> 将使我母、我父和我所尊重的人,以及
>
> 我的福慧最高的睿智的导师们,
>
> 在无量寿佛国土(或)兜率天宫,
>
> 根据每个人的意愿而得往生![2]

这篇发愿文提到在无量寿佛国土(即西方净土)还是在兜率天宫(即未来净土)往生,可

---

① 参见佛光大辞典编修委员会:《佛光大辞典》第2册,佛光出版社,1988年,第1314页。

② (德)茨默著,桂林、杨富学译:《佛教与回鹘社会》,民族出版社,2007年,第123页。

以根据个人的意愿随意选择。于此，茨默先生认为："在晚期的回鹘人中至少存在着两种崇拜并驾齐驱、不分彼此的情况。"[①]

笔者认为回鹘人的这种信仰传统不只存在于晚期，早期亦存在。莫高窟306、308、399、418窟属于早期沙州回鹘洞窟，年代在1019至1070年间[②]，其中306、308窟东西两侧壁各有一幅弥勒净土经变，399窟南北两侧壁与418窟北侧壁则各有一幅阿弥陀佛经变[③]。在这7幅变相图中，主尊弥勒佛和阿弥陀佛下方均绘有白衣观音（图6-8），而且是成对出现。吾人固知，在传统的净土变相中，无论是弥勒净土还是西方净土，主尊佛下方显要的位置绘制观音是没有先例的。莫高窟沙州回鹘洞窟的净土变相中出现观音像，看似比较突兀，实则反映了沙州回鹘时期特有的信仰习俗，从观音信仰的角度考虑，信众希望在得到观音庇佑的同时，也希望死后往生弥勒或阿弥陀佛的净土世界。

若依照茨默先生的观点，第29窟的弥勒菩萨与阿弥陀佛正是两种净土信仰"并驾齐驱"的图像化表现。但是，弥勒菩萨塑绘于正壁，在整个洞窟中处于主尊的位置，而阿弥陀佛则"偏居"侧壁，地位稍逊。因此，我们认为该窟两种净土信仰同时存在的确是客观事实，却不是"并驾齐驱"，而是有所偏重于弥勒信仰。

吾人固知，高昌回鹘时期弥勒信仰相当繁盛。阿不都热西提先生认为未来佛弥勒是在回鹘语晚期诗歌中赞颂最多的佛，如《弥勒赞》《弥勒佛赞》《圣尊弥勒赞》《弥勒启请礼》等[④]，其中《圣尊弥勒赞》流传甚广。现藏德国吐鲁番学研究所编号为Ch/U7507(TIIIM228)的小册子，正面书写汉文《大方广佛华严经》，背面书写回鹘文，回鹘文部分包括不同内容、不同文体的佛教作品，第49页至第65页为《圣尊弥勒赞》，由54段韵文构成。其中，前3段如是赞美弥勒：

01　啊，弥勒，圣尊！
　　在兜率陀天，

①（德）茨默著，桂林、杨富学译：《佛教与回鹘社会》，第218页。

② 刘玉权：《关于沙州回鹘洞窟的划分》，载敦煌研究院编：《1987年敦煌石窟研究国际讨论会文集（石窟考古编）》，辽宁美术出版社，1990年，第24页。

③ 这4个洞窟中的7幅净土经变，笔者定名与《敦煌石窟内容总录》（文物出版社，1996年）稍有不同。我的主要依据是主尊佛的坐姿，306、308窟东西两侧壁主尊佛为倚坐，应为弥勒佛，整铺画为弥勒净土经变；399窟南北两侧壁和418窟北侧壁主尊佛为结跏趺坐姿，应为阿弥陀佛，整铺画为阿弥陀经变。

④ 阿不都热西提·亚库甫：《古代维吾尔语赞美诗和描写性韵文的语文学研究》，第35页。

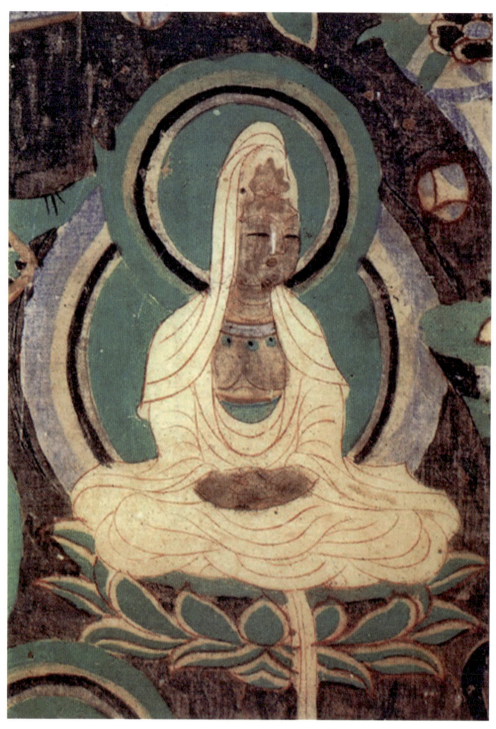

图6-8　莫高窟第308窟白衣观音^①

———————

①　采自中国壁画全集编辑委员会编：《中国敦煌壁画全集10敦煌西夏元》，天津人民美术出版社，
　　1996年，第6页。

坐在名叫高幢的内宫，

你说法说教，

使诸天欢喜，我的天神，

啊，我的天神，圣尊弥勒！

02　弥勒圣尊，

在九十一大劫弥勒禅，你得以修行并掌握了它。

为此，你的弥勒这一大名，

啊，我的天神，遍布在这世界上，

啊，我的天神，圣尊弥勒菩萨！

03　弥勒圣尊，

在你慈悲的胸怀，

一切五世生灵之子，

你都广泛收集收下，

你一视同仁，热爱，我的天神，

啊，我的天神，圣尊弥勒菩萨！①

　　除了赞美弥勒的诗歌之外，还有回鹘文长篇剧本《弥勒会见记》，吐鲁番、哈密均有发现，在焉耆更有吐火罗语本的出土。许多回鹘文写经题记和发愿文常常将与弥勒相会、往生兜率天宫作为信仰的终极归宿。此外，回鹘人在翻译佛经时，往往会有意地在文末加上一些弥勒崇拜的内容，有时还特地选译一些与弥勒崇拜有关的高僧传记，如《大慈恩寺三藏法师传》。其中特别值得注意的是译者胜光法师在翻译时，有意地强调并扩充玄奘法师对弥勒崇拜的内容②。

　　弥勒信仰的繁盛还体现在弥勒成功"夺取"了弥陀的信众。敦煌莫高窟出土的回鹘文写本《观音经相应譬喻》，现藏伦敦大英图书馆，作者可能来自高昌，内容与《观世音菩萨普门品》有关，似为回鹘人讲说《观音经》之后的唱词，以大量的譬喻故事劝诫人们虔诚信佛③。该写本由三篇授记组成，其中第三篇授记集中记述了依《观音经》修行，

---

① 　阿不都热西提·亚库甫：《古代维吾尔语赞美诗和描写性韵文的语文学研究》，第202—203页。
② 　参见杨富学：《回鹘弥勒信仰考》，《中华佛学学报》(台北)第13期(上)，2000年，第21—32页。
③ 　(德) 茨默著，桂林、杨富学译：《佛教与回鹘社会》，第153—155页。

可获得大功德,成就大智慧;以观音慈悲心利乐有情,可往生兜率天宫,与弥勒佛相会,并常住此处①。信仰观音往生弥勒净土的例证还有如下一篇用回鹘文书写的发愿文:

　　此时,一个神圣的月份、令人满意的日子、可选择的好时刻——幸福的鼠年三月十三日,我 Nam Čor,一个俗家弟子,和妻子 Kiu Šun 一起怀着敬信三宝的坚定的心日夜思索:生命是短暂的,财富也是暂时的,我们无法延长生命,也无法使财富永存。既然如此,何不涤荡我们的灵魂,使生命得以永生。

　　我们惶恐地请得了这幅如意轮观音像,这一善举和善果,我和妻子以及亲爱的孩子 Qutluγ Sïngqur、Ädgü Sïngqur、Oγul Sïngqur、Qutadmïš Alp Sïngqur、哥哥 Alp Yegän、儿媳 Yumšaq 等,都很高兴,因为它使我们免于现世的疾病、痛苦和危险的困扰。此外,我们还将此善举回向给已故的父母及其亲属、儿子和女儿的亲属,使他们不堕邪恶之道(即畜生道、饿鬼道、地狱道),再生于兜率天宫。通过这份善举和善果,让我们礼敬未来世的弥勒佛。(让我们)用阎浮檀金装饰弥勒佛庄严的身躯。当我们老去时,可以脱离生死轮回之苦!所有五道内存在的遭遇(将会消失)! ②

回鹘人 Nam Čor 一家请得了一幅如意轮观音像,希望借此善举免受现世诸苦,来世往生弥勒净土,脱离五道轮回。依理而论,信仰观音应该往生阿弥陀佛的西方净土,而他们却选择了弥勒净土。于此,杨富学先生认为:"这种信仰在其他地区是见不到的,是回鹘观音信仰所特有的内容"③。

　　综上所述,我们认为第29窟的修建深刻体现了高昌回鹘时期的信仰思潮。若以该窟的六字观音经变为视角来审视,信仰者一方面希望通过祈求观音而得到现世的佑助,另一方面又希望通过称颂阿弥陀佛和弥勒菩萨而得到来世的往生。但出资修建洞窟的功德主有意将弥勒菩萨置于正壁,而将阿弥陀佛"偏居"侧壁,这至少反映了功德主在选择往生何种净土时,更倾向于弥勒净土。

①　杨富学:《回鹘观音信仰考》,第264页。
②　Takao Moriyasu, Peter Zieme, *Uighur inscriptions on the banners from Turfan housed in the Museum für Indische Kunst, Berlin,* in: Chhaya Bhattacharya-Haesner, *Central Asian Temple Bannners in the Turfan Collection of the Museum für Indische Kunst, Berlin*, 2003, Berlin, p.463.
③　杨富学:《回鹘观音信仰考》,第365页。

本 章 小 结

柏孜克里克第29窟是一座小型长方形纵券顶洞窟,正壁塑绘弥勒净土变,右侧壁绘西方净土变,左侧壁绘六字观音经变,券顶绘千佛。本章主要分析了左侧壁六字观音经变的内容及其绘画风格,同时也关注了该经变与窟内另外两种经变画之间的关系。通过分析与研究,得出如下结论:

第一,该窟壁画既有藏传佛教风格,又承袭了中原的绘画传统,但给人的总体感觉是洞窟壁画的设计者意在突出表现藏传佛教的内容。

第二,左侧壁的六字观音经变,主尊为藏传佛教的六字观音。在吐鲁番石窟中,六字观音像虽仅存该窟之一例,但证之文献,却能反映出高昌回鹘时期该观音信仰之繁盛。

第三,六字观音经变中,主尊六字观音与两侧的六身观音共同构成了七观音组合。这样的组合像式,在吐鲁番石窟壁画和纺织品绘画中屡见不鲜,反映了高昌回鹘时期七观音信仰的繁盛。

第三,从观音信仰的角度分析,信仰者一方面希望通过祈求观音而得到现世的佑助,另一方面又希望通过称颂阿弥陀佛和弥勒菩萨而得到来世的往生。但出资修建洞窟的功德主有意将弥勒菩萨置于正壁,而将阿弥陀佛"偏居"侧壁,这至少反映了功德主在选择往生何种净土时,更倾向于弥勒净土。

结语　多元荟萃: 高昌回鹘时期吐鲁番观音图像的若干认知

　　高昌回鹘时期, 吐鲁番观音图像的绘画风格是多元化的, 既受到来自西面龟兹画风的影响, 也受到来自东面中原、敦煌画风的影响, 当回鹘人归顺蒙元统治后, 藏传佛教风格的绘画也开始出现。

　　龟兹画风对高昌的影响渊源有自, 在吐峪沟石窟的早期洞窟(5—6世纪)中, 具有龟兹画风的壁画比比皆是。到了唐西州时期, 龟兹画风仍有一定的影响, 高昌故城 λ 遗址出土的一幅双观音像①就是极佳的例证。两身观音相向而立, 形象大体相同, 如同一身观音镜子内外的两面像。除了此例外, 这种造型的双观音像仅在敦煌藏经洞发现过一幅②, 根据发愿文判断, 绘制于吐蕃占领敦煌时期, 即781—847年。吐鲁番的双观音像是对敦煌的承袭与模仿, 因此, 其年代与敦煌的双观音像大致相当。但两例双观音像的绘画风格却截然不同, 敦煌的双观音像为中原画风, 吐鲁番的双观音像却有着明显的龟兹画风, 观音的下方还有两身龟兹供养人。高昌回鹘建立后, 龟兹被纳入回鹘人的统辖范围, 高昌和龟兹两地之间的交流更加便利。正是在这样的背景之下, 回鹘风格的壁画才在库木吐喇石窟被发现, 而独具龟兹风格的菱格画也在柏孜克里克第40窟如意轮观音经变中出现。

　　相比龟兹画风对高昌回鹘观音图像的影响, 敦煌画风的影响既深且巨。笔者在德国柏林亚洲艺术博物馆调查该馆所藏吐鲁番出土的纺织品绘画时, 就发现一些具有纯粹敦煌风格的疑似观音③的绘画残片, 应该属于唐西州时期的遗存。高昌回鹘时期, 敦

---

① 这幅双观音像现藏德国柏林亚洲艺术博物馆, 馆藏编号III4542。
② 现藏大英博物馆, 编号为: Ch.XXXVIII.005。
③ 所谓疑似观音是指没有明显观音特征的菩萨, 如由于绘画的残损, 不见菩萨头顶的化佛, 但和敦煌完整的观音像又非常相似。

煌画风的观音图像大量涌现。在第一章中，笔者把高昌回鹘的观音图像分为三期，其中第一期的观音图像显然是在模仿敦煌，年代在9世纪中叶到10世纪间。这一时期吐鲁番与敦煌两地的交往，荣新江先生做过系统的梳理与研究。荣先生指出："敦煌张氏统治归义军时期（851—914），也是西州回鹘势力扩张的时代，双方时战时和，争夺的焦点是位于哈密的伊州。到920年前后，伊州已经牢固地掌握在西州回鹘的手中，与此同时，接替张氏任归义军节度使的曹氏，采取了与西州回鹘相友善的态度。"①敦煌所出汉文文书表明：在公元10世纪，两地政府经常互派使臣来往，这些使臣有不少僧人充当。此外，敦煌文书《乾德四年（966）归义军节度使夫妇曹元忠修功德记》（Ch00207）记载曹元忠夫妇请人抄写《大佛名经》若干部，其中一部送给了西州，这说明高昌回鹘曾经有过向沙州乞经的活动②。在此背景下，吐鲁番出现大量敦煌画风的观音像自然是顺理成章的事。

至于藏传佛教绘画风格的观音像出现的历史背景，要从高昌回鹘归顺蒙元的统治说起。蒙古汗国建立后，回鹘王巴而术阿尔忒的斤审时度势主动脱离西辽统治，并于1211年亲赴蒙古汗廷朝觐成吉思汗。有感于回鹘王的率先归附，成吉思汗将公主许配给他，并认其为自己的第五个儿子。因此，有元一代回鹘人"宠异冠诸国"，"有一才一艺者，毕效于朝"③。由于蒙元统治者崇信藏传佛教，回鹘人受到此风气的熏染，很快接受了藏传佛教，涌现出一批学问高深的藏传佛教僧人，并担负起沟通吐蕃高僧与蒙古贵族的重任④。这些活跃于元朝宫廷的回鹘高僧大都来自高昌，在他们的影响下，故乡的藏传佛教也迅猛发展。19世纪末20世纪初，国外探险家在吐鲁番搜集到不少翻译自藏文的回鹘文佛经，甚至还有一些藏文佛经。吐鲁番石窟中出现了许多藏传佛教风格的壁画，如柏孜克里克第29窟就是一个藏传佛教内容为主的洞窟，笔者甚至以为该窟很可能是六字观音的修法窟。

回鹘人在吸收、学习周边佛教艺术的同时，逐渐形成了自己的绘画风格。其成熟期为11至12世纪，对应第一章所论之观音图像的第二期。该期的观音图像摆脱了第一期

---

① 荣新江：《归义军史研究——唐宋时代敦煌历史考索》，上海古籍出版社，1996年，第351页。
② 荣新江：《归义军史研究——唐宋时代敦煌历史考索》，第377页。
③ 赵孟頫著，黄天美点校：《松雪斋集》卷七《文定全公神道碑铭》，西泠印社出版社，2010年，第183页。
④ 王红梅、杨富学：《元代畏兀儿历史文化与文献研究》，甘肃教育出版社，2015年，第47页。

敦煌画风的影响,观音造型庄严,遵循一定的造像法度,具有较高的艺术水准。值得注意的是,回鹘画风很可能掺杂进了宋代中原的画风,由于宋代遗留下来的佛教艺术品并不多,因此我们很难说清所谓的回鹘风格的绘画,哪些是纯粹的回鹘风格。比如,观音头束高髻,鬓旁头发绕耳两圈,余发分缕呈卷曲状披散于肩。这样的发式是观音(或其他菩萨)最常见的一种发式,过去我们常以为是回鹘风格的,但实际上是北宋初期就开始在中原流行的一种菩萨发式,传入高昌后,回鹘人将其程式化地发扬光大了。

吐鲁番石窟中的观音像常以经变画的形式呈现,目前发现的有宝王经变、千手千眼观音经变、如意轮观音经变和六字观音经变。柏孜克里克第17窟的宝王经变是高昌回鹘时期新创作的经变画,不见于全国其他地区。该经变是根据北宋时期印度来华僧人天息灾翻译的《宝王经》而绘制,属于构图布局比较独特的观音经变,以佛陀为主尊与闻法大菩萨一问一答间宣说观音的威神功德,将观音在不同国度与地域救度世间有情的场景以连环画的形式徐徐展开,这与传统的以观音为主尊的单幅画有明显的区别。该经变的首次释读有着十分重要的意义,一方面反映了高昌回鹘时期观音信仰形式的多样化和丰富的内涵,另一方面证明了中原的佛经翻译为高昌回鹘佛教发展与创新提供了源源不断的新鲜血液。中原的佛经翻译之于高昌回鹘佛教发展的贡献,还体现在柏孜克里克第40窟的如意轮观音经变中的十大明王,十大明王出自北宋法贤译《十忿怒明王经》和施护译《大教王经》。此外,如意轮观音经变中还出现了释迦和弥陀的组合像,这与宋代的佛教实践密不可分。据北宋天台僧仁岳所著《观自在菩萨如意轮咒课法》记载可知,如意轮观音道场设置释迦像和弥陀像,与经文所载坛法不合,是中土僧人的创新。北宋时期,中原与西域的交通并没有因辽和西夏的阻隔而完全中断,高昌回鹘(包括龟兹回鹘)还常派使节到北宋朝贡,在此过程中还得到了一套完整的《开宝藏》;北宋也比较重视与西域的往来,曾派王延德出使高昌。除此之外,传统文献再没有更多的历史记载,但上述观音经变画所展现的琐碎信息,却让我们相信北宋与高昌回鹘的交往远比文献记载要丰富得多。

柏孜克里克第29窟的六字观音经变,主尊为藏传佛教的六字观音,与两侧的六身观音一起构成七观音组合。这样的七观音组合像在吐鲁番石窟和出土的纺织品绘画中十分普遍,反映了七观音信仰在高昌回鹘时期是非常流行的。值得注意的是,高昌回鹘时期七观音像的绘制并没有严格遵循特定的像式。我们经常所说的七观音是指圣观音、千手千眼观音、马头观音、十一面观音、不空羂索观音、如意轮观音、准胝观音。而吐鲁番所留存下来的七观音像,主尊可以是圣观音,也可以是千手千眼观音,还可以是六字观音；其余六身观音的配置也比较随意，除了送子观音比较固定外，其余观音常常以普通菩萨的身份示现。此外，在回鹘文《七观世音菩萨符陀罗尼》中，甚至还出现了名称慧观自在菩萨和月身观自在菩萨等七身观音，出自不空译《最胜心明王经》，与传统上而言的七观音完全不同。

以上所述观音经变与洞窟内其他壁画题材构成五种组合。第一种组合为单一的观音经变，窟内没有其他经变画。第二种为观音经变与佛本行经变的组合。第三种为观音经变与鹿野苑说法组合。第四种为观音经变与净土经变的组合。第五种为观音与文殊、普贤构成的华严三大士组合。其中，后两种组合的洞窟数量较多。

第四种组合中的净土经变主要是指西方净土，它与观音经变同处一个洞窟内，反映了信仰者希望通过祈求观音而得到现世的佑助，通过称颂阿弥陀佛死后可以往生西方净土。此外，柏孜克里克第29窟在绘制观音经变和西方净土变的同时，还绘制了弥勒净土变，颇有特色。吐鲁番出土的一件回鹘文发愿文中提到信仰者可以根据自己的意愿选择往生阿弥陀佛的国土或弥勒佛的国土，第29窟的西方净土变和弥勒净土变完整体现了回鹘人的这种信仰潮流。但是，该窟的弥勒净土位居正壁，而西方净土则"偏居"侧壁，这说明信仰者（至少是出资修建洞窟的功德主）在选择两种净土时，是偏爱弥勒净土的。

第五种组合以柏孜克里克第39窟为代表，该窟的壁画表现出浓厚的华严思想。观音位居正壁，与两侧壁的文殊与普贤构成三大士组合，他们是洞窟所要表现的主体，而中央佛坛的释迦牟尼佛塑像与两侧壁的十大菩萨、四大天王，共同构成了宏大的说法、听法和护法场景，信徒礼拜三大士时宛若置身于庄严的华严海会之内。华严三大士像滥觞于唐代，辽、宋、金三朝始得发扬，河北正定隆兴寺、天津宝坻广济寺、山西长子崇庆寺、朔县崇福寺均有该时期的三大士像。高昌回鹘的三大士像与中原是同步的，是中原华严三大士信仰向西传播的典型例证。

此外，第39窟的三大士都有自己不同的眷属，某些眷属的像式与敦煌、黑水城同类题材的像式非常接近，体现了三地之间在绘画传统上的承袭关系。比如新样文殊中的于阗王，头戴高尖帽，怒目圆睁，高鼻梁，络腮胡须，身材矮壮敦实，袖子高高挽起，双手紧握缰绳，左腿前迈，右腿发力蹬地，表现出奋力驭狮之状。这种形象的于阗王是回鹘人的创新，与中原和敦煌的于阗王像迥异，而与黑水城出土的一幅西夏时期新样文殊绢画中的于阗王像相同，反映了高昌回鹘对西夏佛教艺术的影响。文殊、善财童子与于阗王被称为新样文殊三尊，与三尊相对，又有新样文殊五尊，即三尊加上文殊化现的老人与僧人佛陀波利。第39窟的新样文殊中除了五尊像外，又多出了一位难陀童子，或可称之为新样文殊六尊。无论是于阗王、善财童子，还是持杖老人、僧人佛陀波利，都与文殊化现故事有关，且均发生在五台山。依理而论，难陀童子作为文殊的使者，也应该与文殊化现故事有关，该故事的发生地也应该在五台山。新样文殊六尊像只出现于吐鲁番，而不见于其他地区，个中缘由，尚不明了。笔者推测，回鹘人赴五台山朝拜时，见此六尊像与传统的三尊像、五尊像有别，故而回国时将其带回，成为绘制新样文殊所参考的底本。

　　总之，就绘画风格来看，高昌回鹘时期吐鲁番的观音图像是多元化的，受到了中原、敦煌和龟兹画风的影响，在此基础上形成了独具特色的回鹘画风。就壁画内容来看，以汉传佛教为主导，并吸收了藏传佛教的图像题材，与此同时，本地的信仰习俗也巧妙地融入了观音图像之中。

附录一：吐鲁番出土胡汉诸本观音经典、赞美诗、发愿文、功德疏一览表

序号	编 号	名 称	语 种	描 述	所引书页码
1	2917	唐写经、造像功德疏残片	汉文	京都龙谷大学大宫图书馆藏大谷文书。存3行，第1行记有"观世音菩萨一 地藏菩萨一"，第2行记有"写法华经十卷"，第3行为"右伴功德并为修造毕"。	115
2	4058	《千手千眼观世音菩萨广大圆满无碍大悲心陀罗尼经》残片	汉文	京都龙谷大学大宫图书馆藏大谷文书。本件可与大谷4064缀合。	230
3	4064	《千手千眼观世音菩萨广大圆满无碍大悲心陀罗尼经》残片	汉文	京都龙谷大学大宫图书馆藏大谷文书。本件可与大谷4058缀合。	231
4	4187	"观世音菩萨经"残片	汉文	京都龙谷大学大宫图书馆藏大谷文书。残存"观世音菩萨经"6字。	241
5	4442	《千眼千臂观世音菩萨陀罗尼神咒经》卷下残片	汉文	京都龙谷大学大宫图书馆藏大谷文书。	263
6	199（原编号无）	六朝写经线字册（二）	汉文	东京书道博物馆藏，有"法华经·普门品"。	510
7	205（原编号无）	唐写经残片册（三）	汉文	东京书道博物馆藏，有"法华经·普门品"。	510
8	残影128	《佛说十一面观音神咒经》残片	汉文	北朝，高昌国时期。大阪四天王寺出口常顺藏。	578
9	残影232	《观世音折刀除罪经》	汉文	唐代。大阪四天王寺出口常顺藏。	583

（续表）

序号	编　号	名　　称	语　种	描　　述	所引书页码
10	003（原编号无）	《妙法莲华经·普门品》残片	回鹘文	日本散见吐鲁番文书。	593
11	Ch1171（TII4099）	《佛说高王观世音经》	汉文	德国国家图书馆藏。刻本。	98
12	Ch1527	《千手千眼观世音菩萨广大圆满无碍大悲心陀罗尼经》	汉文	德国国家图书馆藏 约9—10世纪。	127
13	Ch1552（TII1111）	《千手千眼观世音菩萨广大圆满无碍大悲心陀罗尼经》	汉文	德国国家图书馆藏。约9—10世纪。	129
14	Ch3095v	《观世音如意心轮最胜秘密无碍陀罗尼别行》	汉文	德国国家图书馆藏 马鸣菩萨造译。正面是道经,抄写年代在道经之后。	251
15	Ch3258（TIIT1502）	《佛说高王观世音经》	汉文	德国国家图书馆藏 吐峪沟遗址出土。	264
16	Ch5545（TIIT1216）	《(清观世音菩萨消伏毒害陀罗尼咒经》	汉文	德国国家图书馆藏。约7世纪中至8世纪末 吐峪沟遗址出土。题记:"盖闻大真如果,大土投岩,思闻半偈之指(旨)。今正信弟子情(清)信女皇台、割咸(减)资财,敬写《消伏毒经》一卷,愿读诵者发无上之心,愿法界众生,一时成佛。"	324
17	Ch/U6339	《千眼千臂观世音菩陀罗尼神咒经》卷下	汉文	德国国家图书馆藏。	360
18	Ch/U6570r	《千眼千臂观世音菩萨大悲心陀罗尼》(或《千手千眼观世音菩萨广大圆满无碍大悲心陀罗尼经》)	汉文	德国国家图书馆藏 行间有回鹘文。	377
19	Ch/U6833（TII34.30）	《千手千眼观世音菩萨广大圆满无碍大悲心陀罗尼经》	汉文	德国国家图书馆藏。约9—10世纪。	395
20	Ch/U6866a	《千眼千臂观世音菩陀罗尼神咒经》卷下	汉文	德国国家图书馆藏。	398

序号	编　　号	名　　称	语　种	描　　述	所引书页码
21	Ch/U6866b	《千眼千臂观世音菩萨陀罗尼神咒经》卷下	汉文	德国国家图书馆藏。	398
22	Ch/U7014d（T?M145）	《千眼千臂观世音菩萨陀罗尼神咒经》卷下	汉文	德国国家图书馆藏。	409
23	Ch/U7399（TIIT 1506）	《观世音菩萨授记经》	汉文	德国国家图书馆藏。刻本。吐峪沟遗址出土。	436
24	Ch/U7408	《观世音菩萨授记经》	汉文	德国国家图书馆藏。刻本。	436
25	Ch/U7438（TIIT 470）	《观世音菩萨授记经》	汉文	德国国家图书馆藏。刻本。吐峪沟遗址出土。	439
26	Ch/U7460r（TIα）	《不空羂索神变真言经》卷一	汉文	德国国家图书馆藏。刻本。高昌故城α遗址出土。	440
27	Ch/U7463（TIIT 1273）	《观世音菩萨授记经》	汉文	德国国家图书馆藏。刻本。吐峪沟遗址出土。	441
28	Ch/U7469v	《观世音菩萨赞诗》	回鹘语	有汉字朱印。	441
29	Ch/U7690b	《千手千眼观世音菩萨姥陀罗尼身经》卷上	汉文	德国国家图书馆藏。	456
30	Ch/U8157（TII 1702）	《千手千眼观世音菩萨姥陀罗尼身经》	汉文	德国国家图书馆藏。	474
31	U2297（T I D）	《千手千眼观世音菩萨广大圆满无碍大悲心陀罗尼经》	回鹘语	德国国家图书馆藏。高昌故城出土。	574
32	U2304（T I D）	《千手千眼观世音菩萨广大圆满无碍大悲心陀罗尼经》	回鹘语	德国国家图书馆藏。高昌故城出土。	574
33	U2309（TID93/502）	《千手千眼观世音菩萨广大圆满无碍大悲心陀罗尼经》	回鹘语	德国国家图书馆藏。高昌故城出土。	574
34	U2330（TID523）	《千手千臂观世音菩萨陀罗尼神咒经》	回鹘语	德国国家图书馆藏。有胜光法师译经题记。高昌故城出土。与U2511可以缀合。	574

（续表）

序号	编号	名称	语种	描述	所引[书]页码
35	U2363（TID668）	《千手千眼观世音菩萨广大圆满无碍大悲心陀罗尼经》	回鹘语	德国国家图书馆藏。	576
36	U2476（TII603）	《千眼千臂观世音菩萨陀罗尼神咒经》	回鹘语	德国国家图书馆藏。与Kr.29/13+Kr.30/4+Kr.30/19+Kr.29/15+Kr.30/13可以缀合。	580
37	U2511	《千手千臂观世音菩萨陀罗尼神咒经》	回鹘语	德国国家图书馆藏。有胜光法师译经题记。与U2330可以缀合。高昌故城出土。	580
38	U3833a	《七观世音符陀罗尼》	回鹘语	德国国家图书馆藏。与U3833b属于同一写本。	627
39	U3833b	《七观世音符陀罗尼》	回鹘语	德国国家图书馆藏。与U3833a属于同一写本。	627
40	U4288（TIIIM200）	《观世音本尊修法》	回鹘语	必兰纳识里译、木头沟遗址出土。	635
41	U4706（TIIIM183）	《观世音本尊修法》	回鹘语	必兰纳识里译、木头沟遗址出土。	643
42	U4707（TIIIM187）	《观音颂》	回鹘语	时代为1330年、驻守云南的回鹘官员跃里帖木儿之妻施印。木头沟遗址出土。	643
43	U4708（TIIIM192a）	《观世音本尊修法》	回鹘语	必兰纳识里译、木头沟遗址出土。	643
44	U4710（TIIIM192b）	《观世音本尊修法》	回鹘语	必兰纳识里译、木头沟遗址出土。	643
45	U4921（TIIID199）	《观音颂》	回鹘语	德国国家图书馆藏。高昌故城出土。	650
46	U5103（TIIITV57）	《千手千眼观世音菩萨赞歌》	回鹘语	德国国家图书馆藏。吐鲁番北山前坡地遗址出土	653

（续表）

序号	编 号	名 称	语 种	描 述	所引书页码
47	U5461（TID609）	《圣观世音大悲心总持功能依经录》	回鹘语	德国国家图书馆藏。高昌故城出土。	668
48	U5803+U6048+U6277	《千手千眼观世音菩萨赞歌》	回鹘语	德国国家图书馆藏。与U5950可以缀合。	673—674
49	U5865（TIIIM132,501）	《观音赞歌》	回鹘语	德国国家图书馆藏。木头沟遗址出土。	674
50	U5880（TIIIM219,505）	《圣观世音大悲心总持功能依经录》	回鹘语	德国国家图书馆藏。木头沟遗址出土。	675
51	U5950（TIII234）	《千手千眼观世音菩萨赞歌》	回鹘语	德国国家图书馆藏。与U5803+U6048+U6277可以缀合。	676
52	U5964（TIIIM）	《观世音本尊修法》	回鹘语	德国国家图书馆藏。必兰纳识里译，木头沟遗址出土。	676
53	Mainz213（TID93/505）	《千手千眼观世音菩萨广大圆满无碍大悲心陀罗尼经》	回鹘语	现藏德国国家图书馆（原藏美因茨[Mainz]科学院部分）。高昌故城出土。	706
54	Mainz231（TID93）	《千手千眼观世音菩萨广大圆满无碍大悲心陀罗尼经》	回鹘语	现藏德国国家图书馆（原藏美因茨科学院部分）。有题跋云："时幸福的、伟大的桃花石国中有的洞彻三藏……寺中的洞叫……的大法师从印度语译为桃花石语。又受赞颂的十姓回鹘后学列失人里人圣光法师再由桃花石语译为突厥语，名之曰《千手千眼观世音菩萨……[经]》第三品终。"高昌故城出土。	707
55	Mainz289（TIIY51-a）	《妙法莲华经·观世音菩萨普门品》	回鹘语	现藏德国国家图书馆（原藏美因茨科学院部分）。交河故城出土。	710
56	Mainz733（TIIY32+TIIY39+TIIY60）	《妙法莲华经·观世音菩萨普门品》	回鹘语	现藏德国国家图书馆（原藏美因茨科学院部分）。交河故城出土。	742

（续表）

序号	编　号	名　　称	语　种	描　　述	述	所引书页码
57	Tu7-1	《千手千眼观世音菩萨广大圆满无碍大悲心陀罗尼经》	藏语	德国国家图书馆藏。		751
58	MIKIII84（TIIY2）	《观自在菩萨如意轮念诵仪轨》	汉文—婆罗米文双语	德国柏林亚洲艺术博物馆藏。	交河故城出土。	776
59	TIIY10+TIIY18	《妙法莲华经·观世音菩萨普门品》	回鹘语	现不知所藏德藏吐鲁番文献。	交河故城出土。	809
60	TIIY54a	《观世音经》	回鹘语	现不知所藏德藏吐鲁番文献。	交河故城出土。	812
61	MIKIII6622（TIIS20）	《七观音菩萨阤陀罗尼》（拟）	回鹘语	德国柏林亚洲艺术博物馆藏。	胜金口遗址出土。	794
62	SI2Kr.41	《七观音菩萨阤陀罗尼》	回鹘语	俄罗斯圣彼得堡东方学研究所藏。		914
63	SIKr.II/29-1	《观世音菩萨秘密藏如意陀罗尼神咒经》	回鹘语	俄罗斯圣彼得堡东方学研究所藏。		931
64	SIKr.II/29-3	《千眼千臂观世音菩萨陀罗尼神咒经》	回鹘语	俄罗斯圣彼得堡东方学研究所藏。		931
65	SIKr.II/29-7	《千眼千臂观世音菩萨陀罗尼神咒经》	回鹘语	俄罗斯圣彼得堡东方学研究所藏。		931
66	SIKr.II/29-10	《千眼千臂观世音菩萨陀罗尼神咒经》	回鹘语	俄罗斯圣彼得堡东方学研究所藏。		932
67	SIKr.II/29-13	《千眼千臂观世音菩萨陀罗尼神咒经》	回鹘语	俄罗斯圣彼得堡东方学研究所藏。		932
68	SIKr.II/30-4	《千眼千臂观世音菩萨陀罗尼神咒经》	回鹘语	俄罗斯圣彼得堡东方学研究所藏。		932

（续表）

序号	编号	名称	语种	描述	所引书页码
69	SIKr.II/30-13	《千眼千臂观世音菩萨陀罗尼神咒经》	回鹘语	俄罗斯圣彼得堡东方学研究所藏。	932
70	SIKr.II/30-14	《千手千眼观世音菩萨广大圆满无碍大悲心陀罗尼经》	回鹘语	俄罗斯圣彼得堡东方学研究所藏。	932
71	SIKr.II/30-15	《千眼千臂观世音菩萨陀罗尼神咒经》	回鹘语	俄罗斯圣彼得堡东方学研究所藏。	932
72	SIKr.II/30-16	《千手千眼观世音菩萨广大圆满无碍大悲心陀罗尼经》	回鹘语	俄罗斯圣彼得堡东方学研究所藏。	932
73	SIKr.II/30-19	《千手千臂观世音菩萨陀罗尼神咒经》	回鹘语	俄罗斯圣彼得堡东方学研究所藏。	932
74	无原编号	《妙法莲华经·观世音菩萨普门品》	回鹘语	俄罗斯圣彼得堡东方学研究所藏。	938
75	80TBI:099	《妙法莲华经》卷七《观世音菩萨普门第二五》	汉文	吐鲁番博物馆藏。柏孜克里克石窟出土。	180
76	80TBI:003	《妙法莲华经》卷七《观世音菩萨普门第二五》	汉文	吐鲁番博物馆藏。柏孜克里克石窟出土。	180后插页
77	80TBI:148	《请观世音菩萨消伏毒害陀罗尼咒经》卷一	汉文	吐鲁番博物馆藏。柏孜克里克石窟出土。	279
78	80TBI:097	《请观世音菩萨消伏毒害陀罗尼咒经》卷一	汉文	吐鲁番博物馆藏。柏孜克里克石窟出土。与80TBI:455-15缀合。	280
79	80TBI:455-15	《请观世音菩萨消伏毒害陀罗尼咒经》卷一	汉文	吐鲁番博物馆藏。柏孜克里克石窟出土。与80TBI:097缀合。	281
80	80TBI:213	《请观世音菩萨消伏毒害陀罗尼咒经》卷一	汉文	吐鲁番博物馆藏。柏孜克里克石窟出土。	281

(续表)

序号	编号	名　称	语种	描　述	所引书页码
81	80TBI:035	《请观世音菩萨消伏毒害陀罗尼三昧仪经明证意第二》	汉文	吐鲁番博物馆收藏。柏孜克里克石窟出土。	306
82	2002TJI:005	《妙法莲华经》卷七《观世音菩萨普门品第二四》	汉文	2002年吐鲁番征集，或为《添品妙法莲华经》卷七《观世音菩萨普门品第二四》，唐西州时期写本。	234
83	2002TJI:023	《妙法莲华经》卷七《观世音菩萨普门品第二五》	汉文	2002年吐鲁番征集，或为《添品妙法莲华经》卷七《观世音菩萨普门品第二四》，唐西州时期写本。	241
84	2002TJI:037b	《妙法莲华经》卷七《观世音菩萨普门品第二五》	汉文	2002年吐鲁番征集，或为《添品妙法莲华经》卷七《观世音菩萨普门品第二四》，唐西州时期写本。	248
85	Ast.ix.2053	《唐乾封二年（667）西州高昌县前官泛延仕姜董真英功德疏》	汉文	英国国家图书馆藏吐鲁番文书。出自阿斯塔那504号墓，写"消伏、观音各一卷"，"诵观音经"。	346—347
86	72TAM201:33	《唐咸亨五年（674）兵为阿婆录在生及亡没所修功德牒》	汉文	新疆博物馆藏吐鲁番文书。写"观世音经一卷"。	500—501
87	80TB:003	高昌建昌五年（559）写《妙法莲华经·观世音菩萨普门品》尾记	汉文	吐鲁番博物馆收藏。柏孜克里克石窟出土。	128

注：1—10引自陈国灿、刘安志主编：《吐鲁番文书总目·日本收藏卷》，武汉大学出版社，2005年。11—74引自荣新江主编：《吐鲁番文书总目·欧美收藏卷》，武汉大学出版社，2007年。75—81引自新疆维吾尔自治区吐鲁番学研究院、武汉大学三至九世纪研究所编著：《吐鲁番柏孜克里克石窟出土汉文佛教典籍》，文物出版社，2007年。82—84引自荣新江、孟宪实、李肖实主编：《新获吐鲁番出土文献》，中华书局，2008年。85引自陈国灿著：《斯坦因所获吐鲁番文书研究》，武汉大学出版社，1994年。86引自唐长孺主编：《吐鲁番出土文书》第六册，文物出版社，1985年。87引自柳洪亮著：《新出吐鲁番文书及其研究》，新疆人民出版社，1997年。

附录二：散藏世界各地吐鲁番观音图像一览表

序号	馆藏编号	名 称	尺寸（厘米）	质 地	描 述	所引书页码
1	III4806	持莲观音	41×20.3	麻	现藏德国柏林亚洲艺术博物馆（以下2—88均藏该馆，不再——标注），出土于高昌故城。单尊观音幡画，幡头残缺。	170—171
2	III6588	《观世音菩萨普门品》绘画残片	16.2×15.8	丝	出土于哈拉沟石窟。残存汉文题记五行，出自《妙法莲华经》卷七《观世音菩萨普门品第二十五》。	175—176
3	III9171	持莲观音	49.5×19.3	棉	出土于哈拉沟石窟。单尊观音幡画，保存相对较好。	174—175
4	III9366	持莲观音	33×19.5	棉	出土于哈拉沟石窟。单尊观音幡画，仅存观音上身部分。	175
5	III7513	观音绘画残片	14.5×5	丝	出土于柏孜克里克石窟。仅存汉文题记一行"悲观世音"。	176
6	III1521+III6963	观音	44×23.3+18.5×32	棉	出土于胜金口第9号佛寺。单尊观音幡画，观音双脚残缺。	176—178
7	III6304	观音	55×24	棉	出土于交河故城。单尊观音幡画，观音双脚残缺。	178—179
8	III6306	观音	45×21.5	棉	出土于交河故城。单尊观音幡画，幡头与观音双脚残缺。	179—180

（续表）

序号	馆藏编号	名称	尺寸（厘米）	质地	描述	所引书页码
9	III6458	观音	42×29	棉	出土于交河故城。单尊观音幡画，观音下身残缺。	180
10	III6601	观音	31×18.2	麻	出土于高昌故城。单尊观音幡画，观音下身残缺。	180—182
11	III7301	观音	61×36.5	麻	出土于交河故城。单尊观音幡画，保存相对较好。	182—184
12	III6403a	观音	16×18.5	丝	出土于吐峪沟石窟。仅存观音眼睛以上部分。	184
13	III6534	观音	8.6×7.2	丝	出土于吐峪沟石窟。仅存观音头部。	185
14	III609	观音	13×10.3	棉	出土于吐鲁番。仅存观音头部。	185
15	III6617	观音	23.5×12.7	丝	出土于胜金口。仅存观音脸部左侧部分。	186
16	III6578	观音	8×14.6	丝	出土于吐峪沟石窟。仅存观音的日月冠。	187
17	III6564	观音	18.5×27.6	丝	出土于吐峪沟石窟。仅存观音花冠及榜题"大悲"二字。	187—188
18	III6362	观音	17.4×11.5	丝	出土于吐峪沟石窟。仅存观音胸部以上部分。	188—189
19	III6166	观音	34.5×27.5	丝	出土于高昌故城。仅存观音胸部以上部分。	189—190
20	III7061b	观音	5.5×5.8	丝	出土于高昌故城。仅存观音头上冠饰。	190
21	III7300	观音	54.5×18.5	麻	出土于交河故城。单尊观音幡画，观音双脚残缺。	190—192
22	III4542	双观音	50.2×32	棉	出土于高昌故城入遗址。两身观音相向而立，为镜像式造型，下方有龛两身龟兹供养人。	192—194

（续表）

序号	馆藏编号	名 称	尺寸（厘米）	质 地	描 述	所引书页码
23	III6833	水月观音	102×51	棉	出土于高昌故城K遗址。磨损较为严重，上方一圆环内绘水月观音，观音两侧残存四身菩萨，下方绘八身比丘与八身回鹘供养人。	195—197
24	III529+III4541，III4536b	水月观音	47.3×39+12.3×28.8+12.9×18.9	丝	出土于高昌故城。保存较差。上方绘一佛（或菩萨），中部残留水月观音的右臂、净瓶、浅绿色的水、童子等，下方绘八臂观音。	197—199
25	III533	如意轮观音	57.7×89	棉	可能出土于高昌故城。保存较差。主体画面残损，根据下方的回鹘文发愿文可知是如意轮观音绢画。	200—202
26	III7307	千眼观音	49.2×32	棉	出土于吐峪沟石窟。幡头绘20余只眼睛，幡身书写回鹘文发愿文。	203—204
27	III7308	千眼观音	58.5×36	棉	出土于吐峪沟石窟。幡头与幡身均绘眼睛。	204—205
28	III7787	千眼观音	17.5×16.5	棉	出土于木头沟。保存较差。仅存十余只眼睛。	205
29	III6431	千手观音	8.6×7.4	丝	出土于高昌故城K遗址。保存较差。仅存四个手臂。	205—206
30	III7005b	千手观音	7.8×7.7	丝	出土于高昌故城α遗址。残存一只手，手中持法器（查雅先生认为是海螺）。	206
31	III159a	千手观音	24×4.7	丝	出土于胜金口。图像基残，金粉做底色，朱色勾线，隐约可见数只手。	206

(续表)

序号	馆藏编号	名　　称	尺寸（厘米）	质　地	描　　　述	所引书页码
32	III6984	千手观音	10×7	丝	出土于高昌故城。残存观音右肩及数只手臂,其中一只手握锡杖。	206—207
33	III6652	千手观音	14.7×12.6	丝	出土于吐峪沟石窟。残存观音数只手臂,手中持有法器。	207
34	III578	千手观音	9.7×7.3	丝	出土于吐鲁番（具体地点不详）。残存观音三只手。	207
35	III136	千手观音	12.3×4.5	丝	出土于木头沟。残存观音数只手臂,手中持有法器。	207—208
36	III7313d,e,III7783b	千手观音	21.5×16.5+12×7.2+27.6×23	丝	出土于柏孜克里克石窟。残存观音数只手臂及两条龙。	208
37	III7445	千手千眼观音	43.5×7.2	丝	出土于柏孜克里克石窟。残存观音数只手,手中绘眼。	208—209
38	III7783a1b+III7783II	千手千眼观音	15.7×4.5+26.9×18	丝	出土于柏孜克里克石窟。残存观音数只手,手中持花,果与大象。	209—210
39	III7783a,n+III7784e,III7783c	千手千眼观音	46.5×26.7+2.6×6.2+3.3×3+23.3×13.3	丝	出土于柏孜克里克石窟。残存观音数只手,手中持杨柳枝,摩尼宝珠与鹿等。	210
40	III7783f	千手千眼观音	26.5×24.5	丝	出土于柏孜克里克石窟。残存观音数只手,手中持有法器。	210
41	III7783a1Ia,a1Ib	千手千眼观音	14×8+10.7×7	丝	出土于柏孜克里克石窟。残存观音数只手,手中持有法器。	210—211
42	III7783a1a,a1c	千手千眼观音	14.5×10.8+5.7×2	丝	出土于柏孜克里克石窟。残存观音数只手,手中持花。	211—212

（续表）

序号	馆藏编号	名称	尺寸（厘米）	质地	描述	所引书页码
43	III7783aIII	千手千眼观音	23.6×2.3	丝	出土于柏孜克里克石窟。残存观音数只手。	212
44	III7783o	千手千眼观音	3.2×2	丝	出土于柏孜克里克石窟。甚残。	212
45	III7783g	千手千眼观音	7.5×13	丝	出土于柏孜克里克石窟。残存观音数只手。	212—213
46	III7783h	千手千眼观音	5.2×10	丝	出土于柏孜克里克石窟。甚残，仅存三个手指。	213
47	III7783i	千手千眼观音	9×5.2	丝	出土于柏孜克里克石窟。甚残，仅存两只手的手腕与手掌部分。	213
48	III7783j	千手千眼观音	5×5	丝	出土于柏孜克里克石窟。甚残，仅存一只手的手掌部分。	213
49	III7783k	千手千眼观音	7×4	丝	出土于柏孜克里克石窟。甚残，仅存一只手的手掌与手指部分。	213
50	III7783l	千手千眼观音	6.7×5	丝	出土于柏孜克里克石窟。甚残，仅存两只手的手指部分。	214
51	III7783m	千手千眼观音	5.7×4.3	丝	出土于柏孜克里克石窟。甚残，仅存一只手的手指部分。	214
52	III7784a	千手千眼观音	6.8×7.4	丝	出土于柏孜克里克石窟。甚残，仅存一手，手中托莲花纹敞口杯。	214
53	III7784b	千手千眼观音	5×4	丝	出土于柏孜克里克石窟。甚残，仅存一朵莲花。	214
54	III7784c	千手千眼观音	2.9×3.5	丝	出土于柏孜克里克石窟。甚残，仅存三根手指及一人像的头部。	214

（续表）

序号	馆藏编号	名称	尺寸（厘米）	质地	描述	所引书页码
55	III7784d	千手千眼观音	2.5×2.9	丝	出土于柏孜克里克石窟。甚残，仅存三根手指。	214
56	III6532	千手千眼观音	16×8.3	丝	出土于柏孜克里克石窟。甚残，仅存数根手指的指尖部分。	215
57	III7313c,f	十一面千手千眼观音	15.2×15+15.2×2.6	丝	出土于柏孜克里克石窟。残存观音的八面、一手掌、一拇指。	215—216
58	III7000a,b	千手千眼观音	12×12.5+8.5×7	丝	出土于高昌故城α遗址。仅存三只手（手中有眼）及花叶装饰图案。	216
59	III7000e	千手千眼观音	4×4.5	丝	出土于高昌故城α遗址。残存黄色小花。	216
60	III7000f	千手千眼观音	5×3.5	丝	出土于高昌故城α遗址。残存花叶图案。	216—217
61	III7000g	千手千眼观音	3×6.7	丝	出土于高昌故城α遗址。残存花叶图案。	217
62	III7000h	千手千眼观音	5×7.6	丝	出土于高昌故城α遗址。残存花叶图案。	217
63	III7000c+III7000d	十一面观音	14×10+10.5×10.5	丝	出土于高昌故城α遗址。甚残，上部残存主面（眼睛以上部分）和六辅面，下部残存合十的双手。	217—218
64	III8001	十一面观音	17×15.7	丝	出土于交河故城。残存观音主面、八辅面及胸部。	218
65	III4797	十一面观音	5.5×8.8	丝	出土于高昌故城。残存观音主面与六辅面。	218
66	III7457a,b+III7783d,e	十一面千手观音	29.4×23.5+15×15.5+25×12.4+8×4	丝	出土于柏孜克里克石窟。残存观音主面、三辅面与数只手。	219—220
67	III7267a,b	观音曼陀罗	13.8×17.8	丝、纸	出土于库鲁特卡（葡萄沟以西的一个山谷）。残存观音头部及右侧两身菩萨。	220—221

（续表）

序号	馆藏编号	名称	尺寸（厘米）	质地	描 述	所引书页码
68	III7303	观音曼陀罗	74.5×26.5	棉	出土柏孜克里克石窟。残存观音头部的右侧部分。	221—223
69	III8559	观音曼陀罗	95×59	棉	出土于木头沟。保存相对较好，中央主尊观音结跏趺而坐，上方绘十方佛（一身残缺），两侧六身菩萨（一身为送子观音），下方绘六身回鹘供养人及榜题。	223—225
70	III6355	千手千眼观音曼陀罗	27.5×38.5	丝	出土于木头沟。左侧残存30余只手，手中持有法器，右侧残存五身菩萨。	225—227
71	III6832	千手千眼观音曼陀罗	85.5×32.5	棉	出土于交河故城。甚残，隐约可见一圆环和圆环内的数只手与圆环右侧的一身菩萨。圆环右侧一身坐佛。	227—229
72	III4640a–c	千手千眼观音曼陀罗	49.2×48.2+8.5×5.8+6.5×12.2	丝	出土于胜金口。中间圆环内绘观音，四周有数十只手，手中持有法器。圆环右侧残存三身菩萨。	229—231
73	III4801	观音经变（不受十五恶死）	8×8.5	丝	出土于高昌故城。残存两身穿汉人服饰的男性，对坐于桌子前，某子上放两个酒碗。	362—363
74		千手千眼观音经变	114×91	丝	遗失。出土于高昌故城α遗址。	65，图版八
75	III6709	水月观音	18×11	纸	出土于吐鲁番（具体地点不详）。	
76	III6622	名称慧观自在菩萨	11.2×6.9	纸	出土于胜金口。	
77	III7623	《佛顶心观世音菩萨大陀罗尼经》插页画	21.7×19.3	纸	出土柏孜克里克石窟。画面由四个场景组成，分别有汉文榜题。右下为"坐草之时，书符印处"，左下为"咒灰心上，生西方处"，左上为"持诵此经，守护之时"，右上为"此人命终，得见佛处"。	

（续表）

序号	馆藏编号	名　称	尺寸（厘米）	质　地	描　述	所引书页码
78	Tu38(TIIS)	藏式观音		纸	出土于吐鲁番（具体地点不详）。	图版XLI
79	III4723	观音	高5.2	铜	出土于高昌故城。	
80	III6123	观音	高13.5	铜	出土于高昌故城。	
81	III6124	观音	高8	铜	出土于高昌故城。	
82	III6126	观音	高7.1	铜	出土于高昌故城。	
83	III6127	观音	高9.7	铜	出土于高昌故城。	
84	III6128	观音	高6.6	铜	出土于高昌故城。	
85	III6129	观音	高6.1	铜	出土于高昌故城。	
86	III7229	观音	高7.7	铜	出土于交河故城。	
87	III7204	十一面观音	38×9.5	木	出土于吐峪沟石窟。	
88	III4765b	多手观音	高9	木	出土于高昌故城。观音立于镶嵌在莲花座中的圆台上，残存四只臂膀，头戴莲花宝冠，袒上身，佩项圈、璎珞，披帛从肩披至腹前，下身穿裙。	255
89	H.B.I.003a-c	千手千眼观音	30.5×48.3	麻	现藏大英博物馆，小阿萨遗址出土。共三件残片组成，中间部分是主尊千手千眼观音，上方绘成排的坐佛（十方佛）。	668
90	Y.K.005	观音	4.8×2.5	铜	现藏大英博物馆，交河故城出土。镀金，头部与脚部不存，右手下垂提净瓶，左臂屈肘上举。	669（第三卷），图版VI（第四卷）
91	Y.K.006	观音	7×2.2	铜	现藏大英博物馆，交河故城出土。镀金。	同上
92	Ty-777	千手千眼观音经变	215×125	丝	现藏俄罗斯艾尔米塔什博物馆，高昌故城出土。	225

（续表）

序号	馆藏编号	名　　称	尺寸（厘米）	质　地	描　　述	所引书页码
93		千手观音		纸（或纺织品）	现藏俄罗斯艾尔米塔什博物馆。从吐鲁番当地衣民手中购得，具体地点不详。	80
94		千手千眼观音经变		纸（或纺织品）	现藏俄罗斯艾尔米塔什博物馆。从吐鲁番当地衣民手中购得，具体地点不详。该观音像中的婆娑仙形象颇为独特，具四臂（一臂残缺），其中一手托葡萄头。	80
95	Bon4012-1	观音曼陀罗	53.5×40	麻	现藏韩国国立博物馆。吐峪沟石窟出土。	136—139
96		千手千眼观音		丝	日本大谷探险队所获，高昌故城出土。共四件残片，其中两件残存数十只手。	48
97	F1:1	观音	12×3	铜	新疆维吾尔自治区考古研究所。交河故城地下寺院出土。	145
98		观音	高9.8	铜	现藏吐鲁番博物馆。高昌故城出土。	

注：1—73引自 Chhaya Bhattacharya-Haesner, Central Asian Temple Banners in the Turfan Collection of the Museum für Indische Kunst, Berlin, Dietrich Reimer Verlag, 2003。74引自格伦威德尔著、管平译：《高昌故城及其周边地区的考古工作报告（1902～1903年冬季）》，文物出版社，2015年。75—77、79—87的相关信息为笔者在柏林亚洲艺术博物馆调查时所获。78引自 Manfred Taube, Die Tibetica der Berliner Turfansammlung (Berliner Turfantexte X), Berlin, 1980。88引自李芋、贾应逸编著：《新疆古代雕塑》，山东美术出版社，2013年。89—91引自（英）斯坦因著、巫新华等译：《西域考古图记》（第三卷），广西师范大学出版社，1998年。92引自 Государственный Эрмитаж, Печеры Тысячи Будд, Санкт-Петербург, 2008。93、94引自 С. Ф. Ольденбург, Русская Туркестанская Экспедиця 1909—1910, Санкт-Петербург, 1914。95引自韩国国立博物馆编：《韩国国立博物馆藏中亚宗教壁画》（日帝强占下期资料调查报告第7辑），首尔，2013年。96引自（日）香川默识编：《西域考古图谱》，东方出版社，1998年。97引自交河故城保护修缮办公室编著：《交河故城：1993，1994年度考古发掘报告》，东方出版社，1998年。

22、79—87、90—91、97—98为唐西州时期观音像，其余均为高昌回鹘时期观音像。唐西州时期观音像不在本文讨论之列，为便于读者查阅比对，一并列出。

参 考 文 献

一、基本典籍

1.〔梁〕僧祐著,苏晋仁、萧錬子点校:《出三藏记集》,中华书局,1995年。

2.〔唐〕段成式、〔宋〕黄休复、〔元〕佚名:《寺塔记·益州名画录·元代画塑记》,人民美术出版社,1964年。

3.〔唐〕慧立、彦宗:《大慈恩寺三藏法师传》,中华书局,1983年。

4.〔唐〕玄奘、辩机著,季羡林等校注:《大唐西域记校注》,中华书局,1985年。

5.〔唐〕张彦远:《历代名画记》,中华书局,1985年。

6.〔唐〕朱景玄:《唐朝名画录》,四川美术出版社,1985年。

7.(日)圆仁著,白化文等校注:《入唐求法巡礼行记校注》,花山文艺出版社,1992年。

8.〔五代〕刘昫:《旧唐书》,中华书局,1975年。

9.〔宋〕道原著,顾宏义译注:《景德传灯录译注》,上海书店出版社,2010年。

10.〔宋〕郭若虚:《图画见闻志》,人民美术出版社,1963年。

11.〔宋〕李焘:《续资治通鉴长编》,上海古籍出版社,1985年。

12.〔宋〕欧阳修、宋祁:《新唐书》,中华书局,1975年。

13.〔宋〕薛居正等撰:《旧五代史》,中华书局,1976年。

14.〔宋〕欧阳修:《新五代史》,中华书局,1974年。

15.〔宋〕赞宁:《宋高僧传》,中华书局,1987年。

16.〔宋〕志磐撰,释道法校注:《佛祖统纪校注》,上海古籍出版社,2012年。

17.〔元〕程钜夫:《程雪楼文集》,台北图书馆编印,1970年。

18.〔元〕脱脱:《宋史》,中华书局,1977年。

19.〔元〕脱脱:《辽史》,中华书局,1974年。

20.〔元〕赵孟頫,黄天美点校:《松雪斋集》,西泠印社出版社,2010年。

21.(高丽)一然著,权锡焕、陈蒲清注译:《三国遗事》,岳麓书社,2009年。

22.〔明〕宋濂:《元史》,中华书局,1976年。

23.〔清〕吴广成著,龚世俊等校注:《西夏书事》,甘肃文化出版社,1995年。

24.〔清〕徐松辑,刘琳等校点:《宋会要辑稿》,上海古籍出版社,2014年。

25.〔清〕张廷玉等撰:《明史》,中华书局,1974年。

26. 米儿咱·马黑麻·海答儿:《中亚蒙兀儿史——拉失德史》第一编(汉译本),新疆人民出版社,1983年。

27.《明宣宗实录》,中研院历史语言研究所,台湾,1962年。

28.《明英宗实录》,中研院历史语言研究所,台湾,1962年。

29. 王重民、孙望、童养年辑:《全唐诗外编》,中华书局,1982年。

30. 杨建新主编:《古西行记选注》,宁夏人民出版社,1987年。

31.(英)道森编,吕浦译、周良霄注:《出使蒙古记》,中国社会科学出版社,1983年。

32.《大正新修大藏经》,台北:新文丰出版公司,1983年。

二、考古资料

1. 陈国灿、刘安志主编:《吐鲁番文书总目》(日本收藏卷),武汉大学出版社,2005年。

2. 敦煌文物研究所整理:《敦煌莫高窟内容总录》,文物出版社,1982年。

3. 敦煌文物研究所编著:《中国石窟·敦煌莫高窟》(第一卷),文物出版社,1982年。

4. 敦煌文物研究所编著:《中国石窟·敦煌莫高窟》(第二卷),文物出版社,1984年。

5. 敦煌文物研究所编著:《中国石窟·敦煌莫高窟》(第三卷),文物出版社,1987年。

6. 敦煌文物研究所编著:《中国石窟·敦煌莫高窟》(第四卷),文物出版社,1987年。

7. 敦煌文物研究所编著:《中国石窟·敦煌莫高窟》(第五卷),文物出版社,1987年。

8. 敦煌研究院编:《1987年敦煌石窟研究国际讨论会文集(石窟考古编)》,辽宁美术出版社,1990年。

9. 敦煌研究院编著:《中国石窟·安西榆林窟》,文物出版社,1997年。

10.“国立”历史博物馆编译:《丝路上消失的王国——西夏黑水城的佛教艺术》,台湾:“国立”历史博物馆,1996年。

11. 贺世哲主编:《敦煌石窟全集7法华经画卷》,香港:商务印书馆,1999年。

12. 黄文弼:《吐鲁番考古记》,中国科学院印行,1954年。

13. 交河故城保护修缮办公室编著:《交河故城:1993、1994年度考古发掘报告》,东方出版社,1998年。

14. 李裕群:《天龙山石窟调查报告》,《文物》1991年第1期。

15. 李裕群:《天龙山石窟分期研究》,《考古学报》1992年第1期。

16. 彭金章主编:《敦煌石窟全集10密教画卷》,香港:商务印书馆,2003年。

17. 荣新江主编:《吐鲁番文书总目》(欧美收藏卷),武汉大学出版社,2007年。

18. 荣新江、孟宪实、李肖主编:《新获吐鲁番出土文献》,中华书局,2008年。

19. 沙知:《敦煌契约文书辑校》,江苏古籍出版社,1998年。

20. 上海古籍出版社、法国国家图书馆等编:《法藏敦煌西域文献》第31册,上海古籍出版社,2005年。

21. 施萍婷主编:《敦煌石窟全集5阿弥陀经画卷》,香港:商务印书馆,2002年。

22. 唐耕耦、陆宏基主编:《敦煌社会经济文献真迹释录》,全国图书馆文献缩微复制中心,

2008年。

23. 唐长孺主编:《吐鲁番出土文书》(图文本),文物出版社,1992年。

24. 吐鲁番地区文管所:《柏孜克里克千佛洞遗址清理简记》,《文物》1986年第8期。

25. 吐鲁番地区文物局、吐鲁番学研究院:《大桃儿沟石窟调查简报》,《吐鲁番学研究》2012年第1期。

26. 吐鲁番地区文物局、吐鲁番学研究院:《小桃儿沟石窟调查简报》,《吐鲁番学研究》2012年第1期。

27. 吐鲁番地区文物局、吐鲁番学研究院《雅尔湖石窟调查简报》,《吐鲁番学研究》2015年第1期。

28. 王惠民主编:《敦煌石窟全集6弥勒经画卷》,香港:商务印书馆,2002年。

29. 新疆文物考古研究所:《新疆吐鲁番胜金口石窟发掘报告》,《考古》2016年第3期。

30. 新疆维吾尔自治区吐鲁番学研究院、武汉大学三至九世纪研究所编著:《吐鲁番柏孜克里克石窟出土汉文佛教典籍》,文物出版社,2007年。

31. 阎文儒:《新疆天山以南的石窟》,《文物》1962年第7—8期合刊。

32. 原海外藏中国历代名画编辑委员会编:《海外遗珍·中国佛教绘画》,湖南美术出版社,2001年。

33. 《中国壁画全集》编辑委员会编:《中国壁画全集:新疆(6)吐鲁番》,辽宁美术出版社、新疆人民出版社,1990年。

34. 《中国壁画全集》编辑委员会编:《中国敦煌壁画全集10敦煌西夏元》,天津人民美术出版社,1996年。

35. 中国社会科学院考古研究所编著:《北庭高昌回鹘佛寺壁画》,辽宁美术出版社,1990年。

36. 中国社会科学院考古研究所编著:《北庭高昌回鹘佛寺遗址》,辽宁美术出版社,1991年。

37. 中国社会科学院考古研究所、吐鲁番学研究院、龟兹研究院:《新疆鄯善县吐峪沟东区北侧石窟发掘简报》,《考古》2012年第1期。

38. 中国社会科学院考古研究所、吐鲁番学研究院、龟兹研究院:《新疆鄯善县吐峪沟西区北侧石窟发掘简报》,《考古》2012年第1期。

39. 《中国新疆壁画艺术》编辑委员会编:《中国新疆壁画艺术》第六卷《柏孜克里克石窟》,新疆美术摄影出版社,2009年。

40. (日)松本荣一:《燉煌畫の研究》,京都:株式會社,1941年。

41. (日)香川默识编:《西域考古图谱》,学苑出版社,1999年。

42. (英)斯坦因著,巫新华等译:《西域考古图记》[第一至五卷],广西师范大学出版社,1998年。

43. (英)斯坦因著,巫新华等译:《亚洲腹地考古记》[第一至四卷],广西师范大学出版社,2004年。

44. (俄)C. M. 杜丁著,何文津、方久忠译:《中国新疆的建筑遗址》,中华书局,2006年。

45. (德)格伦威德尔著,赵崇民、巫新华译:《新疆古佛寺:1905—1907年考察成果》,中国人民大学出版社,2007年。

46. (德)格伦威德尔著,管平译:《高昌故城及其周边地区的考古工作报告[1902～1903年冬季]》，文物出版社，2015年。

47. (德) 勒柯克著，赵崇民译：《高昌——吐鲁番古代艺术珍品》，新疆人民出版社，1998年。

48. 韩国国立博物馆编：《韩国国立博物馆藏中亚宗教壁画》[日帝强占期资料调查报告第7辑]，韩国国立博物馆，2013年。

49. Chhaya Bhattacharya-Haesner, *Central Asian Temple Bannners in the Turfan Collection of the Museum für Indische Kunst, Berlin*, Dietrich Reimer Verlag, 2003.

50. С. Ф. Ольденбург, *Русская Туркестанская Экспедиція 1909—1910*, Санкт-Петербург, 1914.

51. Государственнй Эрмитаж, *Пещеры Тысячи Будд*, Санкт-Петербург, 2008.

52. Klementz, А. Д. *Nachrichten über die von der Kaiserlichen Akademie der Wissenschaften zu St. Petersburg im Jahre1898. Ausgerüstete Expedition nach Turfan*, St . Pétersburg, 1899.

53. Manfred Taube, *Die Tibetica der Berliner Turfansammlung (Berliner Turfantuxte X)*, Berlin, 1980.

54. Peter Zieme, *Buddhistische Stabreimdi-chtungen der Uiguren (Berliner Turfantexte XIII)*, Berlin, 1985.

55. Peter Zieme, *Magische Texte des uigurischen Buddhismus(Berliner Turfantexte XXIII)*, Berlin, 2005.

三、近人著作

1. 阿不都热西提·亚库甫：《古代维吾尔语赞美诗和描写性韵文的语文学研究》，上海古籍出版社，2015年。

2. 北京大学哲学系美学教研室编：《西方美学家论美和美感》，商务印书馆，1980年。

3. 岑仲勉：《金石论丛》，中华书局，2004年。

4.《佛光大辞典》编修委员会：《佛光大辞典》，佛光出版社，1988年。

5. 耿世民：《维吾尔古代文献研究》，中央民族大学出版社，2003年。

6. 耿世民：《回鹘文哈密本〈弥勒会见记〉研究》，中央民族大学出版社，2008年。

7. 古正美主编：《唐代佛教与佛教艺术》，觉风佛教艺术文化基金会，2006年。

8. 季羡林：《佛教与中印文化交流》，江西人民出版社，1990年，第148页。

9. 贾应逸：《新疆佛教壁画的历史学研究》，中国人民大学出版社，2010年。

10. 金克木：《梵竺庐集》，江西教育出版社，1999年。

11. 李利安：《观音信仰的渊源和传播》，宗教文化出版社，2008年。

12. 李翎：《藏密观音造像》，宗教文化出版社，2003年。

13. 李翎：《观音造像仪轨》，宗教文化出版社，2007年。

14. 刘长东：《晋唐弥陀净土信仰研究》，巴蜀书社，2000年。

15. 柳洪亮：《新出吐鲁番文书及其研究》，新疆人民出版社，1997年。

16. 任继愈主编：《中国佛教史》，中国社会科学出版社，1988年。

17. 荣新江：《归义军史研究——唐宋时代敦煌历史考察》，上海古籍出版社，1996年。

18. 孙晓岗:《文殊菩萨图像学研究》,甘肃人民美术出版社,2006年。

19. 史金波:《西夏佛教史略》,宁夏人民出版社,1988年。

20. 史忠平:《莫高窟唐代观音画像研究》,中国社会科学出版社,2016年。

21. 汤用彤:《汉魏两晋南北朝佛教史》,中华书局,1983年。

22. 童玮编:《二十二种大藏经通检》,中华书局,1997年。

23. 王红梅、杨富学:《元代畏兀儿历史文化与文献研究》,甘肃教育出版社,2015年。

24. 杨富学:《回鹘之佛教》,新疆人民出版社,1998年。

25. (美) 于君方著、陈怀宇等译:《观音:菩萨中国化的演变》,商务印书馆,2012年第一版,2015年重印。

26. (德) 茨默著,桂林、杨富学译:《佛教与回鹘社会》,民族出版社,2007年。

四、近人论文

1. 陈国灿:《吐鲁番出土的〈诸佛要集经〉残卷与敦煌高僧竺法护的译经考略》,《敦煌学辑刊》1983年第4期。

2. 陈国灿、伊斯拉菲尔·玉苏甫:《西州回鹘时期汉文〈造佛塔记〉初探》,《历史研究》2009年第1期。

3. 陈菊霞:《榆林窟第35窟营建年代与功德主辨析》,《敦煌研究》2016年第3期。

4. 党宝海:《吐鲁番出土金藏考——兼论一组吐鲁番出土佛经残片的年代》,《敦煌吐鲁番研究》第四卷,北京大学出版社,1999年。

5. 方广锠:《宁夏西夏方塔出土汉文佛典叙录》,《藏外佛教文献》第七辑,宗教文化出版社,2000年。

6. 冯家昇:《1959年哈密新发现的回鹘文佛经》,《文物》1962年第2期。

7. 耿世民:《回鹘文〈土都木萨里修寺碑〉考释》,《世界宗教研究》1981年第1期。

8. 谷东方:《高平开化寺北宋上生经变和华严经变壁画内容解读》,《焦作师范高等专科学校学报》2015年第3期。

9. 郭佑孟:《晚唐观音法门的开展——以敦煌莫高窟161窟为中心的探讨》,《圆光佛学学报》2003年第8期。

10. 胡文和:《四川石窟华严经系统变相的研究》,《敦煌研究》1997年第1期。

11. 黄韵如:《唐代天龙山石窟——"观音华严三圣像"起源初探》,载《2004年龙门石窟国际学术研讨会文集》,河南人民出版社,2006年。

12. 贾应逸:《伯西哈尔石窟研究》,《吐鲁番学研究》2004年第2期。

13. 赖天兵:《飞来峰纪年藏传四臂观音三尊龛造像初探》,《中原文物》2008年第1期。

14. 李际宁:《关于旅顺博物馆藏吐鲁番出土木刻本佛经残片的考察》,载旅顺博物馆、龙谷大学编:《旅顺博物馆藏新疆汉文佛经研究论文集》,京都,2006年。

15. 李静杰:《龟兹石窟壁画精进力比丘本生与六种众生譬喻图像内涵分析》,载新疆龟兹研究院编:《龟兹石窟保护与研究国际学术研讨会论文集》,科学出版社,2015年。

16. 李利安：《观音信仰的中国化》，《山东大学学报（哲学社会科学版）》2006年第4期。

17. 李翎：《六字观音图像样式分析——兼论六字观音与阿弥陀佛的关系》，《美术研究》2003年第2期。

18. 李翎：《十一面观音像式研究——以汉藏造像对比研究为中心》，《敦煌学辑刊》2004年第2期。

19. 李翎：《持莲花观音与接引菩萨——汉藏持莲花观音像比较》，《西藏研究》2006年第3期。

20. 李翎：《试论新疆地区的密教信仰——以千手观音图像为例》，《新疆师范大学学报（哲学社会科学版）》2010年第1期。

21. 李翎、马德：《敦煌印本〈救产难陀罗尼〉及相关问题研究》，《敦煌研究》2013年第4期。

22. 李正宇：《S6551讲经文作于西州回鹘国辨正》，《新疆社会科学》1989年第4期。

23. 刘玉权：《榆林窟第29窟水月观音图部分内容新析》，《敦煌研究》2009年第2期。

24. 罗华庆：《敦煌艺术中的〈观音普门品变〉和〈观音经变〉》，《敦煌研究》1987年第3期。

25. 孟凡人：《略论高昌回鹘的佛教》，《新疆社会科学》1982年第1期。

26. 彭金章：《莫高窟第14窟十一面观音经变》，《敦煌研究》1994年第2期。

27. 彭金章：《敦煌石窟不空羂索观音经变研究》，《敦煌研究》1999年第1期。

28. 齐庆媛：《江南式白衣观音造型分析》，《中南大学学报（社会科学版）》2014年第4期。

29. 荣新江：《从敦煌的五台山绘画和文献看五代宋初中原与河西于阗间的交往》，《文博》1987年第4期。

30. 沙武田：《敦煌P.4049"新样文殊"画稿及相关问题研究》，《敦煌研究》2005年第3期。

31. 史金波：《〈西夏译经图〉解》，《文献》1979年第1期。

32. 王丁：《初论〈开宝藏〉向西域的流传》，载束迪生、李肖、娜仁高娃主编《高昌社会变迁及宗教演变》，新疆人民出版社，2010年。

33. 王红梅：《回鹘文藏密经典〈观世音本尊修法〉残卷研究》，《河西学院学报》2016年第1期。

34. 王惠民：《敦煌水月观音像》，《敦煌研究》1987年第1期。

35. 王惠民：《敦煌千手千眼观音像》，《敦煌学辑刊》1994年第1期。

36. 王惠民：《莫高窟第205窟施宝观音与施甘露观音图像考释》，《敦煌学辑刊》2010年第1期。

37. 王惠民：《敦煌写本〈水月观音经〉研究》，《敦煌研究》1992年第3期。

38. 王素：《吐鲁番出土〈功德疏〉所见西州庶民的净土信仰》，《唐研究》第一卷，北京大学出版社，1995年。

39. 姚崇新：《白衣观音与送子观音——观音信仰本土化演进的个案观察》，《唐研究》第十八卷，北京大学出版社，2012年。

40. 殷光明：《敦煌显密五方佛图像的转变与法身思想》，《敦煌研究》2014年第1期。

41. 杨富学：《高昌回鹘王国的西部疆域问题》，《甘肃民族研究》1990年第3—4期。

42. 杨富学：《〈法华经〉胡汉诸本的传译》，《敦煌吐鲁番研究》第三卷，北京大学出版社，1998年。

43. 杨富学：《回鹘弥勒信仰考》，《中华佛学学报》（台北）第13期（上），2000年。

44. 杨富学：《西域敦煌回鹘佛教文献研究百年回顾》，《敦煌研究》2001年第3期。

45. 杨富学：《回鹘观音信仰考》，载黄绎勋、William Magee 主编《观世音菩萨与现代社会：第五届中华国际佛学会议中文论文集》，台北：法鼓文化事业股份有限公司，2007年。

46. 杨富学、张艳：《回鹘文〈五台山赞〉及相关问题考释》，《五台山研究》2014年第4期。

47. 张广达、荣新江：《有关西州回鹘的一篇敦煌汉文文献——S6551讲经文的历史学研究》，《北京大学学报》(哲社版)1989年第2期。

48. 张惠明：《1898至1909年俄国考察队在吐鲁番的两次考察概述》，《敦煌研究》2010年第1期。

49. 张惠明：《俄藏柏孜克里克石窟的一幅高昌回鹘时期的五台山文殊图壁画研究》，《敦煌吐鲁番研究》第十五卷，上海古籍出版社，2015年。

50. 张九玲：《西夏本〈佛顶心观世音菩萨大陀罗尼经〉述略》，《宁夏社会科学》2015年第3期。

51. 张铁山：《回鹘文〈妙法莲华经·普门品〉校勘与研究》，《喀什师范学院学报》1990年第3期。

52. 张同标：《尼泊尔三乘物观音造像与成就法》，《南京艺术学院学报(美术与设计版)》2013年第5期。

53. 张同标：《大乘庄严宝王经与观音图像》，《中国美术研究》2015年第2期。

54. 张小刚、郭俊叶：《黑水城与东千佛洞石窟同类佛教造像题材浅析》，《西藏研究》2013年第5期。

55. 张元林：《从阿弥陀来迎图看西夏的往生信仰》，《敦煌研究》1996年第3期。

56. 赵雪芬：《炳灵寺石窟四臂观音造像试探》，《西藏研究》2011年第2期。

57. 郑阿财：《敦煌写本〈佛顶心观世音菩萨救难神验记〉研究》，《新国学》第一卷，巴蜀书社，1999年。

58. 郑阿财：《敦煌写本〈佛顶心观世音菩萨大陀罗尼经〉研究》，《敦煌学》第二十三辑，2001年。

59. 郑怡楠：《俄藏黑城出土西夏水月观音图像研究》，《敦煌学辑刊》2011年第2期。

60. 周秋良：《论民间信仰中送子观音与白衣观音之关系》，《故宫博物院院刊》2014年第4期。

61. (德)艾伯特：《柏孜柯里克的千手观音绢画[摘要]》，《敦煌研究》1988年第2期。

62. (德)茨默著，杨富学、熊一玮译：《三件古突厥语〈五台山赞〉残片》，《吐鲁番学研究》2016年第1期。

63. (俄)吉娅科诺娃、鲁多娃著，张惠明译：《科洛特阔夫，H. H. 收集的千手观音像绢画——兼谈公元9—11世纪吐鲁番高昌回鹘宗教的混杂问题》，《敦煌研究》1994年第4期。

64. (美)于君方：《"伪经"与观音信仰》，《中华佛学学报》1995第8期。

65. (日)滨田瑞美：《莫高窟吐蕃时期的千手千眼观音变》，载樊锦诗主编：《敦煌吐蕃统治时期石窟与藏传佛教艺术》，甘肃教育出版社，2012年。

66. (日)肥冢隆撰，刘永增译：《莫高窟275窟交脚菩萨像与犍陀罗诸先例[摘要]》，《敦煌研究》1988年第2期。

67. (日)梅村坦著，杨富学译：《中华人民共和国藏回鹘文写本》，《西北民族研究》1993年第2期。

五、学位论文

1. 郭敏飞：《"水月观音"考论》,杭州师范大学硕士学位论文,2009年6月。

2. 郭文：《从佛国到凡尘——中国汉地观音造像的形态嬗变与世俗化进程研究》,青岛大学硕士学位论文,2009年5月。

3. 何旭佳：《西夏水月观音图像研究》,兰州大学硕士学位论文,2012年3月。

4. 康澜：《净渌水边,虚白光中——"周家样"水月观音源流研究》,华东师范大学硕士学位论文,2013年4月。

5. 蓝慧龄：《华严三大士研究》,陕西师范大学硕士学位论文,2009年5月。

6. 李利安：《古代印度观音信仰的演变及其向中国的传播》,西北大学博士学位论文,2003年5月。

7. 刘真：《吐蕃占领时期敦煌观音信仰研究》,兰州大学硕士学位论文,2009年6月。

8. 释见脉：《佛教三圣信仰模式研究》,中国社科院研究生院博士学位论文,2010年4月。

9. 王玉冬：《柏孜克里克佛教洞窟分期试论》,北京大学考古系硕士学位论文,1994年(载《中国佛教学术论典》,佛光山文教基金会印行,2003年)。

10. 萧妤伦：《华严三大士图像研究——以菩萨与坐骑为中心》,中央美术学院博士学位论文,2015年5月。

11. 谢志斌：《中土早期观音造像风格流变及其文化内涵》,西北大学硕士学位论文,2014年6月。

后　记　一

　　我写文章之慢，常每日绞尽脑汁，却仅有数百字而已，颇感困苦，于是乎，就把自己归入贾岛之苦吟派，聊以自慰也。时至博士论文杀青之际，总想写点感言，思绪万千，却不知从何下笔。索性小酌两杯，不奢泉涌，点滴可欤！

　　2013年9月，我有幸考入武汉大学历史学院三至九世纪研究所，随冻国栋老师学习隋唐五代史。早闻冻师对学生要求极严，这点在面试时，便已"领教"。记得冻师问我硕士期间的研究方向是什么，答言西夏与丝绸之路关系。冻师又问《宋史》《辽史》《金史》都读过么，答言只读过其中的《夏国传》《西夏外纪》和《西夏传》部分。冻师说恐怕这些内容也没系统读过吧，我暗自思忖，这点小思量也被老师看透。的确，当时写论文时，我只是粗糙地读了一些，但纯粹是"实用主义"，论文中涉及的内容读，没有则不读。看我支支吾吾地无法言对，冻师无奈地说："这些基本的史籍都没读，那你还研究什么西夏呢？"言辞之厉，不留丝毫情面。

　　入学伊始，冻师便为我们开列了一大串的阅读书目，对于我而言，这可是一个极大的挑战，一切得从头开始。上课时，老师要求我们一个一个地汇报课下的读书情况，每每这个时候，大家都如履薄冰，因为老师布置的阅读量之大，非熬夜不能完成也。不惟如此，冻师还要求我们写读书笔记，我由于是在职攻读，回到单位后偷懒未写，老师十分严厉地批评，说对我此种表现"十分失望"。冻师对学生要求严厉，还有一事至今仍历历在目。2015年6月，举行开题报告时，老师发现我参考文献中《出三藏记集》的作者"僧祐"，错写成了"僧佑"，大为不满，并说这么简单的常识问题，怎么能出错呢？在我看来，这只不过是打字时的手误而已，没有必要这么认真吧！现在看来，这确实是一个做研究者不应有的态度。

　　严厉归严厉，在我做出一些努力时，冻师也时常给予鼓励。2016年7月，我赴德国柏林亚洲艺术博物馆调查该馆藏吐鲁番出土艺术品，走时给老师写信，老师回信嘱我好好利用这个机会，多搜集与论文相关之资料。2017年8月，我申请了敦煌研究院的访问学者,调查敦煌的回鹘洞窟,老师回信说:"昨日来信已收到。知论文做了修改,并知正考察回鹘洞窟,试探寻吐鲁番与敦煌回鹘石窟的某些关联,这很好。"言词不多,却使我心情大好,从而更加坚定了学习的信心。回顾与冻师交往的诸多细节,我深深地折服于师之广博的知识和严谨的治学态度,严厉的批评催我知耻而后勇,暖风般的鼓励促我勇敢前行。再多的言语来表达对冻师感激之情,都显空洞,我将用实际行动回报师恩,并祝愿冻师身体安康!

我认识陈国灿先生是在2007年8月的北京。那时,单位派我去中国文物研究所(现更名为中国文化遗产研究院)进修,陈先生作为授课老师,为我们讲敦煌吐鲁番文书。晚上,我斗胆跑到陈先生住处,请教一件出自黑水城的汉文文书,他帮我逐字释读,并详细讲解,受益匪浅。后来,我利用这件文书写了篇小文,发表在《中国史研究》上。离开北京之后,在不同的场合与陈先生见面的机会逐渐多起来,特别是在吐鲁番,几乎每年都能见面。去年5月,陈先生还以八十多岁的高龄,带领我们顶着烈日在吐鲁番的戈壁滩上调查,寻找古城遗迹。他这份对吐鲁番学的执着和热情时刻感召着我前行,丝毫不敢懈怠。陈先生对于我的帮助,还在乎工作与生活上。记得有一段时间,由于单位杂事比较多,不能专心做研究,颇有些牢骚,陈先生就以郑板桥的《竹石》勉励我沉下心来,不要被外界的环境所干扰。

陈先生常常能够将复杂的学术问题,用极为通俗的语言解释给我们听,即便非历史科班出身者,听起来亦不费力。我想这大概就是武侠小说中的高手修炼到一定程度,可将身边一草一木幻化为剑的境界吧。所以,我每次拜访先生,都要恳请讲上一段,即使重复的问题,也是百听不厌。天不遂人愿,本来说好的今年再到吐鲁番,先生却因病不能前往,甚是遗憾。预答辩前夕,我特意去看望先生,当时他正在放疗期间,形容精神大不如昨年,但却十分乐观。祝愿先生早日战胜病魔,期待再次在吐鲁番相遇!

我能够考入武汉大学,有赖刘安志老师的引荐。与刘老师的初识是在2012年的日本龙谷大学,热情、平易近人是我对老师的第一印象。回国后,刘老师写信问我是否愿意考他的博士,我由于英语水平较差,未敢承应。可是没过多久,又收到刘老师的来信,说我可以通过入学考核的方式考冻国栋老师的博士,就这样我荣幸地踏入了三至九世纪研究所。刘老师总是告诫我们,进了三至九世纪研究所,就要谨慎做人,踏实读书,切莫投机取巧。他严谨的治学态度令人敬佩,特别是写文章时细致入微的考证,对我影响极深。在博士论文的写作过程中,常困于图像资料缺乏文献佐证,这时我就会停下笔来,读一读刘老师的文章,感受一下他如何旁征博引、条分缕析去论证一个观点,每每这时,总能获益。随着博士毕业的临近,我常心绪不定,去留徘徊,刘老师勉励我要有长远眼光,耐得住寂寞,只有这样才能干得出一番大事业。谆谆教导,铭记于心!

除了以上三位老师外,我还要感谢开题报告和预答辩时的杨华、宋少华、魏斌、贺世伟、朱海、姜望来等诸位老师。他们从不同学科、不同角度,大到行文构思、谋篇布局,小到参考文献排序,甚至图表设置等,均提出了中肯的意见和建议,使得我原本结构混乱的论文得以眉目清晰。诸位老师提出的某些问题,虽然我不能在短时间内做出全面的修改,但会在接下来的日子里,通过读书和实地调查,逐一补充完善。

在这里,我还要感谢黄楼、吕博、李永生三位老师和齐子通、刘莹两位学友,不管是学业上,还是生活上,都或多或少地受到他们的帮助。特别是子通兄,每次从家里返校,他都提前帮着把被褥晾晒好,诸此小事,不胜枚举。在博士论文的撰写过程中,他也时常帮我辨识图像,修改内容。

感谢德国柏林亚洲艺术博物馆的毕丽兰(Lilla Russell-Smith)博士和鲁克思(Klaas Ruitenbeek)馆长,以及马克斯—普朗克研究所的露西(Lucy Jarman B.A.)女士。毕丽兰博士是一个热心肠的人,常来吐鲁番,由此相识。2016年初,她写信问我是否愿意到亚洲艺术博物馆作访问学者,由于博士论文写作需要,我当即回信表示同意与感谢。在鲁克思馆长和毕博士的安排下,我每周都要花上两天时间在库房和展厅调查吐鲁番出土的艺术品,其他时间在办公室或者公寓里整理资料。我在博物馆作访问学者的所有费用都是马克斯—普朗克研究所提供的,具体联系人露西女士非常热情,嘘寒问暖,使我在异国他乡不觉孤独。她帮我租了带阳台的单身公寓,阳台外有一棵很高的红果树,煞是好看。每当我写论文累的时候,就端一杯红酒坐在阳台上,看着外面满树的小红果,心情无比的舒畅。

杨富学老师是我硕士研究生期间的导师,待我恩重如山。博士论文草稿写成之际,我发给杨老师,他虽然工作繁忙,但还是专门抽出时间帮我修改。同时,他还建议我申请敦煌研究院的访问学者,调查沙州回鹘洞窟,并留意曹氏归义军和西夏洞窟。作访问学者期间,敦煌研究院的张先堂、李国、范泉、王惠民、张小刚、李涛、张培君、刘翠英、田婧等诸位老师,对我照顾有加。我感叹于莫高窟精妙绝伦的壁画,沉醉于莫高窟前风吹白杨发出的声响,在我心里,那简直是天籁之音。感谢以上诸位老师,让我有幸在莫高窟度过美好的半年学习时光。

吐鲁番阿萨古城出土一件棉织品绘画,其中的女性神祇颇类敦煌出土的祆教纸画中的娜娜女神,可是研究吐鲁番纺织品绘画的专家查雅先生却认为是六臂观音。为此我写信请教姜伯勤先生,提出了我的疑惑,姜先生很快回信说这可能是一件被人忽视的珍贵的祆教绘画。2015年6月底,我专程到广州拜访了姜先生,他仔细辨识图像,确认了这幅画的祆教属性,并鼓励我继续钻研下去。姜先生知识渊博、治学领域之广,令人钦佩,作为后辈能当面聆听先生的教诲,实属荣幸之至,在此表示诚挚的谢意。

我认识姚崇新老师是在2008年初和田考察的行程中,在交谈过程中,我才知道他曾在吐鲁番文物局工作过,因此倍感亲切。此后,在吐鲁番和敦煌的学术研讨会上,多次见到姚老师,每次见面我都抓住机会请教于他,获益良多。姚老师在观音图像研究方面颇有建树,他曾专文探讨过白衣观音与送子观音,并初步考察了大足北山晚唐五代的千手千眼观音;此外,他还翻译了美国学者于君方的观音名著《观音:菩萨中国化的演变》。博士论文将要写完时,我通过邮件将论文发给姚老师,不久他回信对论文的研究方法与思路等方面给予肯定,并提出了修改意见。姚老师兼治历史与考古,对吐鲁番文书与石窟壁画均有涉猎,能得到他的鼓励,我信心大增。在此谨表感谢!

感谢回鹘文专家阿不都热西提·亚库甫、阿依达尔·米尔卡马力与王红梅老师。三位老师无私为我提供论文需要的回鹘文资料,并帮忙释读回鹘文题记和翻译德文文章。感谢赵莉老师提供给我德国、俄罗斯所藏吐鲁番艺术品图片与资料。感谢徐东良、陈新勇、蒋金国、舍秀红、王征、国豪等诸位朋友,文中观音图像的临摹、线描作品和图表的制作有不少出自他们之手。在此,我还要特别感谢单位领导及同事,正是他们的关怀与关爱,这么多年来我才能四处游学,增长见识,积累学问。

我自小在农村长大,家境虽不能说贫寒,但离富裕还是有一定距离的。上初中时,村里才通了电,所以后来同学们谈论小时候看过什么动画片时,我内心充满了羡慕,甚至有点嫉妒。父母供我上学,吃尽了世间苦,却从未有任何怨言。他们盼望着我跳入龙门,从此能够过上好的生活;我也想有朝一日学有所成,乌鸦反哺,让他们过上幸福的晚年,可这个愿望迟迟就是不能实现。工作以后,随着结婚、买房、生子,日子依旧过得紧张。更让我愧疚的是两三年才能回家一次,当我无意间看到母亲在废旧的本子上写的"儿行千里母担忧"字眼时,情绪再也无法控制,泪水夺眶而出。多少个日日夜夜,母亲是多么盼望着我回去,可从来没在电话中提及分毫,怕我分心,误了工作。去年,母亲积劳成疾,医院诊断为癌症晚期,手术的时候,姐姐、哥哥在守护着,我却远在新疆。人常说"父母在,生命尚有来处;父母去,人生只剩归途",谁言寸草心,报得三春晖。母亲呀,再多感谢的话都是空洞乏力的,儿子只想早点回到您身边,不再远游!

最后要感谢的是与我"患难与共"的妻子。2007年的春节,是我参加工作后的第一个春节,我与妻子在苏公塔文管所度过,没有与父母团聚,没有丰盛的年夜饭,一盘凉拌的萝卜丝,却吃得津津有味,这成了日后我们苦涩而又甜蜜的回忆。结婚那天,我没有像样的衣服,穿的是单位发的西服,而妻子也没有收到我送给她的戒指,一切显得那么简单,甚至有点寒酸。即使这样,妻子却无怨无悔,不离不弃。2013年1月1日,我们迎来了可爱的小宝宝,心中无比喜悦,为其取名"姝媞",但愿岁月静好。孩子出生后,我又接二连三地外出求学,先是武汉大学一年,后来德国柏林三个月、敦煌六个月。妻子既要上班,又要操持家务、照看孩子,甚是辛劳。更有甚者,为了不耽误周一早上的升国旗活动,妻子必须头一天晚上带着女儿住在办公室,有家却不能回。每每想起此事,我心里极不是滋味,妻子倒是很乐观,没有因此事影响过她的心情。不过,妻子也有遗憾的事,她总是想带着孩子回家看看,我笑着说等论文答辩后,我们请假一块回。

2018年5月27日于武汉大学枫园宿舍

后 记 二

这本小书是在我博士论文的基础上修改而成。自2018年6月毕业之后,已经有一年多矣,在这段时间里又发生了许多事,促使我不得不再写点什么,寄以抒发情思。

2018年6月7日,我最尊敬的老师——陈国灿先生去世了。先生之于我学术上的影响很大,在他生命的最后的几年里,几乎每年都要来吐鲁番进行学术考察,我常陪侍左右。先生对吐鲁番炽热的爱,使我不忍离开,我想续写先生的吐鲁番学情缘。

2019年3月11日,母亲永远离开了我,对我打击甚大,对父亲更甚。今年年初回家,看着日渐老迈的父亲,我再次萌生离开的想法,离开这片热土,离开这片为之奋斗过青春的地方。回到故乡,以便能够方便地照看父亲,弥补我对母亲不能尽孝的愧疚。

当然,在这一年多时间里,有悲伤亦有喜悦。2019年5月5日,小女姝坤出生,为我平添几多乐趣,是为一喜也。博士论文能够出版,有赖于单位领导的重视,市政府与组织部在出版资金上给予资助,是为二喜也。冻师由于身体原因,无力赐序于我,但当我提出想请答辩主席姚崇新老师写序时,他当即表示赞许,并让我代其向姚老师致谢,是为三喜也。在此,向两位老师及诸位领导表示感谢!

小书的出版还要感谢上海古籍出版社的瑞锋兄,当他得知要出全彩版的时候,积极与社里沟通,争取了部分资金的支持。同时,我还要感谢责任编辑盛洁君,正是她一丝不苟地编辑,才使得小书在内容上避免了许多错漏。

谨以此书缅怀陈国灿先生!

谨以此书表达我对母亲深深的怀念!

2020年2月11日于吐鲁番学研究院

图书在版编目(CIP)数据

高昌回鹘时期吐鲁番观音图像研究 / 陈爱峰著. —
上海：上海古籍出版社,2020.9
ISBN 978-7-5325-9709-3

Ⅰ.①高… Ⅱ.①陈… Ⅲ.①回鹘—观音—佛像—研
究—高昌(历史地名) Ⅳ.①B949.92

中国版本图书馆CIP数据核字(2020)第145896号

高昌回鹘时期吐鲁番观音图像研究

陈爱峰 著

上海古籍出版社出版发行

(上海瑞金二路 272 号 邮政编码 200020)

(1) 网址：www.guji.com.cn

(2) E-mail：guji1@guji.com.cn

(3) 易文网网址：www.ewen.co

上海丽佳制版印刷有限公司印刷

开本 787×1092 1/16 印张 15.25 插页 3 字数 271,000

2020 年 9 月第 1 版 2020 年 9 月第 1 次印刷

ISBN 978-7-5325-9709-3

K · 2883 定价：198.00 元

如有质量问题，请与承印公司联系